农业科技发展评价研究：
理论、方法与实证

赵芝俊 等 著

中国农业科学技术出版社

图书在版编目(CIP)数据

农业科技发展评价研究：理论、方法与实证 / 赵芝俊等著. --北京：中国农业科学技术出版社，2022.7
ISBN 978-7-5116-5659-9

Ⅰ.①农… Ⅱ.①赵… Ⅲ.①农业技术-技术发展-研究-中国 Ⅳ.①F323.3

中国版本图书馆 CIP 数据核字(2021)第 275428 号

责任编辑　崔改泵
责任校对　李向荣
责任印制　姜义伟　王思文

出 版 者　中国农业科学技术出版社
　　　　　北京市中关村南大街 12 号　　邮编：100081
电　　话　(010) 82109194 (编辑室)　　(010) 82109702 (发行部)
　　　　　(010) 82109709 (读者服务部)
网　　址　http://www.castp.cn
经 销 者　各地新华书店
印 刷 者　北京建宏印刷有限公司
开　　本　170 mm×240 mm　1/16
印　　张　12.75
字　　数　236 千字
版　　次　2022 年 7 月第 1 版　2022 年 7 月第 1 次印刷
定　　价　60.00 元

版权所有·翻印必究

前　言

"科学技术是第一生产力"这一科学论断早已成为学界、政界及全社会的共识。不仅如此，近些年我国在高科技领域遇到的一些关键核心技术短板问题又再一次惊醒人们：科技不仅事关产业和经济的高质量发展，更事关国家经济安全和人民福祉。因此，强化对科研工作的重视力度，不断完善科研投资体制、管理体制、组织运行模式和考核评价机制，构建农业依靠创新驱动发展的新动能，是实现我国农业农村现代化的重大战略安排。

本着这一目的，多年来我们开展了大量的有关农业科技发展的课题研究，内容涉及农业科技发展的方方面面。既包括国际上基因抢注专利对我国农业可能带来的影响及应对策略，也包括转基因作物种植的经济影响评价，还包括农业颠覆性技术创新的可能影响方向与路径选择这样一些有关高新技术发展中遇到的问题及解决途径；既包括基于产业结构升级的现代农业科技创新体系建设研究，也包括省域农业科研机构科技创新效率及其影响因素研究，还包括我国高新技术产业化的道路选择等这样一些有关科技创新体系、创新模式和创新效率等问题的研究；既包括国外发达国家农业科技政策变迁及对我国的启示，也包括典型发达国家农业科研体制改革的特点及对我国的启示等这样一些具有借鉴和参考价值的研究；既有我国农业科研投资的效益测算研究，也有诸如专利保护和加计扣除对私人农业科研投资的影响研究，还有农业科研领域的公私合作伙伴关系等涉及农业科研投资领域的政策创新、政策影响和宏观经济效益研究等。概括来讲，这些研究均具有如下特点：一是紧盯农业科技发展的趋势与重大要求，把突破资源瓶颈约束，引领未来发展的高新技术、颠覆性技术及其影响作为研究重点；二是关注农业科技发展的重大问题研究，如与产业结构升级相适应的现代农业科技创新体系构建问题、高新技术产业化的路径选择问题及私人部门科研投资问题等；三是注重发达国家发展模式与经验的研究与借鉴，如美国农业科技政策变迁、日本农业科研体制改革特点等；四是注重最新理论和方法的创新应用，如我们应用国际食物政策研究所开发的 DREAM 软件系统评价分析了转基因棉花和玉米的经济影响，运用 SEM 模型对我国农业科技项目进行了过程评价等。

另外,本书的编撰过程,也同样是一个回顾与思考的过程。这一篇篇学术论文,是我与一届届弟子们,包括张社梅博士、曹博博士、李敬锁博士、包月红博士,以及技术经济与科技发展团队孙炜琳博士、高芸博士等共同努力的结果。这些论文的写作过程,既是与他(她)们一起努力的过程,也是见证他(她)们不断进步与成长的过程。特别是书中有 2 篇论文曾被《中国农村经济》刊发,各有 1 篇论文被《科研管理》和《改革》杂志刊发,多篇论文被《农业经济问题》《农业技术经济》等学界重要期刊刊发,以及原农业部张宝文副部长和原中央政策研究室潘盛洲副主任亲临博士生答辩现场给予指导等,使我们共同经历了学术成果被领导和社会认可的高光时刻,每每想起,都能勾起一系列美好的回忆。如今,弟子们大多都已经成为各方面的骨干,有些还升任了教授、院长,在各个方面展现出他们的担当和才华。也是应他们的共同要求,现把这些有价值的研究成果编辑成册,一是为大家留下一个共同的纪念,二是感到书中收录的许多研究成果对后来者从事类似的研究具有很强的指导和借鉴意义,三是本书与《农业技术进步评价——理论、方法与实证》也正好是一个姊妹篇,也算是本人在技术经济与科技发展研究方面的一个阶段性总结。

学术无止境,研究工作贵在坚持、传承和创新。面对百年未有之大变局,以及日新月异的新发展、新情况和新问题,衷心希望后来者能继续发扬前辈们务实敬业、勇于创新和舍我其谁的传统和勇气,把农业科技发展研究工作不断推向前进,为我国"三农"发展、学科建设、人才培养和政策支撑做出应有的贡献。

赵芝俊

2022 年 6 月 18 日

目 录

我国农业颠覆性技术创新的可能方向与路径选择……… 高 芸，赵芝俊（1）

基于产业结构升级的现代农业科技创新体系研究……… 曹 博，赵芝俊（16）

我国农业科研投资宏观经济效益分析……………………赵芝俊，张社梅（27）

中国省域农业科研机构科技创新效率及影响因素分析
………………………………………………陈 耀，赵芝俊，高 芸（37）

基于 SEM 模型的农业科技项目过程评价指标体系研究
——以国家科技支撑计划项目为例……………李敬锁，赵芝俊（53）

基于 TRIZ 理论的国家农业科技计划绩效评价的逻辑
框架设计…………………李敬锁，卢兵友，张兴中，赵芝俊（68）

美国农业科技政策变迁及对中国的启示………… 高 芸，赵芝俊（75）

日本农业科研体制改革特点与启示……………… 包月红，赵芝俊（89）

农业研发领域的公私合作伙伴关系………… 包月红，高 芸，赵芝俊（101）

略论农业科研投资的合理界定问题……………… 赵芝俊，张社梅（115）

专利保护和加计扣除能促进私人农业研发么？……… 包月红，赵芝俊（124）

国际私人农业研发投入变化与比较………… 包月红，赵芝俊，高 芸（137）

国际上基因抢注专利引发的争论与我国的因应对策
………………………………………………………赵芝俊，张 熠（147）

中美转基因棉花品种在国内的推广模式比较及政策建议
………………………………………………………张社梅，赵芝俊（158）

国产转基因棉花科研投资收益的定量分析… 张社梅，赵芝俊，朱希刚（164）

转基因抗虫(Bt)玉米商业化的经济效益预评价
………………………………………………赵芝俊，孙炜琳，张社梅（178）

从国产转基因棉花的成功看我国农业高新技术产业化
的道路选择………………………张社梅，赵芝俊，朱希刚（186）

我国农业颠覆性技术创新的可能方向与路径选择

高 芸，赵芝俊

(中国农业科学院农业经济与发展研究所 北京 100081)

摘 要：技术进步是经济增长的主要源泉，通过创新实现技术物化并产生有益效果，已成为推动发展的主要途径。在资源、环境和发展空间约束不断增强、急需培育增长新动能的今天，将颠覆性创新作为突破口实现跨越式发展，意义越来越重大。未来十年，我国农业领域颠覆性创新最有可能、最有潜力、最具价值的3个方向是：合成生物学和基因组学育种技术；以微生物组学为基础的农业生物质工程；大数据和信息技术支持下的智慧农业。应重视基础研究和交叉学科研究，鼓励公私部门合力解决制约农业发展的重大问题，建立重点攻关领域定期发布机制，建立相适应的人才培养、项目考核、协同创新、技术转移和成果转化机制，形成以知识和价值为核心的科研上下游链条。

关键词：颠覆性创新；农业技术进步；现代农业发展

技术进步是经济增长的主要源泉，通过创新实现技术物化并产生有益效果，已成为推动发展的主要途径。近年来，我国农业生产成本不断攀升，资源环境压力逐年增大，农业竞争力提升难度增加，农业可持续发展面临诸多障碍，这些问题的出现，归根结底是传统的生产方式越来越不适应现代农业发展的需要，科技的支撑力和支撑方式越来越难以满足现有及未来发展的需要。这也预示着，未来的农业发展必须更加依赖农业科技进步，技术创新需要开拓新的创新路径，突破边际增量的限制，推动生产效率大幅度提升，引

基金项目：国家社会科学基金项目"供给侧结构性改革视角下农业全要素生产率增长可持续动力分析与国际比较"(16BJY007)；中国农业科学院联合攻关重大科研任务"新时期国家粮食安全战略研究"(CAAS-ZDRW202012)；中国科学院先导项目"新时代保障粮食安全的科技政策问题研究"(KJZD-EWG20-07)。

作者简介：高芸，中国农业科学院农业经济与发展研究所副研究员。

通讯作者：赵芝俊，中国农业科学院农业经济与发展研究所研究员，E-mail：zhaozhijun@caas.cn。

领现代农业发展。

党的十九大报告强调,要突出关键共性技术、前沿引领技术、现代工程技术、颠覆性技术创新。当前,全球各国都希望通过颠覆性创新实现跨越式发展,并相应地开展战略布局,将技术创新与农业重塑统筹谋划,并辅之以组织创新和制度创新。例如,美国已经形成颠覆性技术常态化研究和投入机制;日本从2013年开始实施"颠覆性技术创新计划",经费规模占到全部科技计划经费的4%左右;俄罗斯通过"先期研究基金会"推动技术储备;英国和法国分别提出"高价值制造"和"未来工业战略"。不仅如此,一些国家还定期发布突破性技术(技术预见)报告或科学蓝图,为技术遴选和创新聚焦创造条件,引导全社会力量投向最有潜力的核心技术研发。在这种形势下,颠覆性创新会对农业产生哪些根本性影响?解决我国农业面临的困境最需要的颠覆性技术有哪些?发展的路径和方向在哪里?推进我国颠覆性技术创新的政策着力点在哪里?这些都是不能回避的重大问题。为此,本文在全面梳理颠覆性创新理论与实践脉络的基础上,重点就颠覆性创新破解我国当前及未来农业发展困境的可能性和可行性进行分析。同时,根据未来现代农业发展方向和需求提出农业领域颠覆性创新的重点领域,探讨颠覆性创新的实现方式,明晰其重塑农业的作用路径和方向,最后提出促进农业颠覆性创新的政策措施。

1 颠覆性创新理论的由来与演进

1997年,Clayton Christensen首次提出颠覆性创新理论,将创新分为颠覆性创新和渐进性创新,破解了困扰学术界已久的"亚历山大困境"(领先的在位的大企业在面临新技术调整时容易被新进入的小企业打败)[1]。从此,颠覆性创新成为各行各业关注和争论的热点。颠覆性创新概念的提出是经济理论与创新理论并行发展、相互贡献的结果。

各国发展经验表明,资源禀赋、政治制度、地理因素、资本积累都会影响经济增长[2],在众多影响因素中,技术进步促进经济增长的作用越来越重要,且成为实现经济持续增长的唯一途径[3]。经济学家通过历史考察和现实研究,从新技术如何产生,科学和技术的关系,如何运用技术促进经济发展,技术发展的组织模式,技术发展的内涵,现代技术分类等角度,探讨技术与经济的关系,技术经济学逐渐发展成为研究经济活动规律与技术发展规律的交叉学科。熊彼特在《经济发展理论》中开创性地提出了创新的五种情况,即新产品、新技术、新市场、新的原材料供应来源、新的生产经营组织,人们开始认识到"发明创造"和"技术创新"的区别，创新的含义从单一的新技术、新产品，逐步发展为新技术应用和产业化、技术组合、商业模式、组织和制度创新[4]。熊彼特认为，企业家为避免边际收益递减而开展的生产技术和生产方法革新的创新活动，最终目标是最大限度地获得超额利润。总而言之，创新理论在不断深化发展，从技术创新逐步延展到产品创新、过程创新和服务创新[5-6]。

20世纪中后期，新古典经济增长理论和内生增长理论不约而同地开始关注人力资本、研究开发、知识外溢、技术进步对经济增长的贡献，并利用历史数据进行验证[7-8]。到了21世纪，创新的定义更加明确地强调"转化"，即新产品、新过程、新系统和新服务的首次商业性转化[9-10]。这些研究开创了技术进步测度的先河，形成了从理论、实证到启示的完整研究体系。

然而，在现实中，完成技术的商业性转化不仅需要技术本身在原理、结构、功能及效益上的突破，而且需要有效的激励制度、恰当的商业模式以及匹配的市场，必要时还需要新技术的再次改造、发展。随着垄断企业的出现，研究者发现，创新的必要条件在当前社会分工细化、垄断市场存在的情况下变得愈加难以获得，垄断企业对现有目标客户需求有深度了解，对本领域技术可以快速掌控，更容易在低成本下开展演化性、连续性、渐进性技术创新。

颠覆性创新理论以经济理论与创新理论为基础，标志性地提出创新形成的技术不一定是连续的[11]。特别是渐进性技术创新产品的性能增加若无法带来消费者的边际效应增加时，就是颠覆性创新产生和应用的最佳机会。连续性技术创新通过技术替代，改进和完善产品性能，延续以往的内部生产目标和管理模式，以及客户群体（市场）和产品功能。相对应地，非连续性技术创新则使用新技术替代现有技术，开辟新的市场并形成新的价值体系和市场规则，具有破坏和颠覆原有主流市场的特征[12]。因此，颠覆性创新另辟蹊径开发新的产品、开拓新的市场、寻找新的目标客户，为小企业与大企业竞争、弱国赶超强国、重塑世界经济格局找到了突破口。随着颠覆性创新典型案例的剖析和研究增多，颠覆性创新理论对颠覆性创新与颠覆性技术、颠覆性创新的特征、颠覆性创新的目标、如何实现颠覆性创新等探讨得更加深入，研究结论对实践层面更具有现实意义。

2 农业颠覆性技术创新对我国农业的可能影响

农业产业链的各个环节均存在巨大的颠覆性创新机会。以作物育种为例，经历了古代果实种子采集筛选，到基于遗传与变异理论形成对生物进化的基础认识，开展作物驯化，近代发展为人工杂交技术的人工诱变育种、倍性育种、细胞和基因工程育种等。从颠覆性创新对农业发展的影响路径和方式来看，主要是通过生产工艺和技术创新、生产要素创制、生产模式创新，大幅提高产出或减少生产投入要素，或是在产业链下游将产品的功能、价值和应用领域进行拓展和升级。这些颠覆性创新最终实现了农业供给效率、生产能力、资源利用方式、生产模式、社会福利的本质改变（表1）。

2.1 农业发展史上的颠覆性技术创新及其特征

回顾农业发展历史，不难发现颠覆性技术及其衍生集群与农业经济发展、农业生产率增长之间的密切联系。第一次农业绿色革命的核心技术是高产品种、机械化和化肥使用。化肥和杂交育种技术将肥料生产和育种从农民生产活动中分离出来，实现了新技术物化，有效提高了投入产出效率，形成了新的生产投入结构，实现了颠覆性创新。农业机械替代劳动力则实现了生产规模的扩大，解决了农村劳动力不足问题，改善了耕作质量，其与灌溉和化肥等的结合使用，则大幅提高了土地的肥力结构和蓄水能力，对提高单位农业劳动生产率起到了关键性作用。

育种、化肥和农业机械的创制与应用大幅抬高了生产前沿面（即理论上的最高产出水平），改变了生产投入要素结构。农业机械打破了人力的局限，育种和化肥不仅实现了农业生产分工，而且利用工业化、现代化的生产方式替代了传统生产方式。这三项颠覆性技术与同期的在位技术相比，依赖不同的技术原理或与其他领域技术形成新的技术组合，在初始竞争阶段在主流功能（与在位技术相同的功能）表现、衍生功能（扩展功能）创新方面具备明显优势，在其后期衍生集群（产品）的功能强化过程中，更好地满足了社会需求，且在位技术无法通过延续性创新追赶优势，最终颠覆性技术逐步替代了在位技术。

表1 农业颠覆性技术创新的特征

	化肥	机电动力农业机械
年代	19世纪中期	20世纪初
技术原理	植物矿物质营养学说和归还学说，有机质可以分解释放出矿物质	基于内燃机、风力机、电动机等其他领域新技术形成技术组合
在位技术	粪肥、植物"腐殖质"	人力、畜力农业机械
初始竞争优势	缩短了土壤营养改善周期，使用方便，营养成分高、成本低	动力输出强度和工作时间远高于人力、畜力

(续表)

	化肥	机电动力农业机械
衍生集群	初期只有氮磷钾肥,后期衍生出尿素、复合肥、速效肥、缓效肥、长效肥、土壤用肥、叶面用肥等	针对不同作业地点(田间、牧场、果园、厂房、渠道等)、作业环节(耕、种、防、收)和作业方式(行走作业、固定作业)
与在位技术相同功能的强化和拓展	可以人工合成,提高土地复种率	操作简单,极大地提高了劳动生产率

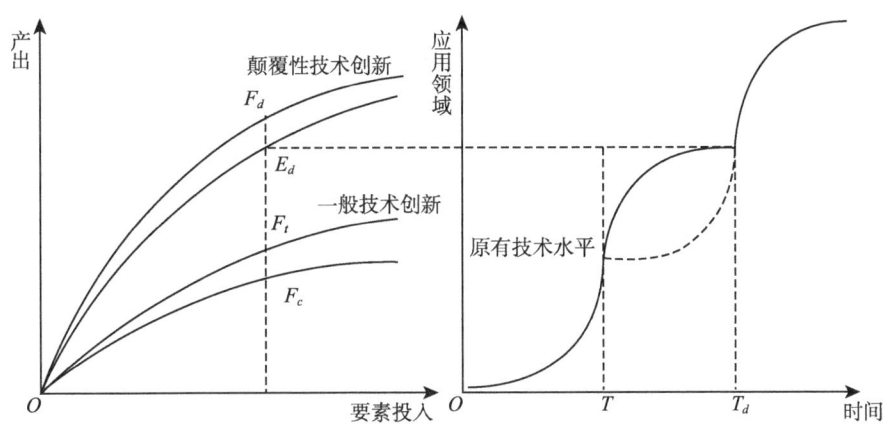

图 1 颠覆性创新对生产前沿面和整体技术水平变化的影响

如图 1 所示,连续性技术进步由原前沿面 F_c 点移动到 F_t 点,而颠覆性创新可以将产出水平从 F_c 点大幅度提高至理论产出的 F_d 点和实际产出 E_d 点。颠覆性创新与现有技术不是延续改进的关系,而是通过另辟蹊径的开发带动技术水平不连续的提升。在应用早期(如 T 时点之前),原有技术处于快速上升期,从 T 时点到 T_d 期间,颠覆性技术与原有技术还存在性能差距,通过不断修正改进,到了 T_d 时点才能真正侵入现有的价值网络。例如,机械抛秧成活率、小地块机械化耕作、良种与田间管理、投入品匹配等问题都制约并影响了创新效果,随着技术开发和推广部门对技术理解逐渐加深,控制力逐渐增强,相应的机械代耕代种服务、田间操作方案等商业模式和管理模式应运而生,颠覆性技术改进速度和性能提升会不断加快,继而替代现有技术,实现整体技术水平跨越式提升。

因此,农业领域颠覆性技术创新就是要对现有农业技术创新方向、路径及其所遵循的理论(理论体系)进行根本性改变,通过商业化或产业化转化为农业生产要素和生产条件,极大地提高劳动生产效率,形成新的农业生产方式、经营模式和商业模式。因此,农业颠覆性技术具有技术原理创新性、衍生集群扩展性等特征。

2.2 我国农业为何需要颠覆性技术

加入世界贸易组织以来，我国农业对外开放程度不断提高，国内外两个市场的相互作用和影响不断加深，国内市场稳定和产业安全风险加大。从2000年开始，我国农业生产成本快速上升，其中劳动力和土地成本增长最快，进口价格天花板效应明显，农民增收难度加大。从2013年开始，大豆、小麦、水稻、玉米先后进入国内外价格倒挂拐点，农产品进口量逐年增加，但仍需面对市场和谈判的双重压力。农业资源存在过度开发利用的问题，生态则存在严重透支的问题[13]。同时，农村社会也在发生深刻变化，工业化与城镇化进程不断推动农民向城市自由流动[14]，引发农户类型（纯农业户、农业兼业户、非农业兼业户和非农业户）、农地流转（转包、出租、互换）、生产方式（生产分工和生产托管）、农业功能和形态（农业多功能性、三产融合）发生了深刻变化。

目前的中国比任何时期都更加需要重视技术创新，以技术进步支撑农业发展。各类农业常规技术（良种、良法）、种植模式（单一耕作农业、双季耕种、作物轮作）、扶持政策（最低收购价格政策、农机和良种补贴政策、扶贫政策）和体制机制改革（规模化经营、新型经营主体培育）等在实施初期效果明显，但呈现边际效应逐渐下降的趋势。同时，初始的技术路径会强化当前技术研发的刺激和惯性，人们更容易在原有技术路径上做"增量"研究，自然而然地被"锁定"在某种被动状态之下。

近代水稻育种技术的路径变化，就是典型的颠覆性创新路径突破、发展、衍生、再突破的循环过程。1966年袁隆平发现雄性不育现象，开创性提出借助保持系来繁殖不育系，用恢复系给不育系授粉来生产雄性恢复且有优势的杂交水稻。"三系"杂交水稻改变了之前矮化育种的创新路径，突破了自花授粉作物杂种优势利用的技术瓶颈[15]。基于"三系"杂交优势创新理论，在后续增量研究（"三系"红莲、冈型、D型等杂交籼稻，包台雄性不育系杂交粳稻和"两系"杂交水稻）贡献下，水稻亩产水平由不足200多千克提高到450千克左右。20世纪，杂交水稻育种路径突破仍在继续。无融合生殖固定杂交基因，水稻二氧化碳固定途径和效率的改变，都可能成为未来颠覆性创新的新技术路径。因此，颠覆性创新对当前我国农业发展具有显著的现实意义，突破已有思维范式和方法论的特征，有助于克服路径依赖和引发技术革命，从而产生根本性的变革与创新，并在技术路径创新的基础上，打破旧的经济体系、价值链和体制机制束缚，培育农业经济发展新动能。

2.3 颠覆性技术有望破解当前我国"三农"问题

2.3.1 创制新要素,扩充资源边界,打破资源瓶颈

颠覆性创新可以实现要素再造和重新配置,创新生产模式,打破资源瓶颈对农业发展的束缚。由于城镇化快速发展和人口持续增长造成农用地和水资源紧缺,粮食产区逐渐向东北地区和中部地区集中[16],加剧了东北地区和中部地区的资源压力。长期使用化肥和农药,使我国北方地区出现土壤沙化、盐碱化和耕作层变薄等问题,南方土壤有机质减少、酸性强、板结失墒,我国农业面源污染发生面积和程度不断扩大。颠覆性创新可以扩大资源边界,减少紧缺资源使用,使用更易获得、成本更低的生产要素。例如,生物炭化和炭基肥技术将秸秆变为提升土壤肥力、固氮减排的肥料,还可以将秸秆变身石墨烯,为工业生产提供更丰富的生物质原材料。基于合成生物学的理念,创建人工细胞工厂,发酵生产植物源天然产物、人工合成萜类和生物碱等化合物,不仅可节约有限的土地资源,而且可避免传统生产天然产物含量低且差异大、类似物复杂导致产品纯化难,以及对生物资源尤其是野生植物资源造成严重破坏等问题[17]。这类技术创制了新的生产要素,突破了动植物生长发育的限制,打破了资源瓶颈的约束。

2.3.2 打造新的生产方式,摆脱自然限制

农业产业的目标是生产粮食作物、经济作物、饲料作物和绿肥等农作物,来满足人们营养和工业生产需求。农业生产需要土地、水、光、积温、矿物质养分等资源,在一定的气候、资源和环境条件下,形成了相对固定的生产方式、产地和生产周期。20世纪的"植物工厂"创新,其基本理论基础是"矿物质营养学说",利用人工模拟与控制环境技术,开展流水线方式的作物生产模式,按计划均衡生产,稳定供给。植物工厂的单位面积产量、水肥利用率、机械化率、环保安全性等方面与常规生产方式相比优势明显,杜绝了水体污染,不使用农药和激素,摆脱了季节、气候和空间限制,生产出可以直接食用的高品质产品。基因组与细胞工程、基因线路和原件工程、代谢工程等前沿研究都将成为开启生物体构成本质及运动规律的"生命科学"路径创新的使能技术[18],颠覆生物体代谢工程效率,实现生产要素高效利用,不依赖季节和光热条件,促进农业生产标准化、精细化,开创新的"工厂式"生产方式。

2.3.3 集成利用高新技术,再造全新农业服务模式

农业技术一般具有很强的实践性和复杂性。长久以来,传统农技推广模式存在技术对接不精准、技术服务难持续、技术服务效果难保障、整体运转

缺动力等难题，使得许多技术不能有效转化为现实生产力。而大数据技术将颠覆当前技术推广方式，不仅可以通过手机或笔记本电脑等移动设备向农民传播新技术，而且可以嵌入地块遥感指标、气象和灾害数据、市场信息数据、作物经验数据等资料，形成个性化"技术大脑"服务，通过云端软件计算各个生产作业的最优实施时间和作业内容。农户还可以在使用中验证和修正技术指标，让其更符合个体需求。这类创新将颠覆以往田间技术依赖于农户经验积累的方式，降低技术推广成本，缩短学习时间，实现技术转化与使用主体的频繁互动、反复验证、跟踪修正等目标。农户只需"信"服务，不用"懂"技术，线上服务与本地化线下服务紧密结合，解决科技服务"最后一公里"问题，确保了农业科技在实现农业增产增收方面的最大作用。

2.3.4 促进农业分工，开发差异性竞争优势

颠覆性创新的意义不仅仅在于颠覆性技术突破，更重要的是通过以高新技术或技术组合为引领的新产业、新业态、新模式的形成与发展，实现农业竞争力水平大幅提升的最终目标。例如，农业社会化服务整合现有技术，将农业产业链和价值链各环节进行深度改造，统筹安排要素配置，农户通过购买服务可完成自己干不了或自己完成不划算的作业环节。当前，社会化服务中实现的劳动力替代技术已经不仅仅局限于农业机械，更扩展到工程装备、环境操作、智能移动设备乃至大数据支持下的现场解决方案。不同作业主体还可以融通系统、联合开发、衔接作业环节，发挥制度、技术、管理、业态、模式的综合效益。在社会化服务支持下，可以促进农业合理分工，实现合理耕种和精细化管理，极大地扩展单位劳动力可以管控的生产规模，提高管控效率。这类颠覆性创新可以有效缓解我国劳动力成本持续增长的状况，有助于解决"谁来种地""怎样种好地"的问题，对已有的竞争格局和产业格局会产生变革性影响。

3 我国农业领域颠覆性创新的可能方向

当前我国农业领域颠覆性创新发展的方向，取决于创新与我国现有的技术水平、资源禀赋特征和农业生产及组织方式的匹配程度，以及是否具备商业化或产业化的条件，是否可以极大地提高劳动生产效率，形成新的农业生产模式、经营模式和商业模式。根据前文分析，这里认为，我国农业最需要的技术创新来自三个方面的要素创制：一是劳动力替代创新，如通过人工智能技术、全球定位技术等的利用，彻底打破人类的生理极限，实现全天候、精准化、高质量的工作，大幅度提高劳动生产率；二是打破资源瓶颈约束，

如通过人工模拟智能温室技术实现全季节、多层级、精准化高效生产,极大地摆脱农业对土地、气候、环境的依赖;三是突破产业、部门界限,创造新的需求,实现新增长。未来十年,我国农业领域颠覆性创新最有可能、最有潜力、最具价值的三个方向分别是:合成生物学和基因组学育种技术;以微生物组学为基础的农业生物质工程;大数据和信息技术支持下的智慧农业。

3.1 合成生物学和基因组学育种技术

合成生物学汇聚了科学研究对生物进化、遗传、发育、发酵等生物界认知的"发现能力",工程学理念带来的基于需求导向的"建造能力"以及颠覆性技术带来的"发明能力",有助于全面提升社会的"创新能力"[18]。合成生物学利用"底盘+模块+元件"的思路,有目标地创建新生命体系,扩展了以往农业育种以驯化、诱变为主导思想的育种思路。众所周知,育种技术相较于其他农业技术,具备更便利地实现商业化和技术物化的特性,通过无性繁殖技术获得的种子,天然地保护了其知识产权。从2000年第一个合成开关"生物开关和压缩震荡子",到大肠杆菌中实现青蒿素前体途径的工程化,再到利用动态的代谢流控制生物柴油生产以及设计合成酵母菌,人类距离工厂化"建物"的目标越来越近。水稻、玉米、小麦等重要农作物的编辑功能的应用如火如荼,农作物品种改良实现突破前景可期。同时,利用合成生物学拓展农业产出,为能源材料、环境生态和人民健康提供原料来源,将极大缩小当前农业与其他行业的平均收益差距。

由于土地和水资源的限制,常规育种对生产的贡献能力已经发挥到峰值,只有通过基因组编辑育种技术,才能实现无融合生殖的杂交作物制种,改造作物光呼吸,改进动植物细胞和组织培养技术,开发更有效的遗传转化方法,调节动植物发育和繁育、再生能力,更准确、更精细地改变生物体内有机大分子的合成速度和方向,达到不断提高动植物生产效率、在现有资源条件下提高动植物食品生产能力并改善品质的目标。当前,我国的基因编辑技术水平在受体作物物种类型、目标突变类型、定向突变技术效率与精确性等技术要素的系统性与先进性方面均处于领先水平[19-20]。该项技术在我国的应用领域十分广泛:可以快速弥补我国在大型动物育种方面的差距,通过直接编辑决定遗传性状的胚胎基因,即可精确改良家畜遗传性状,获得一批传统育种较难培育、肉用性能和抗病力显著提高的牛、羊、猪[21];调节大豆、油菜等作物籽粒中油的成分比例,增加亚麻酸、亚油酸等优良成分的比重;根据需要敲除或减弱支链淀粉合成的基因活性,增加直链淀粉的比例,生产功能性主粮[22],助力糖尿病、高血压等慢性病防治;开展各类鱼类、海产品育种,扩展人工养殖海产品品种和效率；利用全基因组关联和连锁分析，全基因组表观遗传修饰位点和解析调控，筛选和鉴定影响作物风味的遗传位点，改变农产品的风味、颜色，延长农产品的货架期[19]。这些技术对填补当前粮食产需结构性缺口、缓解粮食生产资源约束、扩展中西部干旱地区粮食和畜产品生产能力、增强差异性竞争优势等有很强的针对性，具备商业化条件。

3.2 以微生物组学为基础的农业生物质工程

微生物组学是继基因组学后生命科学与生物技术研究领域的重大突破之一。微生物在碳和营养的循环等方面的关键功能，决定了其对地球植物和动物健康、生长、有机物与蛋白质转换、疾病控制的决定性作用。目前存在于地球的万亿级微生物中有99%还没有被发现。复杂的微生物群体多样性导致研究微生物群体中的特定功能变得非常复杂。在过去10年中，核酸测序和质谱技术的进步使我国能够更快速、更有目标地进行宏基因组、转录组、蛋白质组学和代谢组学的分析[23]。当前的技术水平已经具备产业创新的条件，诱导性微生物种衣剂、工程微生物等产品可以用于作物危害控制的生物杀菌剂、改善水肥利用效率，应对病害和非生物胁迫的抗性。从事这类产品生产的公司已经得到金融资本的高度关注，成为资本新宠。我国生产微生物肥料和微生物农药的公司超过1000家，未来增长潜力很大。

我国的微生物农药生产已初具规模，害虫天敌的生产与利用技术处于国际领先水平。生物农药最新研究方向RNA干扰技术与国际同步发展。各种类型的蛋白激发子不断被发现，激发子作用的分子靶标、分子机制研究亦不断深入，有关技术的突破将促进植物免疫诱抗剂的快速发展[24]。该领域颠覆性技术主要包括：木霉菌等真菌生物农药发酵产抗逆性孢子工艺以及真菌聚酮化合物组合生物合成，拓宽了医药和农业生物活性物质的范围；利用干扰素抗病毒、抗肿瘤、提高机体防御能力，是动物有效抵御病毒感染的新型多肽制剂，可作为养殖业中普遍使用抗生素的有效替代品；利用作物微生物组学和合成菌群学构建生态稳定的多菌种复合微生物肥料；通过互作信号调控增强微生物肥料在植物根际的定殖与作用效果[21]；生物质炭的深入研究催生了生物质废弃物炭化与生物质炭农业应用的有机结合，初步形成了以热裂解为基础的生物质工程与产业[25]。传统微生物农药生产工艺、应用推广面积和产品质量都有了长足的进步，为农业生物质工程产业化奠定了基础；昆虫信息素和昆虫性诱剂已经实现系列化和技术实用化；土壤修复技术、植物免疫技术、昆虫信息素、微生物杀菌剂、植物源农药等构成了病虫害综合防控体系和解决方案。生物质产业的可再生、清洁、低碳、惠农和对化石能源多途径的替代等优势，可以带动农业机械、生物质加工、热能转化、肥料制造及物流等产业联动发展，实现颠覆性创新。

3.3 大数据和信息技术支持下的智慧农业

大数据和信息技术具有极强的催化剂、黏合剂和倍增器作用，为众多前沿科技领域的重大突破创造了机会。它可以作为许多技术的载体，或者与现有技术形成集成技术。运用于农业领域的大数据和信息技术主要有遥感技术（RS）、地理信息系统（GIS）、全球定位系统（GPS），具有宏观、实时、低成本、快速、高精度信息获取等特征。目前，已经建成并使用的有红壤资源信息系统、土地利用现状调查和数据处理系统、北方草地产量动态监测系统、中国农作物种质资源数据库、国家农业资源数据库等。未来，大数据可以融合农业地域性、季节性、多样性、周期性等多层面的数据信息，其在使用过程中还会产生来源更加广泛、类型多样、结构复杂、具有潜在价值的数据集合。通过信息技术实现农业生产模式和要素的创制还有很大发展空间。农业装备和设施的操作监控、远程故障诊断以及服务调度，农业中不同关联产业的耦合（如种植业与蜜蜂授粉），上下游产业数据分享和作业联动（如畜牧业、屠宰业和肉类加工业），都可以通过大数据和信息技术实现产业链整合和整体效能最优管理。

智慧农业是以大数据和人工智能为基础和主要驱动力的新兴农业生产模式，利用信息技术对农业生产进行定时定量管理，使用智能机械来实现农畜产品的种、管、采收、储存、加工、销售，以最少的要素投入实现最大的回报，实现农业生产的高效低耗和优质环保。当前的科技水平，可以做到耕作、播种和采摘等的智能化（如美国 Blue River Technology 公司的 LettuceBot "智能生菜机器人"），智能探测土壤（如超级农作物 CropX 公司的"气候看守者"通过传感器收集地形信息、土壤结构、盐分和含水量），搜索和预测市场信息（如 FarmLogs 公司提供农产品价格、耕作开支、利润预测和气象服务），探测病虫害，进行气候灾难预警，等等。我国在智慧农业领域的技术虽然处于"跟跑"水平，但在植保无人机、喷洒数据和喷洒决策、智能电池管理系统等方面已实现技术突破。其中，数据平台服务（包括运用遥感、传感技术获得数据并进行分析决策）、无人飞行器植保、农业机械自动驾驶这 3 个领域出现颠覆性创新的可能性最大[26]。虽然智慧农业在我国市场前景广阔，但由于我国气候与地理环境复杂，农户生产规模小，人工智能面临定制服务复杂、初期投入和维护成本高等挑战，需要不同学科、行业更多的协作才能实现颠覆性创新。

4 基于农业颠覆性技术特征的促进政策

颠覆性技术创新可以取代已有技术,改变生产方式和要素结构,同时也具有很高的不确定性和风险性。颠覆性技术突破需要扎实的知识、技术积累和包容性创新思维环境。颠覆性创新战略依赖多渠道、多部门支持的技术预见和战略决策机制,公共部门研发资金的引导和杠杆作用也非常关键。根据各国前沿技术开发经验,要特别重视具有倍增器作用的发展迅速、应用领域广泛的使能技术研发,这些技术可能是形成新的生产能力、产业竞争力的突破口。同时,要建立相适应的人才培养、项目考核、协同创新、技术转移和成果转化机制,形成以知识和价值为核心的科研上下游链条。

4.1 重视基础研究和交叉学科研究

活跃的基础研究是开展颠覆性创新的源泉和根基。对待前沿开创性研究,应鼓励科学家试错,包容失败。营造宽松的科研环境,促进不同学科领域交叉、碰撞的研究机制。尊重科学规律,利用跨学科的系统研究方法来理解农业、食品、生物质能源乃至大自然物质循环体系中各部分相互作用的关系,提高体系的整体效率和可持续性。科学研究是人类知识拓展的过程,是人类认识世界的经验积累,试错是探索的重要途径。要基于科学理论开拓创新,避免空想。大多数科研项目是在摸索中前进的,有很大的不确定性,而非按照项目申报时的既定方法、既定路径按部就班地开展。根据颠覆性创新的规律,基础研究和前沿技术可能并不等同于市场需求,因而需要在创新的过程中加以修正和改进,才能逐步地侵入原有价值体系。前沿技术一旦找到适合的商业模式,或是与其他技术组合并改进,就可以成为突破原有路径依赖的"使能"技术。应基于科研规律,对前沿技术项目采取基于路径创新的项目评价方法,聚焦认知扩展、关键技术和可能产生衍生集群的核心技术,重视科研管理的目标和本质。从当前农业科研发展方向来看,跨领域、跨学科的集成技术研究,更贴合我国农业技术需求。

4.2 鼓励公私部门合力解决制约农业发展的重大问题

与一般创新相比,颠覆性创新突破了原有路径依赖,其风险更高、投入更大,条件更复杂。农业科研的公共品性质及周期长、转化链条长的特征,使得制定符合农业科研特征的激励机制难度较高。企业对市场需求具有更敏锐的洞察能力、更强的产品开发能力和资源整合能力,但农业企业自身技术创新能力差、实力弱。我国亟须摸索出一套适应国情的有利于基础研究成果有效扩散至潜在的技术创新主体的体制机制,以及针对企业与科研部门合作的利益捆绑机制和成果分配机制,激励企业增加研发投入。目前,农业正在成为我国私人企业投资的"朝阳产业",私人企业迎来了参与公共科技活动和创新创业的最好时期,也有具备一定实力的跨界企业进入农业领域,但创新创业仍停留在跟踪国外、低水平复制阶段,跨界企业对农业特征、经营体制、农村社会不够了解。目前,政府对企业的支持手段简单,多采取项目或补贴方式,易扰乱企业的发展方向。为此,应重点完善加计扣除与税收优惠、金融便利、人才配置、资源共享等方面的政策,优化营商环境,鼓励私人部门参与制约农业发展重大问题的协同研究和应用开发工作。

4.3 打通创新链和价值链

我国正处于经济社会转型期,与农业产业密切相关的政策和模式处于转型、调整和升级过程中,农业颠覆性创新不确定因素较多。在新一轮科技革命与产业变革的大背景下,颠覆性技术可能源于重大的科学和技术突破,也可能源于已有技术或多项技术的综合交叉。就科研部门而言,应鼓励科学家开展技术推广,提倡利用科学技术解决农业生产和发展中的实际问题,并在绩效考核和晋升中有所体现。学科建设要依据技术产生规律,有目标地构建基础、应用和推广的协同创新链。开展科研部门与企业的协同与合作,帮助技术部门对颠覆性创新效果开展市场前景研判。政府部门应借助机制、模式、孵化器、技术转化中介组织等措施激发科学技术本身的市场价值,强化指导科学和技术发展的政策研究,走入基层发现和探索可复制、可操作的不同部门农业科研合作新模式,用政策和法规对新模式加以规范和推广。实施技术开发与制度建设并重的创新管理理念,坚持推动和保障措施并举,打通价值链,主要包括:加大基础研究投入,实行税收减免,增加研发补贴,实施技术商业化项目,完善监管体系,建立区域研究中心,构建不同部门协作伙伴关系,建立第三方中介组织,加强创新能力建设,优化研发市场规模和结构,加强知识产权保护,等等。

4.4 建立重点攻关领域定期发布机制

从颠覆性创新的扶持政策来看,一些国家已经形成上下一致、措施完善的政策体系,以确保政策目标的实现。例如,美国农业部2008年设立了分别负责自然资源与环境、农场和海外农业服务、农村发展、食品营养和消费者服务、食品安全、研究教育与经济、营销和监管等领域的副部长职位和首席科学家办公室，统筹制定农业科研战略，同时协调与私人企业之间的合作，定期向公众发布科学发展蓝图，寻求多领域、多部门的协同创新。我国也应建立重点攻关领域的定期发布机制，特别是在决策层面，应建立协调研究领域的重大战略和跨部门工作组，定期发布专业领域或综合性技术发展规划、战略规划及政策评价报告。这些战略和规划应与归口部门管理和重大项目安排、战略部署、机构调整和预算等一系列政策安排相呼应，为主管部门开展具体工作提供科学决策依据。要完善创新战略的顶层设计，为地方开展优势科研单位与企业相互融合、深度介入，推动联合开发和转化技术成果机制创新铺平道路。

参考文献

[1] 克莱顿·克里斯坦森. 创新者的窘境 [M]. 胡建桥，译. 北京：中信出版社，2014.

[2] 亚当·斯密. 国富论 [M]. 郭大力，王亚南，译. 北京：译林出版社，2011：87.

[3] SOLOW R M. A contribution to the theory of economic growth [J]. The Quarterly Journal of Economics，1956，(70)：65-94.

[4] SCHUMPETER J A, et al. The theory of economic development [M]. New Brunswick：Transaction Publishers，1989.

[5] 约瑟夫·熊彼特. 经济发展理论：对于利润、资本、信贷、利息和经济周期的考察 [M]. 北京：商务印书馆，2000：278-279.

[6] BUSH VANNEVAR. 科学：没有止境的前沿 [M]. 范岱年，解道华，等，译. 北京：商务印书馆，2004：96.

[7] ROGERS E M. Diffusion of innovations [M]. London：Acmillan Publishers，1995.

[8] KLINE S J, ROSENBERG N. An overview of innovation [M]. Washington, DC：National Academy Press，1986.

[9] 克莱顿·克里斯坦森，迈克尔·雷纳. 创新者的解答 [M]. 李瑜偲，林伟，郑欢，译. 北京：中信出版社，2013：44.

[10] 雷家骕，程源，杨湘玉. 技术经济学的基础理论与方法 [M]. 北京：高等教育出版社，2005.

[11] UTTERBACK J M. Mastering the dynamics of innovation [M]. MA：Havard Business School Press，1996.

[12] YU D, HANG C C. A reflective review of disruptive innovation theory [J]. International Journal of Management Reviews，2010，12 (4)：435-452.

[13] 韩俊. 中国农业的双重挤压和双重约束 [J]. 中国乡村发现，2015 (1)：1-16.

[14] 邢祖礼，陈杨林，邓朝春. 新中国70年城乡关系演变及其启示 [J]. 改革，

2019（6）：20-31.
[15] 张启发. 杂交水稻的辉煌 50 年 [J]. 科学通报，2016（35）：3730-3731.
[16] 邓宗兵，封永刚，张俊亮，等. 中国种植业地理集聚的时空特征、演进趋势及效应分析 [J]. 中国农业科学，2013（22）：4816-4828.
[17] 王冬，戴住波，张学礼. 酵母人工合成细胞生产植物源天然产物 [J]. 微生物学报，2016（3）：516-529.
[18] 赵国屏. 合成生物学：开启生命科学"会聚"研究新时代 [J]. 中国科学院院刊，2018（11）：1135-1149.
[19] 徐强，郝玉金，黄三文，等. 果实品质研究进展 [J]. 中国基础科学，2016（1）：55-62.
[20] 佚名. 转基因产业化红利怎样把握？我国作物基因编辑如何领跑全球？谢传晓、陈其军探讨生物育种技术发展潜力 [EB/OL].（2019-02-18）[2020-07-04]. http://m.chinaseed114.com/news/21/news_100245.html.
[21] 王栋，陈源泉，李道亮，等. 农业领域若干颠覆性技术初探 [J]. 中国工程科学，2018（6）：57-63.
[22] 张学勇，马琳，郑军. 作物驯化和品种改良所选择的关键基因及其特点 [J]. 作物学报，2017（2）：157-170.
[23] 张超蕾，周瑾洁，姜莉莉，等. 微生物组学及其应用研究进展 [J]. 微生物学杂志，2017（4）：74-81.
[24] 邱德文. 生物农药——未来农药发展的新趋势 [J]. 中国农村科技，2017（11）：36-39.
[25] 潘根兴，卞荣军，程琨. 从废弃物处理到生物质制造业：基于热裂解的生物质科技与工程 [J]. 科技导报，2017（23）：82-93.
[26] 周斌. 我国智慧农业的发展现状、问题及战略对策 [J]. 农业经济，2018（1）：6-8.

基于产业结构升级的现代农业科技创新体系研究*

曹 博，赵芝俊

(中国农业科学院农业经济与发展研究所 北京 100081)

摘 要：农业科技创新是促进产业结构升级的必要前提，也是实现农业供给侧结构性改革的唯一路径。针对我国农产品市场"三量齐增"的现象，本文作者总结了我国农业科技创新发展路径及其存在的问题，从全产业链的角度研究了农业技术进步与产业结构升级之间的互动机制，并利用1985年至2014年的相关数据对两者做了Granger因果关系分析，最后提出要从消费需求拉动和产业结构推动两个角度出发分别构建公共部门和私人部门共同参与的现代农业科技创新体系。

关键词：农业科技创新；产业结构升级；政府部门；私人部门

1 引言

21世纪以来，我国农业不断发展，粮食产量连续十二年增长，成绩斐然，但同时也存在着粮食产量、进口量、库存量"三量齐增"和农产品国际竞争力较弱的问题。以玉米为例，1992年至2015年，我国玉米产量、期末库存量持续增加，出口量持续下降，2010年之后进口量突增，年末库存与消费之比先下降后上升，根据Wind行业宏观数据库中玉米产量、库存及进出口数据，测算得到2015年年末玉米库存量是总消费量的1.73倍。产量和库存量增加的同时伴随着进口量上升和出口量下降，这表明我国粮食生产的供需结构极其不平衡，在国际市场上几乎没有竞争力。问题与发展相随，也是改革的肇因。在此背景下，

---

* 本文系中国农业科学院科技创新工程（编号：ASTIPIAED-2016-05）、国家自然科学基金重大项目"现代农业科技发展创新体系研究"（编号：71333006）的研究成果。
作者简介：曹 博，助理研究员，中国农业科学院农业经济与发展研究所。
　　　　　赵芝俊，研究员，中国农业科学院农业经济与发展研究所。

我国提出要将农业供给侧结构性改革作为下一阶段发展的主要任务。2015年12月召开的中央农村工作会议强调："要着力加强农业供给侧结构性改革，提高农业供给体系质量和效率，使农产品供给数量充足、品种和质量契合消费者需要，真正形成结构合理、保障有力的农产品有效供给"。①

农业供给侧结构性改革，是以提高农产品质量和保证粮食安全为目标，通过改革推进农业部门结构性调整，包括矫正要素配置扭曲、扩大有效供给，提高农产品供给应对国内外消费需求变化的适应性和灵活性，在保护生态环境的前提下实现农业经济的可持续发展。供给侧结构性改革的关键在于"供给侧"和"结构调整"，"供给侧"强调农业的生产方面，"结构性调整"进一步强调农业的生产结构，而科技创新是改变农业生产方式和生产结构的重要前提。

2 我国农业科技创新发展现状

改革开放以来，我国农业科技创新和推广以提高粮食产量为目标，忽略了降低生产成本的重要性[1]，粮食供给品种更新和质量提高速度慢、消费需求变化快，长期积累使得两者差距逐步加大，劳动力、土地、资本成本持续上涨，导致国内农产品价格始终高于国际水平。

2.1 我国农业科技创新的发展路径

为了解决不同的现实问题，各个阶段中农业科技创新及相关的制度改革是有针对性和偏向性的：从时间上依次以提高粮食产量、提升粮食质量以及保障粮食安全为目标；从空间上由农业全产业链的上游向中游、下游移动；从形式上由以单个的农业技术突破为主转变为以实现多种农业技术的功能集成为主。

我国农业科技创新的路径大致可以分为3个阶段，如图1所示。第一阶段为改革开放前，我国主要农产品长期处于供不应求的短缺状态，农业技术进步以增加农业生产和市场粮食供给为目标、关键性农业技术创新集中于农业全产业链的上游，同时实施"以粮为纲、全面发展"的政策。这一阶段农业资源配置向粮食生产倾斜，形成了农业以种植业为主、种植业以粮食生产为主、粮食生产又以高产作物为主的生产结构。1978年，我国农业总产值中种植业所占比重高达80%。第二阶段为1978年至2000年，针

---

① 中央政府门户网站，2015年12月25日。

对改革开放前我国农业结构不合理的问题，中国共产党十一届四中全会通过《中共中央关于加快农业发展若干问题的决定》，提出"农林牧副渔同时并举"和"以粮为纲、全面发展、因地制宜、适当集中"。这一阶段以改善产业结构、发展高产优质高效农业为目标，农业技术发展以提高粮食质量、提升农产品多样化水平为目标，关键性技术创新向农业全产业链的中游集中。2000年，我国农业总产值中种植业占比为55.68%，林业、渔业以及畜牧业产值占比大幅提升。第三阶段为2001年至今，随着农业综合生产能力的提高，我国农业技术进步由"提高粮食质量"逐渐转为以"保障粮食安全"为目标，农业产业结构基本保持稳定，种植业产值占比保持在50%~55%。农业技术创新不再是某一生产领域单个的关键性技术突破，而是在"从种子到餐桌"的农业全产业链中实现农业技术的功能集成（包括以降低引进成本为目标的农业机械技术功能集成和以实现"三产"融合为目标的农业种植技术集成等），或者以加速农产品流通为目标的信息技术发展（物联网、"互联网+"等）。

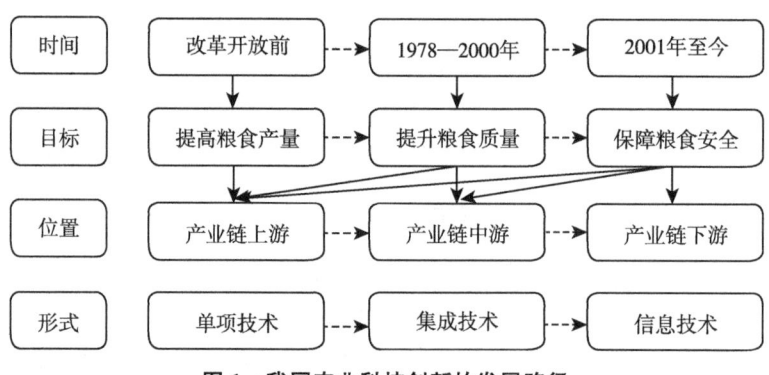

图 1　我国农业科技创新的发展路径

2.2　面临的主要问题

当前，我国农业科技创新存在着"四多和四少"的现象，即常规技术多、重大关键技术和创新技术少；产量技术多、品质技术少；生产技术多、加工技术少；知识形态技术多、转化为现实生产力的技术少[2]。此现象是造成我国粮食"三量齐增"问题的关键所在。

首先，从宏观上看，对技术创新的消费需求拉动缺乏支撑性的投融资体制，产业结构升级的相关政策推动乏力。例如，面对阶段性变化的农产品消费市场，新型经营主体需要大量及时的投资以研发新的品质提升技术、加工技术等，但自身抗风险能力低、融资能力较差，导致技术不能及时更新，最终丧失发展机会；同时，农业技术补贴等相关政策严重滞后，不能适应现代农业的发展要求，新型经营主体购买农机不能享受国家的优惠和补贴，技术更新的积极性下降，不利于农业科研创新的应用。其次，由于技术带有"公共产品"的特性，农业技术投资仍以政府部门为主，缺乏市场导向，忽略了降低技术应用成本的重要性，不适用于以现代经营主体为核心的农业发展。例如，一年中某种大型农业机械的使用期限仅有10～15天，且功能单一，增加了农业企业的生产投资成本、库存成本、维修和保养成本，不利于现代化农业发展。再次，应由公共部门主导的重大关键性农业技术创新集中于农业全产业链中上游，对农业相关信息技术平台构建的关注度较低，行业之间、区域之间的供需不能及时有效的沟通和交流，农业生产者的信息搜索成本很高，"以销定产"困难。最后，应由私人部门主导的产业内部农业技术创新缺乏应对国内外消费市场的灵活性，技术更新速度慢，缺乏技术研发的长期性和稳定性，尤其对消费者的需求了解甚少，主观能动性很低。

在供给侧结构性改革的背景下，现代农业科技创新需要同时考虑消费需求拉动和产业结构推动的因素，在重大单项技术研发的基础上以消费需求拉动品质技术和加工技术的创新、以产业结构升级促进技术知识形态向现实生产力的转化[3]。通过形成农业技术创新的闭合环以创建多元协同的动力机制模式。即以政府科研机构和新型经营主体作为农业科技创新的动力源，通过产业链和技术链的双向融合形成农业技术应用和推广的良性闭合循环结构（图2）。

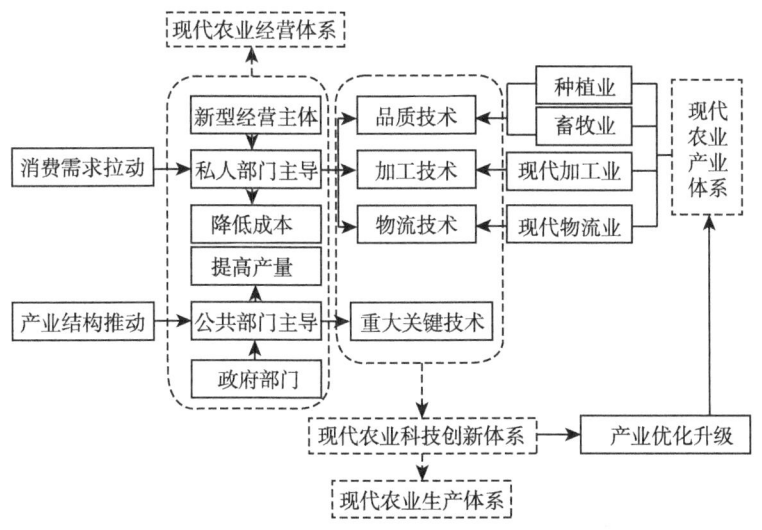

图2 现代农业科技创新体系

可以看出，构建现代农业科技创新体系需要以新型经营主体为主、由私人部门主导以降低成本和提高品质为目标的技术创新与以政府部门为主、由公共部门主导以提高粮食产量和保障粮食安全为目标的技术创新相结合。私人部门主导的农业科技创新对市场需求变动的反应更为迅速和灵活，对降低生产成本的要求较高，多以技术集成创新为主；公共部门主导的农业科技以单个领域内的重大关键创新为主，以政策为导向调整农业部门内产业结构，同时在保障粮食安全的大背景下做好私人部门农产品的质量监督工作。由此，构建现代农业科技创新体系是实现农业供给侧结构性改革的必要前提。需要以产业结构优化升级为目标，将处于农业全产业链不同位置的技术分门别类，赋予公共部门和私人部门不同的责任机制，最大限度地激发政府和新型经营主体研发、应用和推广农业技术的主观积极性，对接国内外农产品消费市场，提高我国农产品的国际竞争力，从根本上消除"三量齐增"的矛盾现象。

3 农业科技创新与产业结构升级的互动机制及实证分析

产业结构是农业各生产部门以及部门内各产业间的组合形式和构成，是农业资源转换的综合能力和水平的体现。不同时期、不同层次的社会需求形成了不同的农产品服务和需求结构，而需求结构的变化则必然导致农业产业结构的变动，农业产业结构变动对农业技术进步提出新的要求，从而促进新技术的产生。同样地，技术进步促进农业产业结构不断优化升级，两者之间互相影响、相辅相成。

农业技术种类繁多、千差万别，不同地域的特征和条件决定了农业科技不同的表现形式和推广策略。之前文献资料中对农业技术分类的研究鲜少，至今尚未形成一个科学明确的结论。胡继连从理论上将农业技术分为排他性和非排他性、独立性和非独立性、信息对称和信息非对称、规模性和非规模性、有形和无形共十种类型。这种分类方式基于技术本身的特征，在现实中可应用性较低，分析问题时不便处理[4]。梁立赫、孙冬临在《美国现代农业技术》一书中将农业技术分为耕作技术（机械技术、节水灌溉技术等）、化学技术（肥料农药技术、土壤改良技术等）、生物技术（育种技术、农药技术等）以及信息技术（遥感、地理信息及GPS技术、计算机网络技术等）[5]。在供给侧结构性改革的背景下，我们基于产业结构，按照农产品生产环节，对农业科技创新进行分类，如图3所示。

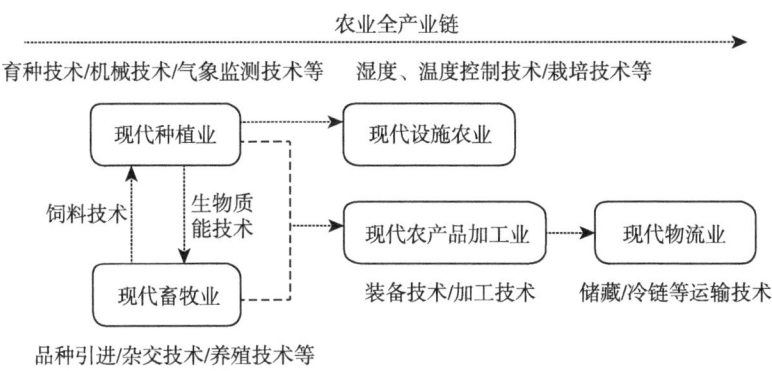

图 3　全产业链角度下我国农业科技创新的分类

3.1　农业科技创新与产业结构升级的互动机制

从总体上看,农业科技创新与产业结构升级的互动机制表现在技术进步可以促进资本的集中和集聚,为产业结构升级提供物质基础和前提;产业结构升级节约了劳动力和资源要素,为农业科技创新提供人力资本的发展条件和技术的应用空间。

（1）农业科技创新促进产业结构优化升级。首先,科技创新带来的现代规模化生产为农业产业结构优化升级不断提供优质的资源要素供给。一方面,技术进步通过提高农业生产者的素质、改善生产的技术基础、扩大劳动对象的范围、提高经营管理水平来实现产业结构的优化。另一方面,技术进步为农业产业链中各产业之间的有效衔接提供中间品要素的供给。例如,因机械技术在种植业的大规模应用,解放出了大量的劳动力用以发展农村休闲旅游业;现代畜牧业中新品种的引进以及杂交技术的应用为农产品加工业提供了优质的原材料;同时,设施农业中培育技术的应用避免了因季节变化导致的农产品加工原材料短缺问题[6-7]。其次,农业科技创新为产业结构优化升级提供消费需求。技术进步带来的农业现代化和农村城镇化提高了区域内城乡居民的收入水平,边际消费倾向增大,为第二产业和第三产业的发展提供了市场空间,农业产业结构的中心从相对低劳动效率的种植业、养殖业向高加工度、高附加值的农产品加工业转移,进而向知识化、服务化的现代化农业第三产业转移,农业部门各产业之间的数量比例关系不断协调、产业层次向高水平演进。第三,通过科技创新,农业产业链向前、向后以及向旁侧渗透和扩散,有助于形成一个新的主导产业或产业群,引发新一轮的产业革命。农业产业结构优化主要分为产业整合、产业延伸和产业提升三个方面,农业科技创新可以通过协调各产业链之间的比例关系,产生出协同效应和聚合质量,推进产业结构的优化升级。因此,技术进步是导致产业结构突变,实现产业结构根本性调整和升级的重要条件。最后,农业技术进步通过推进农村城镇化为产业结构优化升级提供空间载体。一方面,农业科技创新带来的集聚效应和规模效益为产业结构演变与更替提供了源源不断的动力;另一方面,农业技术进步改变了不同区域内土地的单位要素价格,休闲旅游业因为单位产业收益高、抗地租能力较强向城郊集聚,农产品加工业迫于级差地租的压力远离城镇,推动了农业产业结构在地理空间上的升级和重组[8]。

(2)产业结构调整诱致产生农业科技创新。首先,产业结构调整影响农业生产要素的分配机制和投入方向,从而在不同区域的行业(种植业、畜牧业、农产品加工业等)诱致产生不同类型的农业技术。劳动力、土地及资本在市场机制作用下进行合理配置是一个动态的过程[9]。一方面,产业结构调整使得投入要素在不同生产领域之间加速流动,而农业技术进步带来的机械化和规模化生产是剩余劳动力实现有效转移的重要前提;另一方面,产业结构由低层次向高层次不断优化升级导致不同农业生产要素的市场回报率不断变化,这就决定了农业部门在生产中选择收益率较高的要素进行相应的科技创新[10-11]。其次,产业结构调整促进产业集聚和产业转移。产业集聚为农业技术进步提供主体条件和创新平台。一方面,产业集聚有利于人力资本的培养和利用,实现知识的共享交流,促进技术进步产生;另一方面,产业集聚带来的资本集中有助于农业生产基础设施的建设和发展,为农业技术进步提供应用空间。此外,产业结构调整带来的梯度转移有利于农业技术的产生和扩散。第三,产业结构调整伴随着农业全产业链长度和宽度的不断延伸,新兴农业相关产业的构建需要新农业技术的产生用以支撑。例如,新品种在原生地之外的推广需要新的培育技术、耕作技术等;设施农业的大规模推广取决于相应的地膜技术、温度控制技术等[12]。最后,"三产融合"诱致起"衔接作用"的新农业技术产生。就农业内部行业而言,种植业为畜牧业提供饲料,畜牧业为种植业提供粮食生长的生物质能,这就诱致产生了相应的饲料技术和生物质能技术;农产品加工业的发展催生了电商、物联网、互联网+等现代物流业的兴起,促进了储藏技术、冷链技术的产生。

综上所述,科技创新是农业供给侧结构性改革背景下实现产业优化升级的充分必要条件,两者互为基础、相互促进。在现阶段建立现代农业生产体系、现代农业产业体系、现代农业经营体系的大背景下,农业科技创新由政府公共部门向以四大新型经营主体为主的私人部门转移,以降低生产成本为目标的技术集成创新和以提高市场化程度的信息技术创新成为我国现阶段农业经济发展的重要内容。

3.2 农业技术与产业结构水平的因果关系分析

国外衡量产业结构水平的经典方法主要包括钱纳里标准结构方法、霍夫曼系数等，但这些方法要求上百年且统计口径一致的数据，我国当前既有的数据数量和质量都达不到要求[13]。借鉴周昌林等的研究，将农业部门产业结构系数（ASTRU）定义如下[14]：

$$ASTRU = \sum_{i=1}^{4}\sqrt{L_i} \times P_i, \quad i=1,2,3,4 \quad (1)$$

式（1）中，为农林牧渔各产业的劳动生产率，计算方法为各产业增加值除以各产业就业人数，为农林牧渔各产业增加值在农业部门总产值中的占比。同时，通过距离函数构造出能够反映农业生产率变化情况的 Malmquist 生产率指数，以此为基础计算农业技术进步指数[15]。Malmquist 生产率指数为：

$$M_0(x^t, y^t, x^{t+1}, y^{t+1}) = \frac{D_0^{t+1}(x^{t+1}, y^{t+1})}{D_0^t(x^t, y^t)} \times$$

$$\left[\frac{D_0^t(x^{t+1}, y^{t+1})}{D_0^{t+1}(x^{t+1}, y^{t+1})} \times \frac{D_0^t(x^t, y^t)}{D_0^{t+1}(x^t, y^t)}\right]^{1/2} = EFFCH \times TECH \quad (2)$$

文中所用数据来源于 Wind 金融资讯行业经济数据库，采用 Granger 因果关系检验法分析改革开放以来我国农业技术与产业结构的相互作用，以验证两者之间是否存在一定的因果关系。在进行 Granger 因果关系检验之前，通过最小二乘法对 1985—2014 年的数据做相关性分析，ST 代表产业结构系数，TE 代表农业技术进步指数，回归结果如下：

$$ST = 21.019 + 0.894 \times TE$$
$$(7.316^{***}) \quad (13.997^{***})$$
$$R^2 = 0.932 \quad F = 219.734^{***} \quad DW = 0.745 \quad (3)$$

式（3）表明，我国农业技术指数每提高 1 个单位，产业结构系数提高 0.894 个单位，且估计模型在 1% 的显著水平上通过了假设检验，说明农业技术和产业结构存在一定的相关关系，但这种相关关系是否是因果关系，定义随机系统模型如下：

$$\begin{pmatrix}ST_t \\ TE_t\end{pmatrix} = \begin{pmatrix}C_1 \\ C_2\end{pmatrix} + \begin{pmatrix}\varphi_{11} & \varphi_{12} \\ \varphi_{21} & \varphi_{22}\end{pmatrix}\begin{pmatrix}ST_{t-p} \\ TE_{t-q}\end{pmatrix} + \begin{pmatrix}\mu_{1t} \\ \mu_{2t}\end{pmatrix} \quad (4)$$

根据 AIC 定阶准则，式（4）中最优滞后步长 p，q 取值为 1，分别以技术进步指数和产业结构系数作为因变量，对式（4）进行参数估计，结果如表 1 所示。

表 1 我国农业技术进步指数 TE 和产业结构系数 ST 的 Granger 因果检验结果

农业技术进步为因变量			产业结构为因变量		
自变量	参数	T 统计量	自变量	参数	T 统计量
C	-1.3392	-0.9669	C	8.0605	1.5964 **
ST (-1)	0.0703	1.2594	ST (-1)	0.6574	3.4085 ***
TE (-1)	0.9695	19.3957 ***	TE (-1)	0.3209	1.7794 **
R^2 = 0.997,F-statistic = 2 304,AIC = 2.19			R^2 = 0.957,F-statistic = 140.27,AIC = 4.92		

注:*、** 和 *** 分别表示在 10%、5% 和 1% 的显著性水平下拒绝系数为 0 的原假设;表中数据利用 Eviews 7.0 VAR 检测得到。

根据表 1,当农业技术进步指数为因变量时,ST (-1) 的 T 统计量为 1.2594,说明产业结构调整不影响农业技术进步指数的变化;当产业结构系数作为因变量时,和的 TE (-1) 的 T 检验值分别为 3.4085 和 1.7794,分别在 1% 和 5% 的水平下拒绝原假设,说明存在从农业技术进步指数到产业结构水平的因果关系。而且,无论两者中哪一个作为因变量,其中一个对另一个的影响都是促进的。对 φ_{12} 和 φ_{21} 进一步检验(表 2)。

表 2 农业技术进步指数和产业结构系数之间因果关系的假设检验结果

原假设 H_{i0}	F-统计量	F 临界值	结论
H_{10}:ST 不是 TE 的原因	1.65	$F_{0.05}$ (1, 30) = 9.18	接受原假设
H_{20}:TE 不是 ST 的原因	16.39	$F_{0.05}$ (1, 30) = 9.18	拒绝原假设

表 2 中的结果显示,技术进步是农业内部产业结构调整的原因,产业结构调整却不是促进农业技术进步的有效因素,即按照 Malmquist 生产率指数方法计算得到的农业技术进步水平指标在数量关系上构成了农业内部产业结构调整的原因。

4 结论和建议

根据上文研究及相关的实证分析,我国农业科技创新促进产业结构优化升级,产业结构调整对农业科技创新的诱致性作用尚未体现。一方面原因是在于我国农业发展的市场化程度较低,产业结构调整带来的要素相对价格变化没有影响到农业生产者对新技术的创造和选择;另一方面在于我国农业生产关系(生产制度)落后于生产力,生产关系对生产力的反作用力严重不足。在这种情况下,需要建立分别以政府部门和私人部门为主的现代农业科技创新体系。

政府部门在现代农业科技创新体系中扮演着两个角色。一方面，以提高粮食产量、保障粮食安全为目标，突破重大关键性技术攻关，推动并构建农机、农资、农技以及农产品交流信息平台，构建适宜新型经营主体发展的信用体系和投融资机制，改革现阶段农业技术的财政补贴方式；另一方面，构建农产品质量安全的技术监督体系和生态环境可持续发展的技术评价体系，对农业企业的生产过程、生产方式进行全程监督和评价。

私人部门，即以龙头企业为主的四大新型农业经营主体，在现代农业科技创新体系中起到两方面的作用。一方面，以对接国内外消费者需求、节约要素资源、降低生产成本为目标，积极研发或引进新技术，尤其注重功能集成技术、品质提升技术和生产无污染技术的应用；另一方面，注重产业链上下游的合作，积极研发并使用"循环"新技术，同时调研国内国外消费者的需求，及时调整生产技术，促进农产品内部消化并增加国际出口。

综上所述，以现代农业经营体系为主体，现代农业科技创新体系是构建现代农业生产体系和现代农业产业体系的前提条件，是实现农业部门产业结构优化升级的重要方式，也是完成农业供给侧结构性改革的唯一路径。

参考文献

[1] 陈新忠，李芳芳．我国农业技术推广的研究回溯与展望［J］．华中农业大学学报（社会科学版），2014（5）：24-33．

[2] 傅家骥．技术创新学［M］．北京：清华大学出版社，1998．

[3] 黄茂兴，李军军．技术选择、产业结构升级与经济增长［J］．经济研究，2009（7）：143-151．

[4] 胡继连．试论农业技术分类研究［J］．农业科技管理，1995（6）：38-40．

[5] 梁立赫，孙冬临．美国现代农业技术［M］．北京：中国社会科学出版社，2009．

[6] 李健，徐海成．技术进步与我国产业结构调整关系的实证研究［J］．软科学，2011（4）：8-13．

[7] 赵新华，李晓欢．科技进步与产业结构优化升级互动关系的实证研究［J］．科技与经济，2009（4）：12-16．

[8] 宋辉，李强．从投入产出模型看科技进步对中国产业结构升级的影响［J］．数量经济技术经济研究，2003（1）：103-107．

[9] 周叔莲，王伟光．科技创新与产业结构优化升级［J］．管理世界，2001（5）：70-78．

[10] 李杰义．农业产业链视角下的"以工促农"机制的动力模式和路径选择［J］．农业经济问题，2010（3）：24-30．

[11] 刘艳军，李诚固，孙迪．东北地区产业结构升级城市化响应的历史路径及其驱

动因素分析 [J]. 城市发展研究, 2007 (6): 58-64.
[12] 王广, 郭翔宇. 农业科技创新动力机制影响因素与创新 [J]. 学术交流, 2016 (5): 136-141.
[13] 王岳平. 产业技术升级与产业结构调整关系研究 [J]. 宏观经济研究, 2005 (5): 32-37.
[14] 周昌林, 魏建良. 产业结构水平测度模型与实证分析——以上海、深圳、宁波为例 [J]. 上海经济研究, 2007 (6): 15-21.
[15] 朱玲. 技术创新对产业结构演进的影响分析 [D]. 大连: 大连理工大学, 2007.

我国农业科研投资宏观经济效益分析*

赵芝俊，张社梅

(中国农业科学院农业经济与发展研究所　北京　100081)

摘　要：本文重点探讨了影响农业科研成果经济效益测算的相关因素和具体测算方法，并计算分析了我国近年来农业科研投资的效益状况，最后提出了对计算结果的基本看法和导致这样结果的可能原因。

关键词：农业；科研投资；效益；测算

农业科研投资的宏观经济效益，是从总体上来评价农业科研投入对整个国家的农林牧渔业总产值的经济贡献大小，它既表现为一定时期内农业科研投资所引起的农林牧渔业总产值的增加值，也表现为一定时期内1元农业科研投资能获得多大的经济效益[1]。测算农业科研投资宏观经济效益的意义在于：它既可以定量评价科学研究促进生产的作用大小，分析农业科研自身的效率和效益，也可以为国家制定农业科研投资政策提供科学依据。

然而，评价农业科研投资的宏观经济效益并非易事。这是因为，农业科研投资效益的实现，实际上是科研资金逐步应用到科学研究实践中，产生科研成果（知识存量），这些科研成果再被应用到生产实践中取得效益的一个过程。其大小不仅受到科研成果推广转化成效的影响，也要受到各种、各类科研成果的经济寿命长短的影响（由于各种研究成果具有不同的性质和特点，总体效益的测算不可能是各单项技术所产生效益的简单加总），还要受到在科研成果经济寿命期限内各年经济效益实现规律的影响。另外，由于相关部门对农业科研投资进行统计的口径很不一致，年限也比较短（从1986年开始），这给农业科研投资效益的测算与分析增加了格外的难度。因此，选择科学的分析方法并准确测算我国农业科研投资的经济效益便成为本研究的出发点和落脚点。

---

* 本文得到了世界银行第四期技术合作贷款项目"国家农业政策分析平台与决策支持系统（A29）"的资助。

1 农业科研投资宏观经济效益测算

1.1 方法的选择

测算农业科研投资经济效益的方法有很多种,大体上可以分为参数估计和非参数估计两类,其中参数估计法中最常用的是生产函数法和指数法。由于指数法测算涉及很多影响指数的因素,逐步回归剥离出科研投资收益,计算起来较复杂;非参数方法本身就有一些不足,如计算结果无法进行统计检验,而且非参数方法假定市场完全竞争(价格由市场决定)、以利润最大化为目标等与我国目前的实际情况有一定差距。比较之下,生产函数法可能更具有优势,所以我们采用生产函数法,直接对农业科研投资宏观经济效益进行测算。

1.2 模型的设定

农业生产是一个投入与产出不断变换的过程,通常情况下将投入要素归结为土地、活劳动、物化劳动、技术进步四类。在计算农业科研投资的宏观效益时,我们拟采用 CD 生产函数,引入的变量有物质费用(或者叫作中间消耗)、农业劳动力、土地投入、农业科研投资;另外,许多研究结果表明,我国气候变化对农业生产的影响较大,因此我们还引入了气候变量;最后,我们还引入了地区虚变量和时间虚变量作为影响因子,以区别投入品质量在时间、空间上的差异。根据需要和实际情况,我们初步设定生产函数的形式为:

$$\ln Y_{jt} = a_0 + \sum b_j \ln X_{ijt} + cW_{jt} + \sum d_j D_{jt} + \sum e_j E_{jt} + u_{jt}$$

式中,Y_{jt} 表示第 t 年第 j 地区农林牧渔业总产值;t 为年份;X_{ijt} 依次为第 t 年第 j 地区的物质投入、农业劳动力、土地投入、农业科研投入的数量,单位依次为亿元、万人、千公顷、亿元。b_j 分别是它们的弹性系数;W_{jt} 为第 j 地区第 t 年的气候变量,用水、旱灾成灾面积占总播种面积的比例(%)表示,c 为弹性系数;D_{jt}、E_{jt} 为第 j 地区第 t 年的省级虚变量、时间虚变量,d_j、e_j 分别为它们的弹性系数;u_{jt} 为随机扰动项。

由于在模型中使用的是综列数据①,具体来看,就是中国分省的时间序列数据,用这些数据来估计模型的具体值时,其优点在于:可增加变量之间的

---

① 综列数据是调查一段时间的同样的横截面数据,它具有时间和空间两种特性,有的地方还称之为混合数据、时间序列和横截面数据的联合等。

多变性、减少共线性，更好地进行动态研究，更多的检测到单纯使用截面数据或时间序列数据无法观测到的影响。不利的是模型的形式就有5种可能：各投入要素在时间和空间上是不变或者变化、引起模型的截距和斜率单独变化、不变或者同时变化等。当然对其一一验证也没必要，我们可以先排除设定明显不符合要求的几种，对剩余几种可能情况进行验证。比如第一种情况，假定变量在时间和空间上没有差异，即模型的截距和斜率是不变的，这显然不符合事实，中国幅员辽阔，南北气候差异很大，而且各省处于不同的经济发展水平，另外，我们选用的样本跨度为10年（1994—2003年），这10年中中国农业结构调整、农业科研体制改革等因素对农业总产值的影响也较大，因此，变量随地区的变化引起模型截距、斜率变化是必然的。通过这些初步的推断，我们决定用综列数据常用的两种处理方法——固定效应（FEM）和随即效应（REM）分别对存在时间差异、存在地区差异影响下的农业科研投资经济效益测算模型进行验证和确定，最终来估计我国的农业科研投资宏观经济效益计量模型。

1.3　数据的收集与处理

1.3.1　农业科研投资数据的收集与整理

农业科研投资数据主要来自1987—2004年《中国农业科技统计年鉴》《中国农业科技统计资料汇编》和《农业高等教育资料汇编》，科研投入包括政府财政投资、科研单位的自身投入、农林高等院校自身投入、借贷款及其他5部分，没有计入私人和民间科研投资（目前国内还没有这部分投资的统计数据）。各省农业科研投资量是利用收集到的全国的统计数据，根据各省农林牧渔分项产值占全国农林牧渔分项产值的比重，对农业科研总投资进行分配。具体计算公式为：某省农业科研投资＝全国种植业科研投资×该省种植业产值在全国种植业产值中的比重＋全国林业科研投资×该省林业产值在全国林业产值中的比重＋全国畜牧业科研投资×该省畜牧业产值在全国畜牧业产值中的比重＋全国渔业科研投资×该省渔业产值在全国渔业产值中的比重。

收集到的农业科研投资数据从1986—2003年共18年，由于时间跨度较大，因此必须剔除物价（或者说通货膨胀）因素对投资的影响。利用中国物价年鉴，我们又收集了从1986—2003年中国分省的固定资产投资指数[①]。用各省的农业科研投资量除以固定资产投资指数，得到剔除物价影响因素后的当年的农业科研投资额。研究中，我们选择了以2003年为基准年，然后将各

---

① 由于缺乏1986—1989年的固定资产投资指数，我们选用零售物价指数作为替代，个别没有给出的数据就用全国的平均值。

年的农业科研投资依次折算到基准年。考虑到农业科研投资经济效益的实现是一个过程，以及前面提及的一些原因，对各年实现的效益和产生这些效益的科研投资进行对应处理是测算科研投资经济效益的前提和基础。该种处理的基本思路如下：

（1）科研成果（从总体上讲的）平均经济寿命的确定。根据钱克明、樊胜根等对江苏省级及地市级农业科研投资效益滞后期的研究，得出农业科研成果的平均经济寿命在3~12年，其效益实现的滞后期为0，到达一半峰值的年数为3~4年，到达最高峰值的年数为4~5年，并结合朱希刚等有关专家的建议，我们最后将我国农业科研投资效益的实现年限确定为8年，峰值确定在第6年，并根据这一情况，模拟了滞后曲线图，得出了滞后权重（图1）。

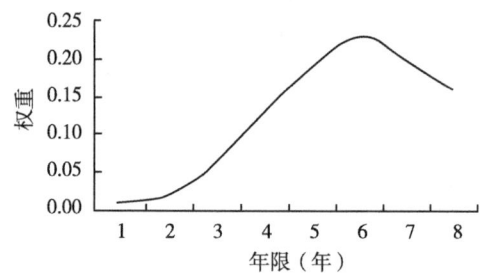

图1 农业科研投资权重模拟曲线

（2）根据各年权重对农业科研投资进行对应的滞后处理。将总投资分配到各年，再进行加总得到最终各年的科研投资。具体计算公式为：

$$R_{ij} = w_t r_{i-7,j} + w_{t-1} r_{i-6,j} + w_{t-2} r_{i-5,j} + w_{t-3} r_{i-4,j} + w_{t-4} r_{i-3,j} + w_{t-5} r_{i-2,j} + w_{t-6} r_{i-1,j} + w_{t-7} r_{i,j}$$

式中，R_{ij}是第i年第j省的科研投资折算值；r为农业科研投资当年投入的实际值；w是滞后权重（$\sum w_t = 1$）；t为滞后年限（这里为8年）。

某年产生经济效益的科研投资数量是包括该年在内的前8年的当年科研投资分别乘以相应的权重之和。例如，2000年产生经济效益的科研投资值R_{2000}为：

$$R_{2000} = 0.16 r_{2000} + 0.20 r_{1999} + 0.23 r_{1998} + 0.19 r_{1997} + 0.13 r_{1996} + 0.06 r_{1995} + 0.02 r_{1994} + 0.01 r_{1993}$$

式中，r_{2000}是2000年当年的科研投资数量，其余类推。

在本研究中，由于农业科研投资统计数据年份所限，要完整计算农业科研投资效益的大小只能从1994年开始。下面给出的是农业科研投资当年投入总量与其做了滞后处理后的数值的比较（图2）。

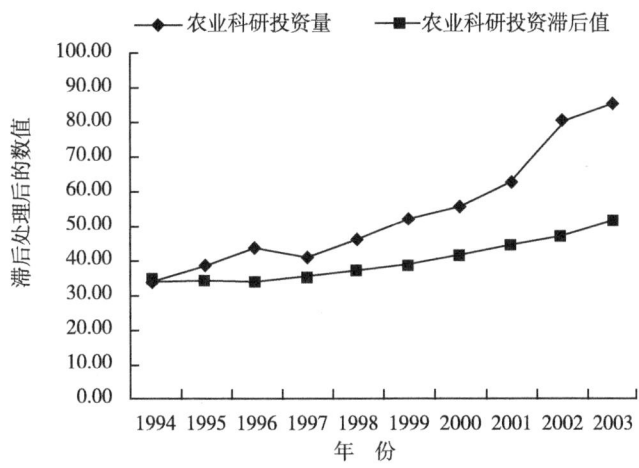

图 2　农业科研投资及其作滞后处理后的数值比较

1.3.2　农林牧渔总产值及其他投入要素数据的收集及整理①

农业总产值及其他投入要素数据主要来源于《中国农业年鉴》和《中国统计年鉴》，各省农业总产值用各省农林牧渔业产值的加总，并利用各省农业总产值可比价格指数统一折算到 2003 年。物质投入的折算是根据各年农业物质费用占农业总产值的比重，与当年农业总产值的折算值的乘积求得。劳动力投入量应为一定时期内生产过程中实际投入的劳动力数量。没有考虑劳动力的质量差异，是由于受到资料来源的限制，以及较长时期看，劳动力质量提高与劳动时间和劳动强度降低并存且有一定程度的抵消作用，在这里我们选用各省农业劳动力人数作为劳动力投入量的基础数据。各省土地投入应为农林牧渔各业生产中投入的土地总量，鉴于林业中经济林的土地投入数据无法收集，且投入不大，以及草原面积对牧业产值增长的影响较小，其面积也可忽略不计，我们用当年农作物的播种面积与当年渔业用地面积（淡水养殖+海水养殖）之和近似替代土地面积。气候用水灾和旱灾成灾面积与总播种面积的比率来表示。

1.4　生产函数的估计

利用 1994—2003 年 30 个省、自治区、直辖市的综列数据，应用统计分析软件 EVieiws 5.0 版本估计了农业生产函数具体形式，计算结果见表 1。

---

① 1997 年开始，重庆从四川省划出，为了计量口径的统计，我们将其产值、劳动力等并入四川省进行计算。

表1 农业科研投资宏观经济效益测算函数的估计结果

变量		回归系数	标准差	T检验值	概率
物质投入		0.678 027	0.021 549	31.464 61	0.000 0
劳动力		-0.037 821	0.008 053	-4.696 380	0.000 0
土地投入		0.055 790	0.017 603	3.169 388	0.001 7
科研投资		0.057 119	0.009 694	5.892 298	0.000 0
气候		-0.023 797	0.009 706	-2.451 718	0.014 9
年份	1995	0.013 061	0.003 671	3.557 315	0.000 4
	1996	0.039 457	0.004 932	8.000 873	0.000 0
	1997	0.050 415	0.005 896	8.550 642	0.000 0
	1998	0.071 462	0.006 813	10.489 330	0.000 0
	1999	0.077 877	0.007 589	10.261 610	0.000 0
	2000	0.078 245	0.008 505	9.200 095	0.000 0
	2001	0.092 552	0.009 173	10.090 120	0.000 0
	2002	0.104 729	0.010 327	10.141 430	0.000 0
	2003	0.105 842	0.011 973	8.839 681	0.000 0
加权后的统计量					
R^2		0.999 977		因变量均值	9.927 460
调整后的 R^2		0.999 973		因变量标准差	6.247 062
标准差		0.032 615		残差平方和	0.272 317
F 检验值		843 790.7		DW 检验值	1.137 956
F 检验值概率		0.0			
未加权的统计量					
R^2		0.999 122		因变量均值	6.301 134
调整后的 R^2		0.998 975		因变量标准差	1.018 753
标准差		0.032 616		残差平方和	0.272 337
DW 检验值		1.005 595			

注：这里省略了30个省级虚变量的回归结果。

我们分别采用固定效应和随机效应两种处理方法，对农业生产函数模型进行了测算，将结果进行比较，发现固定效应方法测量的模型结果非常理想，而随机效应方法的处理结果不是很理想，如模型的 DW 检验值小于1，1995年时间虚变量、土地投入变量的 T 检验值均小于0.5，所以，我们最终选择固定效应方法，在考虑时间差异、地区差异的情况下，对模型进行了回归，结果见表1。计量结果无论从 T 检验值（变量的 T 检验值均大于2，在8%的水平上十分显著），还是 DW 检验值、调整过的决定系数 R^2（均大于0.99）来看，模型的拟合程度都较好，说明模型具有很强的解释力。从而可以得到模型的具体形式为：

$\ln y = 0.678\ln X_1 - 0.038\ln X_2 + 0.055\ln X_3 + 0.057\ln X_4 - 0.024w + \sum d_i D_{it} + \sum e_i E_{it}$

从计算结果来看，物质投入对农业总产值的贡献最大，为 0.678；其次就是农业科研投资，为 0.057；土地投入的作用和农业科研差距不大，为 0.055；劳动力作用为负值，为 -0.0038；说明增加劳动力数量已不能增加农业总产值。气候变量的回归系数也为负值，这符合逻辑。在进一步的计算中，我们选择农业科研投资的系数为 0.057。

1.5 农业科研投资宏观经济效益的测算

1.5.1 农业科研投资总收益、边际收益及长期边际收益

农业科研投资总收益表示农业科研投资给社会带来的新增总收益，用科研投资弹性值与农业总产值的乘积算得。农业科研投资边际收益表示每 1 元农业科研投资带来的总收益的增加值，用某一年的科研投资弹性值乘以全国或者某一地区在某年的农业总产值，再除以经过处理后的对应年份的农业科研投资额。农业科研投资的长期边际收益是考虑了科研投资逐年增加的趋势，以及科研经济效益的长期性质，从而试图计算每 1 元农业科研投资在产生经济效益的周期内一共为社会带来的总收益增加值。长期边际收益我们采用以下公式计算：

农业科研投资的长期边际收益＝边际收益×科研成果的平均使用年限×
（1+科研投资的年均增长率）

1994—2003 年我国农业科研投资总收益、边际收益以及长期边际收益情况见表 2 所示。

表 2　1994—2003 年农业科研投资总收益、边际收益、长期边际收益

年份	农业科研投资 （亿元）	农业总产值 （亿元）	总收益 （亿元）	边际收益 （元/元）	长期边际收益 （元/元）
1994	33.99	17 565.18	1 001.22	29.45	246.60
1995	33.78	19 479.79	1 110.35	32.87	275.18
1996	34.41	21 310.89	1 214.72	35.30	295.51
1997	35.38	22 738.71	1 296.11	36.63	306.67
1998	37.24	24 103.04	1 373.87	36.89	308.88
1999	39.39	25 235.88	1 438.45	36.52	305.73
2000	41.62	26 144.37	1 490.23	35.81	299.79
2001	44.63	27 242.44	1 552.82	34.79	291.28
2002	47.50	28 577.31	1 628.91	34.29	287.07
2003	51.17	29 691.83	1 692.43	33.07	276.88

注：农业科研投资数据为经过滞后处理后的数据；农业总产值是以 2003 年为基期，利用可比价格指数折算后的值。

从表 2 可以看出，我国的农业科研投资总量和由科研投资带来的总收益呈逐年递增的趋势，但是边际收益和长期的边际收益在 1998 年达到最高值之后，一直呈逐年下降的趋势。

1.5.2 农业科研投资的内部边际利润率

农业科研投资的内部边际利润率指的是每增加 1 元科研投资为社会创造的利润，相当于年利率按边际内部利润率计算的复合利息。边际利润率可以用下式计算：

$$\frac{长期边际收益}{(1+r)^n}-1=0$$

式中，r 为边际内部收益率；n 为农业科研成果的平均使用年限（本研究中 $n=8$ 年）。

表 3 是 1994—2003 年我国农业科研投资边际内部利润率的值，与边际收益变动方向相似，内部利润率也是在 1998 年达到最高值后呈逐年下降。这里还计算了 1994—2003 年 10 年的平均边际收益率，为 76.22%。

表 3 农业科研投资的边际内部利润率　　　　（单位：亿元，%）

年份	长期边际收益	边际内部利润率
1994	246.60	73.46
1995	275.18	75.37
1996	295.51	76.63
1997	306.67	77.28
1998	308.88	77.41
1999	305.73	77.23
2000	299.79	76.88
2001	291.28	76.37
2002	287.07	76.12
2003	276.88	75.48
平均边际内部利润率		76.22

2 与其他结果的比较

为进一步说明测算结果，把本研究结果与几位长期从事农业科研投资研究的专家的研究成果进行了比较。其中，清华大学经济研究中心李锐在对我国的农业科研投资收益测算中应用了参数—非参数混合的方法，对 1976—2002 年中国农业科研投资效益进行了测算，得出农业科研投资内部收益率约为30%。国际食物政策研究所樊胜根等人采用双变量系数设定下的CD生产函数对农业科研投资进行测算,滞后期分别为10年、17年、27年时,内部报酬率分别为73.8%、45.0%、32.8%。各研究之间的差异具体见表4。

表4 农业科研投资几种计算结果的比较

项目	非参数方法	双变量CD函数	CD函数扩展
样本周期	1976—2002年	1975—1997年	1986—2003年
投入要素	资本、土地、中间投入、劳动力	劳动力、土地、化肥、机械、灌溉、教育、道路、科研	物质费用、农业劳动力、播种面积+渔业养殖面积、气候、科研投资
产出	粮食、蔬菜、水果、肉类、饲料和其他农作物(包括糖、油料作物)	农、林、牧、副、渔产值	农、林、牧、渔业产值
滞后期(年)	15	10,17,27	8
内部收益率(%)	32.7	73.8,45.0,32.8	76.22

从表4可以看出,本文测算结果与樊胜根等以10年为滞后期得出的测算结果比较接近;另外,对结果仔细对比和分析后,本文认为几种结果之间的差异主要是由于以下3个方面的原因:①滞后期的选择,滞后期越长,内部收益率会越小。本研究结果相对较高可能与滞后期选择相对较短有关。②投入品的选择和范围取值。在樊胜根等的研究中,土地取值不仅包括播种面积,而且包括草地面积,教育和道路投资也占去了一定比例。本研究中未包含教育和道路,但是包括气候变量。③选择的样本周期也有很大影响。我们的样本周期主要集中在1994年以后,该阶段正是我国农产品供求由短缺到供求基本平衡、丰年有余转变的关键时期,也是我国农业发展进入新阶段的转折时期。在这一时期,由于农业科研无论从投资领域,还是从研究重点都没有(也不可能很快)有效做出适应性调整,进而导致农业内部结构性矛盾突出,市场供求不振,农业效益下滑等,最终影响到了农业科研投资的效益。从这一点讲,在本研究中出现内部收益率1998年之后呈递减趋势正是我国现实情况的客观反映。

3 结论

本研究试图运用CD函数的扩展式对我国农业科研投资宏观效益进行测算,计算方法主要以朱希刚研究员于20世纪90年代就提出的我国农业科研投资宏观效益计量方法为基础。这种方法的优点在于简单、明了、直观,将投入品和产出物并没有分得很细,重在宏观上把握农业科研投资效益的计量。本研究的不足之处在于:样本期较短,投资滞后期相对于其他研究也较短,以至于影响农业科研投资收益的分配,测算结果有高估的嫌疑。

从研究结果来看,虽然农业科研投资收益近年来出现递减,但是投资回报率还是非常高的。与当前农业同行业投资收益率(10%左右)及一些发达国家的科研投资收益率(英国1951—1980年为70%)相比,我国农业科研投资内部利润率还是较高的。因此,随着物质投入边际效益逐步递减,农业科技进步越来越成为促进农业发展的关键因素的形势下,加大农业科研投入不仅是保障农业持续、稳定发展的需要,也是优化政府资源配置、提高资源利用效率的需要。

参考文献

[1] 朱希刚. 农业技术经济分析方法及应用 [M]. 北京:中国农业出版社, 1997.

[2] 樊胜根, 钱克明. 农业科研与贫困 [M]. 北京:中国农业出版社, 2005.

[3] 达摩达尔·N·古扎拉蒂. 计量经济学基础 [M]. 第四版. 北京:中国人民大学出版社, 1996.

[4] 赵芝俊, 张社梅. 略论农业科研投资的合理界定问题 [J]. 中国科技论坛, 2005 (4):110-114.

[5] 钱克明, 樊胜根, 朱希刚. 农业研究的作用与研究资源配置的效率及研究资源分配决策支持系统 [M]. 北京:中国农业科技出版社, 1997.

[6] 李锐. 中国农业科研投资效率研究 [R]. 北京:清华大学经济研究中心学术论文, 2004.

中国省域农业科研机构科技创新效率及影响因素分析

陈 耀[1,2],赵芝俊[1],高 芸[1]

(1. 中国农业科学院农业经济与发展研究所 北京 100081;
2. 甘肃农业大学财经学院 兰州 730070)

摘 要:基于创新成果类型异质性视角,把农业科研机构科技创新成果分为学术性、技术性及经济性成果,采用随机前沿分析方法对中国省域农业科研机构三类创新产出效率及其影响因素进行了分析。研究结果表明:一是中国农业科研机构的三类产出效率都比较低,其中经济性产出效率改进空间更大,其次是技术性,最后是学术性;二是各省份农业科研机构三类产出效率存在明显差异,发展不均衡,呈现多样化的特征,从时间趋势来看,技术性及经济性产出效率尽管比较低,但已表现出上升的良好态势;三是相对于R&D资本而言,中国农业科研机构科技创新过程中R&D人员具有更高的产出贡献,中国农业科研机构科技创新产出效率主要是依赖于R&D人员的投入推动;四是人员数量结构对学术性产出及技术性产出有显著的促进作用,而对于经济性产出有负向影响。人员素质结构对三类产出都有促进作用,但对学术性产出影响不显著;政府支持对经济性产出有负向的影响;基础设施对三类产出都有促进作用。

关键词:农业科研机构;科技创新效率;影响因素

作为国家创新系统的重要组成部分,农业科研机构是中国农业科技创新的重要主体,是农业科技创新的生力军。近年来,随着创新驱动发展战略的深入推进,国家对农业科技创新工作的重视程度日益提高,农业科研机构科

基金项目:中国农业科学院科技创新工程(CAAS-ASTIP-2019);中国农业科学院基本科研业务费(Y2018ZK07);国家社科基金(I6BJIY007);甘肃省社科规划(YBO79);甘肃农业大学科技创新基金——学科建设专项基金(GAU-XKJS-2018—232)。
作者简介:陈耀(1974—),男,甘肃天水人,博士研究生,副教授,从事农业经济与科技评价研究。E-mail:chenyao@gsau.edu.cn。
通信作者:赵芝俊,E-mail:zhaozhijun@caas.cn。

技创新投入不断加大。但是，在农业科研机构科技创新过程中，创新资源投入产出效率不高、资源利用低效的状况一直存在。因此，如何有效提升中国农业科研机构科技创新效率问题就更为凸显。

事实上，国内在创新效率研究领域已取得较大进展，从研究层面上看，涉及企业[1-3]、产业[4-6]及区域[7-9]等多个方面。目前，针对农业科研机构科技创新效率的研究主要有：许朗[10]采用了2003年、2006年的数据，运用数据包络分析（DEA）方法及C-D函数模型测定了中国农业科研机构的科技创新效率及其影响因素，研究发现中国农业科研机构总体综合技术效率不高，相对于资本要素而言，需要大力依靠人力资源的投入，提高农业科研机构的产出效率；申红芳等[11]采用1987—2004年的数据，也运用DEA方法对四川省省属和地市属农业科研机构的效率进行评价，研究发现四川省农业科研机构的效率具有明显的阶段性波动特征，且这种阶段性特征与中国科技体制改革的步伐基本吻合，同时认为技术进步是影响四川省农业科研机构TFP生产率变动的主要因素；杨传喜等[12]采用2009年的数据，运用DEA方法对中国各省份的农业科研机构科技运行效率进行了评价，认为农业科研机构科技资源配置效率比较低，有60%以上的省份处于非效率区；赵博雄[13]采用2004—2011年的数据，同样运用DEA方法，对中国农业科学院31个研究所的科技资源配置效率进行了测算，并分析了相关影响因素。

总体来看，现有文献表现出以下两个特征：其一，与对企业、产业及区域创新效率研究相比，对农业科研机构科技创新效率的研究依然不是很多；其二，从研究方法来看，大多采用DEA方法，该方法采用线性规划技术，因无需设定函数的形式，有效地避免了主观设定函数的影响，但在效率评价时因没考虑随机误差的存在，且无法对影响创新效率的因素进行直接的分析而存在不足。鉴于此，本文试图进行以下拓展：考虑到农业科研的特殊性及中国各省份农业科研机构在科技创新中面临的诸多随机扰动和不可观测因素较多，采用随机前沿分析（SFA）方法比DEA方法分析更适合当前环境，不仅能够分析单个个体的科技创新效率，还可以直接分析各种相关因素对个体效率差异的具体影响。此外，本文将基于成果类型异质性视角，对农业科研机构创新活动的产出加以明确区分，将其分为学术性、技术性及经济性三大类，这样就能够较为系统全面地分析中国农业科研机构具有不同性质的三类科技创新效率状况及非效率影响因素。因此，本文通过收集2009—2016年中国31个省、自治区及直辖市农业科研机构科技创新投入产出及相关影响因素的面板数据，运用SFA方法，基于成果类型异质性视角对中国省域农业科研机构科技效率进行测度评价的基础上，探寻不同影响科技创新非效率的根源，以便更有针对性地找出提升农业科研机构科技效率的对策建议。

1 研究方法

在研发效率测评中,前沿分析法被广泛使用。通常根据生产前沿确定方法的不同,可分为非参数方法和参数方法。参数方法以 SFA 为代表,该方法由 Aigner 等[14]、Meeusen 等[15]以及 Battese 等[16]各自几乎同时独立提出。SFA 方法以计量方法为基础,依赖于对数据的随机性假设,不但能够通过计量方法判断研究设定的前沿生产函数模型拟合质量问题,测算研究对象的效率值大小问题,还可以直接定量分析研究对象效率差异的影响因素,具有很强的政策导向,同时也可以进行各种统计检验值估计,有更为坚实的经济理论基础,尤其是在模型设定合理且采用面板数据条件下,体现出独特的优势。本文主要关注以下两个方面:其一是中国省域农业科研机构不同类型科技创新效率水平现状;其二是探寻影响科技创新非效率值的主要因素。SFA 方法能够有效满足分析以上两个方面的基本问题。

因此,本文借鉴 Battese 等[17]面板数据随机前沿模型设定方法,研究模型设定为:

$$y_{it} = f(x_{it}; \beta)\exp(v_{it} - u_{it}) \quad (1)$$

将式(1)两边取对数,可得

$$\ln y_{it} = \ln f(x_{it}, \beta) + v_{it} - u_{it} \quad (2)$$

其中,$i=1,2,\cdots,n$,$t=1,2,\cdots,T$,分别表示省份和年度;y_{it}、x_{it}分别表示 i 省农业科研机构在时期 t 的科技创新产出、科技创新投入;$f(*)$ 表示生产可能性边界上;$(v_{it}-u_{it})$ 为复合误差项,v_{it} 与 u_{it} 相互独立,且服从对称正态分布,其中,$v_{it} \sim N(0, \delta_v^2)$ 表示随机扰动的影响;$u_{it} \sim N^+(u, \sigma_u^2)$,$u_{it}$ 的值非负,服从非负断尾正态分布,表示农业科研机构科技创新中的非效率项,其值越大,表示农业科研机构科技创新非效率程度越大,也即农业科研机构的非效率水平越低。

依据该模型的原理及形式,各省域农业科研机构科技创新效率 TE 值为实际产出与前沿面产出的距离,其测算公式为:

$$TE_{it} = \frac{E[F_{it}(x_{it}, \beta)\exp(v_{it} - u_{it})]}{E[f_{it}(x_{it}, \beta)\exp(v_{it} - u_{it}) \mid (u_{it} = 0)]} = \exp(-u_{it}) \quad (3)$$

显然,$u_{it}=0$ 时,$TE_{it}=1$,表示决策单元恰好位于前沿面上,说明技术有效;当 $u_{it}>0$ 时,$TE_{it}<1$,表示决策单元位于前沿面下方,说明存在技术非效率问题。运用上述方法估算技术效率时,复合误差项中技术非效率项应占有

一定比例，否则该方法无效。为了系统反映创新效率的变异统计特性，Battese 等[7]设定了方差参数 γ，其表达式为：

$$\gamma = \frac{\sigma_u^2}{\sigma_v^2 + \sigma_u^2} \tag{4}$$

式（4）中，γ 值介于 0 到 1，反映了省域农业科研机构科技创新效率中技术无效率项在复合扰动项中所占的比例。若 γ 趋近于 0 被接受，说明中国省域农业科研机构的生产点几乎都位于生产前沿曲线上，此时用最小二乘法就可以分析；若 γ 趋近于 1 被接受，说明 u_{it} 在生产单元与前沿面的偏差中占主要成分，此时用 SFA 是合适的。

另外一个重要的问题是，合理地选择生产函数对采用 SFA 客观、有效地测度效率至关重要。主要是因为超越对数函数生产模型（Translog Production Function）相比于传统的 C-D（柯布-道格拉斯）生产函数模型和 CES（不变替代弹性生产函数）更具有普适性，可以突破技术中性、投入产出弹性固定等苛刻假定，从而更好地拟合实际情况。因此本文将 SFA 模型的第一部分设定如下：

$$\ln Y_{it} = \beta_0 + \beta_1 \ln K_{it} + \beta_2 \ln L_{it} + \frac{1}{2}\beta_3(\ln K_{it})^2 +$$

$$\frac{1}{2}\beta_4(\ln L_{it})^2 + \beta_5 \ln K_{it} \ln L_{it} + (v_{it} - \mu_{it}) \tag{5}$$

式（5）中，Y 为省域农业科研机构科技创新活动的产出变量，K 为资本投入变量，L 为劳动投入变量。

为了进一步解释个体间的技术效率差异，分析研发创新效率的影响因素，引入技术非效率函数，其表达式为：

$$u_{it} = \delta_0 + z_{it}\delta + w_{it} \tag{6}$$

式（6）中，σ_0 为常数项；z_{it} 为影响研发创新技术非效率的因素；δ 为待估参数，当 $\delta<0$ 时，表明该因素对研发创新效率有正向影响，当 $\delta>0$ 时，表明该因素对研发创新效率有负向影响；w_{it} 为随机误差项。

2 变量选取与数据说明

沿袭 Griliches[18] 的研究，本文将农业科研机构科技创新行为视为一个完整的生产过程，假设每个省为一个创新活动的生产决策单元，每个决策单元通过一系列的创新投入，实现一定的创新产出成果。另外，从上文可以看出，建立 SFA 方法需要适当选择投入产出变量及影响因素变量，下面就相关变量做逐一介绍，并简要说明数据来源。

2.1 投入与产出变量

（1）投入变量。在考察农业科研机构科技创新效率的过程中，有关创新投入要素的确定是关键。现有创新研究中最常见的投入要素可分为两大类：一是R&D人员；二是R&D经费。

对于R&D人员要素，一般采用国际上比较通用R&D人员全时当量来表征，因此，本文采用年度内农业科研机构中R&D全时人员数，再加上按工作量折算的非全时人员折合工作量来表征，用L表示。对于R&D经费要素，参照Griliches[19]、吴延兵[20]做法，本文采用R&D资本存量来表征R&D经费要素，用K表示。其计算公式为：

$$K_{it} = (1-\delta) \times K_{i(t-1)} + E_{it} \quad (7)$$

式（7）中，K_{it}和$K_{i(t-1)}$分别表示第i省农业科研机构在第t期和第$t-1$期的资本存量，E_{it}表示第i省份农业科研机构在第t期R&D经费实际支出额，δ表示资本存量的折旧率。

有关δ及E_{it}计算方法同样参照白俊红等[21]的估计方法，对R&D资本折旧率δ，采用$\delta=15\%$；E_{it}值表示R&D经费实际支出额，以2009年为基期，通过对名义R&D经费支出进行平减所得，其值参照公式：R&D支出价格指数=0.55×消费价格指数+0.45×固定资产投资价格指数。该公式中，消费价格指数和固定资产投资价格指数分别采用各农业科研机构所在省份的相应指数来表示，其中，由于西藏数据缺失，运用周边相邻省份青海的指数代替计算。

有关基期资本存量估算公式为：

$$K_{i0} = E_{i0} / (g+\delta) \quad (8)$$

式（8）中，K_{i0}和E_{i0}分别表示农业科研机构基期资本存量和基期实际R&D经费支出；δ表示为资本存量的折旧率；g为R&D资本存量的增长率，采用考察期内实际R&D经费支出的平均增长率来表示。根据以上方面，就可以计算出考察期内各省域每年农业科研机构的R&D资本存量K_{it}。

（2）产出变量。农业科研机构科技创新成果有很多，在许朗[10]、申红芳等[11]、陈耀等[22]研究的基础上，考虑到数据的可得性以及产出成果的异质性，本文把农业科研机构科技创新产出成果分为学术性、技术性及经济性三大类。

对于学术性产出而言，论文与专著是衡量农业科研机构在基础研究、应用研究等方面的重要成果，凝聚了农业科技创新人员探索性、创造性的大量劳动，是衡量农业科研机构学术性水平的重要指标。参照池敏青等[23]、于志军等[24]的研究及考虑到数据的可得性,本文采用这两个指标来表征农业科研机构的学术性产出。

对于技术性产出而言,专利是反映农业科研机构科技创新水平和掌握核心技术的能力,是各农业科研机构形成自身核心竞争力的重要来源,专利受理数作为创新绩效的考核指标是文献中的一种惯用做法,是反映农业科研机构技术创新的一项重要指标。因此,本文采用专利受理数来表征农业科研机构的技术性产出。

对于经济性产出而言,技术性收入是反映农业科研机构创新产出潜在经济价值或潜在应用价值很重要的方面,反映了科技成果被市场认可或应用到农业生产实践中的可能性程度的重要指标。因此,参照申红芳等[11]的研究,本文采用技术性收入来表征农业科研机构的经济性产出。

2.2 影响因素变量

从理论上来说,因科技创新活动的复杂性、产出的多样性及农业科研机构自身的特殊性,影响农业科研机构科技创新效率的因素极为复杂,本文在借鉴现有研究的基础上及考虑到数据的可得性,主要从以下几个方面进行分析:人员数量结构,用农业科研机构中科技人员占从业人员的比重来表征人员结构变量;人员质量结构,采用农业科研机构中拥有高级职称的科技人员占从事科技活动人员比例来表征人员素质变量;政府的支持,采用农业科研机构的科技活动收入中政府资金所占比例来表征政府的支持变量;基础设施,采用农业科研机构中报告期内年末固定资产原价来表征基础设施变量。

2.3 其他控制变量

为了使研究结果更加有效,本文主要从以下两个方面进行了控制:经济发展水平,用农业科研机构所在省份的人均 GDP 表示;农业发展水平,用农业科研机构所在省份的农业总产值表示。

本文所有变量绝对数量均以 2009 年价格为基期折算为实际值,比值均以名义值计算得出。以上所有变量代表符号及定义见表 1,对各个变量的描述性统计见表 2。

表 1 变量定义

类别	变量	符号	定义
创新投入	资本投入(元)	K	R&D 资本存量,用永续盘存法核算

(续表)

类别	变量	符号	定义
R&D人员要素	人员投入（人/年）	L	R&D人员全时当量，指报告年内R&D全时人员数加非全时人员按工作量折算成全时人员的总和
学术性产出	发表科技论文（权重0.7）	Pap	发表的科技论文篇数
	出版科技著作（权重0.3）	Boo	出版的科技著作部数
技术性产出	专利产出	Pat	专利受理数
经济性产出	技术收入（千元）	Tec	科技活动收入中技术性收入
影响因素	人员数量结构（%）	Pstruce	科技人员数占从业人员的比重
	人员质量结构（%）	Profes	高级职称人员占从事科技人员比例
	政府支持（%）	Gover	科技活动收入中政府资金所占比例
	基础设施（亿元）	Base	用报告期内年末固定资产原价来表征
控制变量	经济发展（万元/人）	Econom	用该地区人均GDP来表征
	农业发展水平（亿元）	Agrdeve	用该地区的农业总产值来表征

注：表中权重值参照文献[24]的研究设定。

表2 变量的描述性统计结果

指标	平均值	标准差	最小值	最大值
K（百万元）	107.717	105.744	1.945	836.047
L（人/年）	1 086.640	754.298	5.000	4 052.000
Pap（篇）	873.990	617.393	18.000	3 585.000
Boo（部）	26.600	31.834	1.000	260.000
Pat（件）	147.730	179.030	1.000	962.000
Tec（万元）	2 828.740 0	4 506.248 8	0.100 0	32 126.500 0
Pstruce（%）	0.758	0.108	0.272	0.982
Profes（%）	0.307	0.071	0.131	0.512
Gover（%）	0.888	0.088	0.483	1.000
Base（亿元）	7.659	6.899	0.585	51.631
Econom（万元）	3.077	1.732	1.092	8.102
Agrdeve（亿元）	1 672.045	1 505.086	39.060	8 159.102

2.4 数据来源及说明

本文所用数据选取自《全国农业科技统计资料汇编》（2009—2016年）、《中国统计年鉴》（2010—2017年）、《中国农村统计年鉴》（2010—2017）、《中国科技统计年鉴》（2010—2017年）。考察区域为中国大陆31个省、自治区和直辖市，考察对象为全国31省份地市级以上农业科研机构。

3 结果与讨论

3.1 假设检验及模型选择

采用 Frontier 4.1 计量分析软件，对中国各省份农业科研机构科技创新产出效率进行随机前沿检验估计，其结果见表4，模型1、模型2、模型3分别表示学术性、技术性及经济性产出的估计结果。从表4可以看出，在这3个模型中，γ 均在1%的显著性水平下显著，说明了创新非效率是中国农业科研机构创新生产未达到前沿面产出水平的重要原因，也充分验证了本文采用SAF方法的合理性。

根据SFA方法的原理，采用该方法的一个关键问题是生产函数模型必须设置合理，因此，本文所关心的另一个问题是：用广义似然率检验统计量，检验在研究中对于生产函数形式的假设检验及"不存在无效率项"的这一零假设，其检验结果见表3。

从表3可以看出，模型1、模型2、模型3的广义似然 λ 均大于相应的5%显著水平下混合卡方分布临界值，该假设检验结论充分证明拒绝原假设，有充分的理由说明采用超越对数生产函数的可行性。

表3 假设检验结果

代号	模型1	模型2	模型3
L（H0）	−111.849	−195.372	−473.05
广义似然 λ	76.278	34.344	74.548
临界值	7.815	7.815	7.815
检验结论	拒绝	拒绝	拒绝

注：临界值为显著水平为0.05下的临界值。

3.2 农业科研机构科技创新效率分析

通过对2009—2016年各省域农业科研机构科技创新效率求均值，并根据均值大小对其排名,具体情况见表4。

表4 中国各省份农业科研机构科技创新效率均值及排名

地区	学术性产出效率		技术性产出效率		经济性产出效率	
	均值	排名	均值	排名	均值	排名
北京	0.895	4	0.885	2	0.702	2
天津	0.465	26	0.696	7	0.754	1
河北	0.785	9	0.358	19	0.082	26
辽宁	0.706	14	0.165	28	0.035	29
山东	0.909	2	0.736	4	0.364	14
上海	0.644	19	0.891	1	0.136	24
江苏	0.898	3	0.780	3	0.514	10
浙江	0.920	1	0.721	5	0.449	12
海南	0.730	12	0.625	8	0.137	23
福建	0.853	6	0.715	6	0.179	20
广东	0.870	5	0.560	9	0.399	13
东部	0.789		0.648		0.341	
山西	0.612	22	0.366	18	0.214	18
吉林	0.640	21	0.168	27	0.195	19
黑龙江	0.796	8	0.354	20	0.600	7
安徽	0.500	24	0.480	13	0.690	3
江西	0.461	27	0.150	29	0.639	6
河南	0.823	7	0.338	21	0.648	5
湖北	0.769	10	0.532	11	0.581	8
湖南	0.501	23	0.220	26	0.662	4
中部	0.638		0.326		0.529	
内蒙古	0.401	30	0.110	30	0.005	30
广西	0.685	16	0.396	17	0.144	22
重庆	0.408	29	0.332	22	0.329	16
四川	0.740	11	0.515	12	0.540	9
贵州	0.701	15	0.438	15	0.050	28
云南	0.643	20	0.269	23	0.470	11
西藏	0.227	31	0.066	31	0.001	31
陕西	0.471	25	0.232	24	0.069	27
甘肃	0.724	13	0.465	14	0.242	17
青海	0.674	17	0.227	25	0.340	15
宁夏	0.455	28	0.420	16	0.136	24
新疆	0.670	18	0.545	10	0.151	21

(续表)

地区	学术性产出效率		技术性产出效率		经济性产出效率	
	均值	排名	均值	排名	均值	排名
西部	0.567		0.334		0.206	
全国	0.662		0.444		0.338	

(1) 从总体来看。在考察期内，中国农业科研机构学术性产出效率、技术性产出效率、经济性产出效率均值分别为 0.662、0.444、0.338，其提升空间为 33.8%、55.6% 和 66.2%。说明中国农业科研机构科技创新效率整体水平均比较低，仍然存在较多的非效率。三类创新效率相比较而言，经济性产出效率改进空间更大，其次为技术性产出，最后为学术性产出。三类产出效率均值高于全国平均值的省份分别为 18 个、14 个、15 个，占比分别为 58.06%、45.16%、48.39%。

(2) 从单个地区来看。学术产出平均效率最高的前五个省份分别是浙江、山东、江苏、北京和广东，其平均效率高达 0.870 以上，最低的 5 个省份是江西、宁夏、重庆、内蒙古和西藏，其效率均值均低于 0.461；技术性产出平均效率最高的前 5 个省份分别是上海、北京、江苏、山东和浙江，其效率均值高达 0.721，最低的省份为吉林、辽宁、江西、内蒙古和西藏，其效率均值低于 0.168；经济性产出的平均效率最高的前 5 个省份分别是天津、北京、安徽、湖南、河南，其效率均值均高于 0.648，最低的省份为陕西、贵州、辽宁、内蒙古和西藏，其效率均值低于 0.069。

(3) 从东、中、西三大区域来看。东、中、西部学术性效率均值分别为 0.789、0.638、0.567，只有东部地区的效率均值高于全国平均水平，呈现东、中、西部地区依次递减的趋势；东、中、西部技术性产出效率均值分别为 0.648、0.326、0.334，只有东部地区效率均值高于全国平均水平，东部效率均值最高，其次是西部，最后是中部；东、中、西部地区经济性产出效率均值分别为 0.341、0.529、0.206，东部地区和中部地区的效率均值高于全国平均水平，效率均值最高的区域为中部地区，其次是东部地区，最后是西部地区。

(4) 从时间趋势来看。图 1 表示了考察期内全国农业科研机构学术性、技术性及经济性产出创新效率均值的时间变化。从图 1 可以看出，学术性产出效率变化幅度不明显，而技术性和经济性产出效率虽然离前沿面水平还有较大差距，但从时间趋势来看，表现出明显的上升态势。进一步说明，随着国家创新驱动战略的深入推进，中国农业科研机构长期存在的创新资源投入产出效率不高、资源利用低效的状况已经有很大的改观，表现出了良好的上升势头。

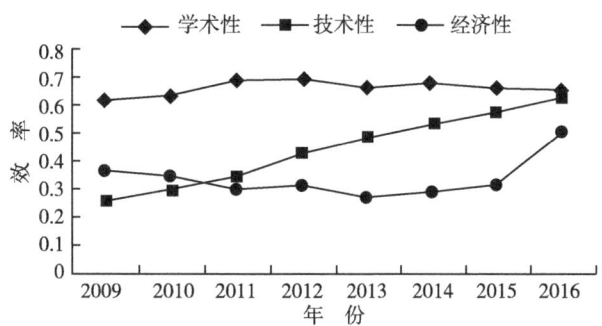

图1 全国农业科研机构学术性、技术性及经济性产出创新效率均值的时间变化

3.3 农业科研机构科技创新效率的影响因素分析

表5表示了中国农业科研机构科技创新效率的随机前沿模型估计结果。从表5上半部分前沿函数估计结果来看，在3个模型中lnK、lnL系数均显著异于零，且lnK的系数为负值，而lnL的系数为正值。表明在考察期内，如果一味地加大R&D资本投入，并不会带来农业科研机构科技创新成果产出的增加，这似乎有悖常理。究其原因，可能与R&D经费的配置结构不够合理有关。比如现阶段，科技计划过多依赖竞争方式，过度的竞争导致了竞争性的政府资金逐年提高，而非竞争性的资金逐年降低，使农业科研机构中R&D投入过度集中到少数几个单位或个别知名专家手中，这种过度集中可能并不会随着R&D经费投入增长会使科技产出出现相应的增长。以上原因造成表面上看是规模投资过度，实际则是R&D投资不足，最终导致R&D总体上存在非效率投资行为，一定程度上抑制了农业科研机构科技创新产出。

R&D活动全时人员对农业科研机构三类科技创新产出有正向影响，进一步说明了在考察期内，中国农业科研机构创新产出主要是依靠科技人员的投入拉动的。这和许朗[10]早期研究的结论基本一致。

为了进一步分析中国农业科研机构科技创新效率不高的原因，即分析影响创新效率的关键因素，见表5下半部分效率影响因素，以期为提高农业科研机构科技创新效率提出有针对性的政策建议。人员数量结构（Pstruce）在模型1和模型2中的回归估计系数均显著且为负，而在模型3中的回归估计系数虽显著但为正，说明人员数量结构对学术产出效率和技术性产出效率均有显著的促进作用。科技人员作为科技创新活动的主体，科技人员比例越高，

表5　中国农业科研机构科技创新的随机前沿模型估计结果

系数	模型1	模型2	模型3
	前沿函数估计		
常数项 β_0	14.736*** (6.984)	8.100 (1.676)	-14.396*** (-4.161)
$\ln K$	-2.446*** (-4.571)	-3.984*** (-3.7853)	-1.148* (-1.853)
$\ln L$	1.813** (2.520)	5.937*** (5.595)	7.805*** (3.170)
$[\ln K]^2$	0.128*** (3.317)	0.321*** (5.003)	0.298** (2.267)
$[\ln L]^2$	0.027 (0.678)	0.267*** (4.685)	0.263 (1.363)
$[\ln K \ln L]$	-0.131 (-1.540)	-0.656*** (-5.383)	-0.859** (-2.489)
	效率影响因素估计		
常数项 δ_0	0.965 (1.485)	3.802*** (4.524)	-6.152*** (-3.834)
Pstruce	-0.982** (-1.951)	-1.388** (-2.115)	7.083* (1.697)
Profes	-0.707 (-0.798)	-2.103* (-1.760)	-3.866*** (4.187)
Gover	0.081 (0.121)	0.423 (0.530)	6.870*** (4.141)
Base	-0.081*** (-2.927)	-0.012 (0.480)	-0.186 (-1.614)
Econom	-0.097** (2.196)	-0.177*** (3.176)	-1.697*** (4.571)
Agrdeve	0.001 (1.429)	-0.010** (-1.986)	-0012** (-2.345)
σ^2	0.185*** (6.215)	0.421*** (8.039)	1.3306*** (4.387)
γ	0.775*** (14.315)	0.869*** (13.326)	0.984*** (18.698)
Log 函数值	-73.709	-178.199	-435.774
单边LR检验	76.278	254.687	286.987

注：括号内数值为 t 值，*、** 和 *** 分别表示显著性水平为10%、5%和1%（双侧）。

农业科研机构学术性和技术性创新能力就越强，学术性和技术性创新产出成果越多，可见，在农业科研机构人员结构中，提升科技人员的比例可以有效增强农业科研机构的学术性产出和技术性产出效率。但是对农业科研机构的经济性产出而言，人员结构中科技人员的比重越高，反而效率越低。究其原因：这主要是由于经济性产出与其他两类产出相比而言，技术转让是市场行为，与其是否有潜在经济价值或者潜在应用价值与最终出售、转让有关。

人员素质结构（Profes）在模型2和模型3中显著，且回归估计系数为负，而在模型1中虽不显著，但回归系数为负。说明人员素质水平越高，农业科研机构的技术性和经济性创新产出能力越强，成果的产出数量越多，可见，提升农业科研机构中人员素质，可有效增强农业科研机构技术性及经济性产出效率。但是对于学术性产出指标估计结果不显著的原因可能与使用学术论文和著作指标来反映学术性指标本身的缺陷有关，它只是反映了科技创新产出成果的数量，很难反映成果的档次及质量，最终造成人员素质结构对农业科研机构学术性产出效率影响不显著的表象。

政府的支持（Gover），只有在模型3中显著，而在模型1和模型2中都不显著，且估计系数都为正。说明政府支持对农业科研机构的学术性、技术性产出效率影响不明显，而对经济性的产出效率有负向影响。由于科技创新有其自身规律，特别是技术转让是市场化行为，在考察期内，通过提高或增加政府对农业科研机构的支持，仅仅是单纯地增加了对农业科研机构的创新资源投入，但实际上并没有增强农业科研机构的科技创新产出效率。

基础设施（Base），在模型1、模型2中的回归估计系数都显著，而在模型3中回归估计系数不显著，但在这3个模型中，系数均为负，说明农业科研机构的基础设施条件越完善、越坚实，学术性和经济性创新能力越强，学术性和经济性创新成果越多，农业科研机构科技创新产出效率越高。但在模型3中系数为负且不显著，说明基础设施对农业科研机构的经济性产出效率影响不明显，进一步表明经济性创新产出的成果是否实现最终实际与是否有市场潜在市场价值或潜在应用价值有关。

经济发展（Econom）在模型1、模型2和模型3中系数均显著且为负，说明经济发展水平越高的地区，农业科研机构科技创新效率越高，这可能主要是由于经济发展水平越高的地区，往往是资金比较充裕、人才比较聚集的地区，这为农业科研机构的科技创新活动提供了优越的条件，这在一定程度促进了农业科研机构的科技创新活动效率的提升。

农业发展水平（Agrdeve）在模型2和模型3中系数均显著且回归系数为负值，而在模型1中不显著。可见农业发展水平对农业科研机构的学术性产出效率没有显著的影响，而对技术性及经济性产出效率有正向影响。表明农业科研机构虽然在技术性和经济性产出上能够结合当地农业发展情况展开研究，结合区域农业发展中实际面临的问题展开创新研究，产出更多技术性和经济性成果，但是，在学术性产出上依旧出现创新与实际脱节，创新与农业发展情况相悖的现象。

4 结论与建议

基于科技创新成果异质性视角，本文将农业科研机构科技创新成果分为：学术性、技术性及经济性三类。采用2009—2016年中国大陆31省份地市级以上农业科研机构研发面板数据为样本，运用SAF方法对其三类科技创新效率状况进行了分析评价，并对其关键影响因素进行了探索性的研究，研究结论主要有以下几个方面。

第一，总体来看，中国农业科研机构的学术性、技术性及经济性产出效率依然都比较低，均存在较大的无效率现象，三类效率产出都有很大的改进空间。而经济性产出效率改进空间更大，其次是技术性产出效率，最后是学术性产出效率。

第二，省际之间农业科研机构的学术性、技术性及经济性产出效率存在明显差异，发展不均衡。从三大区域来看，学术性产出效率均值呈现东部地区最高，中部地区次之，西部地区最低的分布特征；技术性产出效率均值呈现出东部地区最高，其次是西部地区，最后是中部地区的分布特征；经济产出效率均值呈现出中部地区最高，其次是东部地区，最后是西部地区的分布特征。从时间趋势来看，农业科研机构技术性、经济性产出效率尽管比较低，但已表现出了上升的态势。

第三，相对于R&D资本而言，中国农业科研机构科技创新过程中R&D人员具有更高的产出贡献，中国农业科研机构科技创新产出效率主要是依赖于R&D人员的投入推动的。

第四，科技创新非效率因素的影响对三类产出效率不尽相同。人员数量结构对学术性产出及技术性产出有显著的促进作用，而对于经济性产出有负向影响；人员素质结构对技术性及经济性产出都有促进作用，但对学术性产出影响不显著；政府支持对经济性产出都有负向的影响；基础设施对学术性及技术性产出都有促进作用，但对经济性产出效率影响不显著。另外，科研机构所在区域经济发展水平对农业科研机构科技创新效率均有正向影响，农业发展水平对技术性和经济性产出效率有促进作用，但对学术性产出效率影响不显著。

本文研究结论的政策启示如下：第一，应通过适当增加R&D活动人员，将更加有助于提升农业科研机构科技创新效率；第二，鉴于农业科技创新的特殊性及重要性，在保证对农业科研机构财政拨款稳定增长的基础上，针对不同的科技创新产出类型，进一步优化R&D资金投入结构及投入方向，提高科技经费的使用效率，提升农业科研机构科技创新效率；第三，改革现有选人、用人考核和评价激励机制，充分调动现有科技人员积极性、创造性和主动性，提升农业科研机构科技创新效率；第四，根据科技创新不同环节、不同成果类型的特征，对各省份及东、中、西各区域应制定差别化的支持模式和科技评价体系，加强科技创新能力，形成有利于各类科技成果产出、转化的体制机制，提升农业科研机构科技创新效率。

参考文献

[1] 张媛，许罗丹. 基于SFA的微观企业能源效率及影响因素实证研究 [J]. 社会

科学家,2018(5):57-63.

[2] 杨曼路,王玉峰,杨薪游,等.金融发展、区域差异与农业上市公司研发效率[J].资源开发与市场,2018,34(6):832-837.

[3] 肖文,林高榜.政府支持、研发管理与技术创新效率:基于中国工业行业的实证分析[J].管理世界,2014(4):71-80.

[4] 高佳佳,赵芝俊.我国小麦生产的技术进步率测算与分析:基于随机前沿分析方法[J].中国农业大学学报,2018,23(3):149-157.

[5] 王留鑫,洪名勇.基于随机前沿分析的中国农业全要素生产率增长的实证分析[J].山西农业大学学报(社会科学版),2018,17(1):30-35.

[6] 顾乃华,李江帆.中国服务业技术效率区域差异的实证分析[J].经济研究,2006,41(1):46-56.

[7] 刘和东.中国区域研发效率及其影响因素研究:基于随机前沿函数的实证分析[J].科学学研究,2011,29(4):548-556.

[8] 白俊红,江可申,李婧.应用随机前沿模型评测中国区域研发创新效率[J].管理世界,2009(10):51-61.

[9] 傅晓霞,吴利学.技术效率、资本深化与地区差异:基于随机前沿模型的中国地区收敛分析[J].经济研究,2006,41(10):52-61.

[10] 许朗.中国农业科研机构科技创新研究:能力、效率与模式[D].南京:南京农业大学,2009.

[11] 申红芳,廖西元,陈金发,等.农业科研机构的效率评价及其影响因素分析:以四川省农业科研机构为例[J].中国科技论坛,2008(10):107-110.

[12] 杨传喜,黄珊,徐覆强.中国农业科研机构的科技运行效率分析[J].科技管理研究,2013,33(4):121-126.

[13] 赵博雄.国家级农业科研机构科技资源配置效率研究[D].北京:中国农业科学院,2013.

[14] AIGNER D, LOVELL C, SCHMIDT P. Formulation and estimation of stochastic frontier production function models [J]. Journal of Econometrics, 1977, 6 (1): 21-37.

[15] MEEUSEN W, VAN DEN BROECK J. Efficiency estimation from Cobb-Douglas production functions with composed error [J]. International Economic Review, 1977, 18 (2): 435.

[16] BATTESE G E, CORRA G S. Estimation of a production frontier model: with application to the pastoral zone of eastern Australia [J]. Australian Journal of Agricultural Economics, 1977, 21 (3): 169-179.

[17] BATTESE G E, COELLI T J. A model for technical inefficiency effects in a stochastic frontier production function for panel data [J]. Empirical Economics, 1995, 20 (2): 325-332.

[18] GRILICHES Z. R&D and productivity: the econometric evidence [M]. Chicago: U-

[19] GRILEHES Z. R&D and the productivity slowdown [J]. The American Economic Review, 1980, 70 (2): 343-348.

[20] 吴延兵. 中国工业 R&D 产出弹性测算 (1993—2002) [J]. 经济学, 2008, 7 (3): 869-880.

[21] 白俊红, 李婧. 政府 R&D 资助与企业技术创新: 基于效率视角的实证分析 [J]. 金融研究, 2011 (6): 181-193.

[22] 陈耀, 赵芝俊, 高芸. 中国区域农业科技创新能力排名与评价 [J]. 技术经济, 2018, 37 (12): 53-60.

[23] 池敏青, 许正春, 刘健宏. 省级农业科研机构科技投入产出相关性实证分析 [J]. 科技管理研究, 2017, 37 (2): 111-116.

[24] 于志军, 新吕辉, 白羽, 等. 成果类型视角下高校创新效率及影响因素研究 [J]. 科研管理, 2017, 38 (53): 141-149.

基于 SEM 模型的农业科技项目过程评价指标体系研究
——以国家科技支撑计划项目为例

李敬锁[1]，赵芝俊[2]

(1. 青岛农业大学　青岛　266109;
2. 中国农业科学院农业经济与发展研究所　北京　100081)

摘　要：农业科技项目风险性和不确定性的特点决定了其绩效评价不仅应关注结果，还应关注实施过程。项目实施过程与项目结果的内在逻辑性，要求应立足于项目结果来构建过程评价体系。本文在对全国15个省（市）、自治区的涉农高校、科研院所和企业等单位的260位农业科研人员问卷调查的基础上，运用 SEM 模型分析实施过程对项目结果的作用路径，并据此构建项目过程评价体系和确定指标权重。为进一步强化实施过程管理，提高项目绩效提供参考依据。

关键词：农业科技项目；过程评价；SEM 模型；国家科技支撑计划

1　引　言

农业科技项目的风险性和不确定性以及项目实施过程的学习性，决定了其项目绩效评价不仅应关注结果，还应关注实施的过程。开展过程评价有利于全面分析项目取得的经验和存在的不足，便于形成良好的信息反馈机制，进而有利于提高科研团队的创新能力。近年来，不少学者开展了科技项目过程评价方面的研究。陈光伟等[1]从完成情况、支撑条件、环境适应性、管理

项目来源：国家自然科学基金重点项目"现代农业科技创新体系研究"（编号：71333006）；山东省软科学研究计划项目"过程管理提升科技项目绩效的路径及对策研究"（编号：2015RKB01361）；中国农业科学院科技创新工程（编号：ASTIP-IAED-2015-05）；青岛农业大学高层次人才科研基金项目"农业科技创新运行机制及评价研究"（编号：6631116704）。

通讯作者：赵芝俊，E-mail：zhaozhijun@caas.cn。

水平等 4 个方面建立了科技项目全过程评价指标体系。李俊勇等[2]针对医学科技项目从管理措施、研究进度、科技投入、沟通协调 4 个方面构建了全过程评价指标体系。牟瑞等[3]从项目进展、直接成果、人才培养、经济效益等 7 个方面提出了过程评价指标体系的构建设想。柳飞红等[4]、李向波等[5]、许方等[6]等基于企业技术创新的过程，构建了企业技术创新能力的综合评价体系。汪志波等[7]、张宝生等[8]、宋东林等[9]、陈华志等[10]等从科技项目实施管理的角度构建了科技项目过程评价指标体系。上述研究对开展农业科技项目的过程评价具有很好的指导意义，但有的成果只是提出了过程评价的设想，并没有建立相应的评价指标；有的虽然建立了评价指标，但忽视了实施过程与项目结果的整体性。事实上，实施过程与项目结果具有内在的逻辑性，如果把实施过程与项目结果割裂开来，构建过程评价体系和确定指标权重，其可靠性是有所欠缺的。本文将力求克服上述研究成果的不足，把项目实施过程与项目结果作为一个整体，在运用 SEM 模型分析过程对项目结果作用路径的基础上构建过程评价体系和确定指标权重，以更好地为从项目过程管理的视角来提高项目的绩效提供依据。

2　实施过程对农业科技项目结果的影响因素分析

若要分析实施过程对农业科技项目结果的影响因素，首先要明确项目结果所包含的内容，然后才能较好地进行针对性分析。

2.1　农业科技项目结果的指标测度

农业科技项目结果反映的是科技成果产出能力的大小，分为直接产出和间接产出两部分。其中，直接产出主要包括论文、著作、专利、动植物新品种、科技成果、行业标准等；间接产出主要包括项目产生的经济、社会和生态效益以及对科研项目后续研究的影响等[11]。本文用论文、著作产出指标反映理论产出水平；用专利、标准和研制的新品种、新产品、新材料等产出指标反映应用产出水平。农业科技成果转化应用水平对科技项目特别是以应用为导向的农业科技项目来说，是项目完成质量高低的重要反映。基于数据可获取性的原则，本文用成果转化收入和项目产生的经济效益指标来反映项目成果的转化应用水平。科技成果获奖是反映项目成果质量和水平的重要标志。按照国家科技支撑计划项目验收的要求，只对国家级一、二等奖和省（部）级一、二等奖获得情况进行统计。所以本文用获得的国家级和省（部）级一、二等奖数量来反映成果获奖情况。总之，本文用理论产出、应用产出、成果获奖、转化收入和经济效益 5 个指标来综合反映农业科技项目的结果。

2.2 实施过程对项目结果的影响因素分析

按照国家科技支撑计划农业领域项目管理和实施的实际,本文把项目实施过程分为立项、执行和验收 3 个部分。

2.2.1 立项环节中的影响因素分析

创新是科技计划项目的灵魂。若没有创新或创新意义不大,那么项目也就没有立项的必要。2013 年何昌垂认为,农业科技创新是农业科技进步与应用创新的"双螺旋结构"共同演进互动而催生的产物,现在的科技创新理论应是双螺旋结构理论,科学进步和应用创新两者相互影响、相互作用、螺旋上升。对于以应用为导向的农业科技项目的科技创新而言,不但应从科技自身进步的角度来看待创新,而且还应从经济学的角度来看待创新。也就是说,如果一项科技成果没有进行转化应用和产生经济效益,则不能称之为科技创新。因此,本文所指的科技创新一方面是指科技本身的进步,用技术创新的程度来表示;另一方面是指技术带来的经济价值,用经济效益来表示。

国家级农业应用研究项目是为了重点解决和突破农业领域的重大公益技术和农业产业共性关键技术而设立的。因此,项目立项依据的充分性、项目的可行性和目标的可实现程度等都直接决定了项目是否能够体现应用性导向,是否能够解决农业产业中的技术难题。项目的预期目标和任务往往需要分解成若干小的目标和任务,通过强强联合、协作攻关的形式来实现。这就需要科学合理地设计项目研究内容,并把这些内容科学地分解为相应的(子)课题。农业科技项目研究目标和任务的完成受到诸多因素的影响,但研究基础和科研条件是两个最根本的因素。研究基础和科研条件的保障是指项目科研团队前期积累的科研成果以及项目申请单位所能利用的科研软硬件条件,只有这两个条件得到有效保障,才能顺利开展研究并实现研究目标。同时对于以应用导向为目的农业科技项目而言,突出产学研结合对于项目目标和任务的完成有着重要的意义。因此,本文选择了如表 1 所示的立项环节中的影响因素。

表 1 立项环节中的影响因素

序号	题项
1	项目的可行性
2	依据的充分性

(续表)

序号	题项
3	技术创新的程度
4	预期的经济效益
5	项目目标设置的合理性
6	（子）课题设置的合理性
7	研究内容设置的合理性
8	科研团队负责人的相关研究基础
9	科研团队结构的合理性
10	技术路线的合理性
11	承担单位掌握的科研条件
12	产学研结合的程度

2.2.2 执行环节中的影响因素分析

项目立项后，便进入了研究方案的执行阶段。按照国家科技计划项目管理的相关规定，项目、课题实行年度报告制度，同时还规定凡实施周期在3年以上的项目，必须接受科技管理部门进行的中期评估。其中，项目中期评估由科技部相关管理部门负责实施，课题中期评估由项目组织单位负责实施。项目、课题年度报告是科技管理部门或项目组织单位对项目、课题进行下一年度调整、撤销和拨款的重要依据。中期评估是进一步明确项目的研究计划和目标，调整和优化课题、科研经费和科研人员设置的重要手段。中期评估主要评价项目的工作状态和研究前景。"工作状态"主要是指研究的进度是否符合要求、项目承担单位的软硬件科研条件是否满足项目的需要、项目的技术路线执行得是否顺利，需不需要调整或变更、科研团队的工作协调和资源共享是否顺畅、项目规章制度和风险防范措施是否健全等。"研究前景"主要是指项目技术创新是否具有取得重大突破的可能、预期成果能否带来较大的经济、社会和生态效益、能否培养优秀的科研拔尖人才，等等。中期评估一般由相关科技管理部门组织专家进行现场考核，必要时进行实地考察。因此，中期评估是项目执行过程中极为关键的环节，对项目的调整和成败起着重要的作用。本文主要通过中期阶段性技术指标、经济指标完成情况和配套经费落实情况等来表示。在项目执行的末期，应完成项目合同任务书规定的目标和任务，因此本文用末期应用产出指标、理论产出指标完成情况、配套经费落实情况和经费预算执行情况来表示末期执行情况。在整个项目的执行过程中，离不开对项目进行科学合理的管理，这就需要建立健全相应的规章制度和相应的风险防范机制。在项目研究过程中应加强协调，促进课题组成员间的交流和合作，使成果、数据、国内外相关研究进展等信息及时共享，以便使项目更好地抓住研究前沿，提高项目研究质量和产出效率。因此，本文选择了如表2所示的执行环节中的影响因素。

2.2.3 验收环节中的影响因素分析

从项目管理的角度来看，在项目执行末期，科研团队应完成或超额完成项目任务合同书规定的目标和任务，接下来就是按照项目验收的要求，提交验收申请和整理验收材料。在特别重视验收环节的科研评价机制和项目竞争较为激烈的情况下，各项目科研团队都把按照项目任务合同书的要求按时或提前完成项目验收作为重要的工作目标。可以说，在项目实施伊始，一些科研团队就拉紧了验收的弦，把项目验收的反馈作用贯穿于项目实施的全过程之中。也就是说，如果科研团队从项目实施开始就重视验收申请的时效和验收材料的规范性和真实性等问题，那么科研团队在项目实施过程中必然注重研究的进度、质量以及研究过程中原始材料的积累，这样自然有利于提高项目研究的效率和质量。因此，本文选择了如表3所示的验收环节中的影响因素。

表2 执行环节中的影响因素

序号	题项
1	年度计划完成情况
2	中期阶段性技术指标完成情况
3	中期阶段性经济指标完成情况
4	中期配套经费落实情况
5	末期应用产出指标完成情况
6	末期理论产出指标完成情况
7	末期配套经费落实情况
8	末期经费预算执行情况
9	研究人员的投入情况
10	科研条件的投入情况
11	规章制度的建立及落实情况
12	项目协调、信息掌握与共享情况
13	研究人员掌握国内外相关研究前沿动态信息的能力

表3 验收环节中的影响因素

序号	题项
1	提交验收申请的时效
2	提供规范、权威的相关佐证材料情况

(续表)

序号	题项
3	提供的验收技术文件的真实性
4	原始资料的整理归档情况
5	验收自评报告的客观真实性

2.2.4 影响因素的筛选

本文通过三轮专家咨询和影响因素的隶属度分析，筛选出了实施过程影响项目结果的17个因素指标（表4）。

3 实施过程对农业科技项目结果的作用路径分析

3.1 概念

加强实施过程可以实现对项目立项、执行到验收过程中的各个环节的有效管理，从而达到按照项目任务合同书的要求有序开展研究的目的；同时还可以营造科研团队内部良好的创新氛围，激发团队成员的创新能力。科研团队的创新能力对于提高项目结果产出水平起着至关重要的作用，其不仅因团队内部的激励措施，而且还因外部激励政策的有效实施而被激发。可用科研团队创新氛围浓厚、团队成员拥有较强的创新资源获取能力和拥有良好的外部创新环境指标来反映。基于此，本文提出了如图1所示的结构方程模型的概念假设。

表4 筛选的影响因素指标

名称	序号	内容
立项	1	预期的经济、社会和生态效益
	2	技术创新的程度
	3	科研团队负责人的相关研究基础
	4	科研团队结构的合理性
	5	项目目标设置的合理性
	6	研究内容设置的合理性

(续表)

名称	序号	内容
执行	7	中期阶段性技术指标完成情况
	8	中期经费预算执行情况
	9	风险监控机制建立及落实情况
	10	项目协调、信息掌握与共享情况
	11	末期应用产出指标完成情况
	12	末期理论产出指标完成情况
	13	末期配套经费落实情况
	14	末期经费预算执行情况
验收	15	提交验收申请的时效
	16	验收材料的规范性
	17	验收材料的真实性

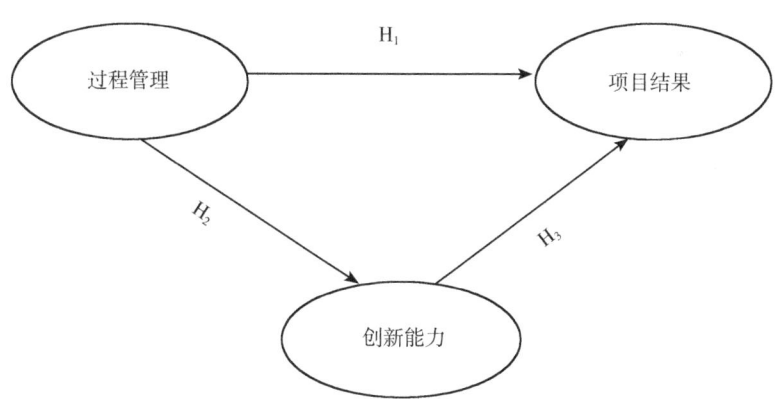

图 1 实施过程对项目结果作用路径的概念模型

H_1：实施过程对项目结果具有正向作用；
H_2：实施过程对科研团队创新能力具有正向作用；
H_3：创新能力对项目结果具有正向作用。

3.2 样本数据的来源

3.2.1 样本省份的选择

样本省份的选择主要考虑了两个方面的因素：一是"十一五"期间东、

中、西部各省（市）、自治区承担国家科技支撑计划农业领域项目的国拨总经费情况。在国拨经费的总额上，东部地区的经费总额最高，分别是中部地区、西部地区的3.17倍和2.75倍。二是东、中、西部地区包含省份的数量。东、中、西部省份名称及国家科技支撑计划农业领域项目的国拨总经费排序情况如表5所示。

基于东、中、西部地区所包括省份的数量和地区国拨经费总额，本文选择了15个省份作为样本省份，其选择标准和地区分布情况如下：①东部地区按照第1、3、5、7、9、11的排名分别选择了北京、江苏、浙江、辽宁、福建、天津6个省份；②中部地区按照第1、3、5、7的排名分别选择了黑龙江、湖南、安徽、江西4个省份；③西部地区按照第1、3、5、7、9的排名分别选择了四川、甘肃、内蒙古、陕西、重庆5个省份。

表5 各省份农业领域项目国拨经费排名

东部地区		中部地区		西部地区	
省份	排名	省份	排名	省份	排名
北京	1	黑龙江	1	四川	1
山东	2	湖北	2	广西	2
江苏	3	湖南	3	甘肃	3
广东	4	河南	4	新疆	4
浙江	5	安徽	5	内蒙古	5
海南	6	吉林	6	云南	6
辽宁	7	江西	7	陕西	7
河北	8	山西	8	宁夏	8
福建	9			重庆	9
上海	10			贵州	10
天津	11			青海	11
				西藏	12

注：以承担课题单位的驻地所在省份为统计标准。

3.2.2 问卷发放和回收

问卷调查的对象选择了样本省份的农业高校、农业科研院所和相关的涉农企业中主持和作为骨干成员（项目成员排名前五位的人员）参与过国家科技支撑计划农业领域项目的人员。首先，通过与被调研单位的科技管理部门进行沟通，让其通过邮件的方式把问卷发送给符合要求的被调查者，然后让被调查者把填写好的问卷直接发送到我们指定的邮箱,不再经过其所在的科技管理部门,这样能够较好地使被调查者进行客观的填写。共选择37家单位的260位农业领域项目(课题)的主持人和骨干参与人员。其中农业科研院所和农业高校28家,每家单位发放问卷8份,共发放224份问卷;涉农企业9家,每家单位发放问卷4份,共发放36份问卷。在发放的260份问卷中,回收了221份,回收率达85.8%。其中农业科研院所和农业高校问卷回收196份,涉农企业问卷回收25份。在回收的221份问卷中有效问卷206份,有效率达92.4%,其中来自农业科研院所和农业高校的有效问卷186份,来自涉农企业的有效问卷20份。

3.2.3 结构方程变量的选择

把上述17个影响因素指标与反映科研团队创新能力和项目结果的指标进行相应的因子分析,得到基础与效益、合理性设计、实施监管、期末考核、验收管理、创新能力和项目结果等7个公共因子。立足这些公共因子和影响因素指标,本文选择的结构方程潜变量和显变量如表6所示。

表6 结构方程变量的选择

潜变量	显变量	显变量符号
基础与效益	预期的经济、社会和生态效益	X_1
	技术创新的程度	X_2
	科研团队负责人的相关研究基础	X_3
合理性设计	科研团队结构的合理性	X_4
	项目目标设置的合理性	X_5
	研究内容设置的合理性	X_6
实施监管	中期阶段性技术指标完成情况	X_7
	中期经费预算执行情况	X_8
	风险监控机制的建立及落实情况	X_9
	项目协调、信息掌握与共享情况	X_{10}
期末考核	末期应用产出指标完成情况	X_{11}
	末期理论产出指标完成情况	X_{12}
	末期配套经费落实情况	X_{13}
	末期经费预算执行情况	X_{14}

潜变量	显变量	显变量符号
验收管理	提交验收申请的时效	X_{15}
	验收材料的规范性	X_{16}
	验收材料的真实性	X_{17}
创新能力	科研团队创新氛围浓厚	Z_1
	团队成员拥有较强的创新资源获取能力	Z_2
	拥有良好的外部创新环境	Z_3
项目结果	理论产出	Y_1
	应用产出	Y_2
	转化收入	Y_3
	经济效益	Y_4
	成果获奖	Y_5

3.2.4 信度及效度检验

（1）信度检验。本文通过Cronbach α系数值的大小来判定各量表的内部一致性问题。影响因素量表的总体Cronbach α系数值为0.891，各子量表基础与效益、合理性设计、实施监管、期末考核、验收管理、创新能力和项目结果的Cronbach α系数值分别是0.776、0.823、0.767、0.820、0.731、0.627和0.784，均大于0.6的临界值。可见，各量表具有较好的内部一致性。

（2）效度检验。本文用SEM系数检定法来检验构面的差异性，其结果如表7所示。可见，所有的P值均小于0.001，因此，可以认为实施过程、创新能力和项目结果构面间的相关性较低，具有较大的差异性，不存在构面重叠的问题。

表7 SEM系数检验结果分析

项目			未限制模型		限制模型		差异		P
			CMIN	DF	CMIN	DF	ΔCMIN	ΔDF	
实施过程	<-->	创新能力	270.478	164	323.495	165	53.017	1	0.000
实施过程	<-->	项目结果	330.116	203	388.123	204	58.007	1	0.000
项目结果	<-->	创新能力	73.907	19	102.245	20	28.338	1	0.000

3.3 中介变量的判定

中介变量的判定有许多种方法，其中比较经典的方法之一是Baron和

Kenny 在 1986 年提出的判定方法。其判定过程如图 2 所示。

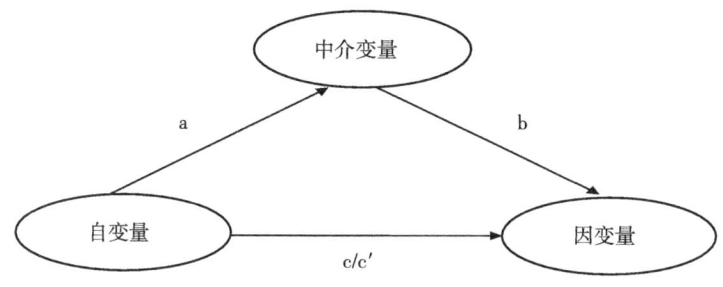

图 2 中介变量研究示意图

其中，a 代表自变量对于中介变量的显著性；b 代表中介变量对于因变量的显著性；c 代表在没有引入中介变量的情况下自变量对于因变量的显著性；c′代表在引入中介变量的情况下自变量对于因变量的显著性。若 c>c′，那么就可认为中介变量起到了中介作用。

中介作用分为完全中介和部分中介两种情况。完全中介是指引入中介变量后，自变量对因变量的影响变得不再显著；部分中介是指引入中介变量后，自变量对因变量影响的显著性降低，其降低的程度越大说明中介作用越明显[12]。事实上，完全中介在社会科学的研究中是比较难以实现的[13]。引入"创新能力"变量下的实施过程对项目结果的显著性情况如表 8 所示。

表 8　引入"创新能力"变量下的实施过程对项目结果的显著性分析

	项目			Estimate	S. E.	C. R.	P
a	创新能力	<---	实施过程	0.664	0.172	3.871	***
b	项目结果	<---	创新能力	0.490	0.121	4.047	***
c	项目结果	<---	实施过程	0.574	0.159	3.618	***
c′	项目结果	<---	实施过程	0.287	0.160	1.790	0.073

注：*** 表示 P 小于 0.001。

通过上述对 a、b、c 和 c′的显著性分析可以看出，a 为非常显著，b 为非常显著，c 为非常显著，c′的显著性明显降低，且在 5% 的显著水平下，已变得不再显著，但在 1% 的显著水平下，仍然显著。因此，可以判定"创新能力"因子在实施过程对项目结果产生影响的过程中起到了部分中介的作用。

3.4　结构方程模型的拟合

本文通过对初始结构方程拟合发现，整体拟合情况还可以，但绝对拟合优度（GFI）、增量拟合优度（TLI）还有待进一步改善。因此，有必要对初始模型进行修正。本文根据 AMOS 提供的修正系数值，通过添加 Y_3 和 Y_4 之间的路径对初始 SEM 进行了修正，其修正后的路径图及拟合检验结果分别如图3和表9所示。

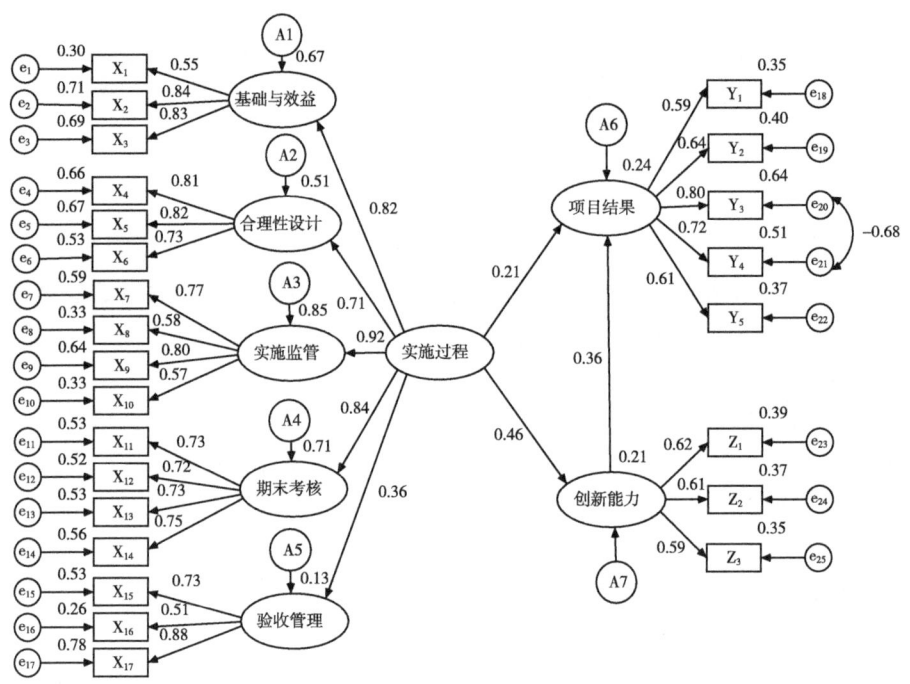

图3 修正后的结构方程路径

由表9可知，修正后模型的 χ^2/df 值为 1.577，小于评判标准值5，P 小于 0.05，所以显著；GFI 为 0.868，比修正前的值有所提高，虽仍小于 0.9，但相差仅为 0.032，这表明修正后模型的绝对拟合效果在可接受的范围之内；CFI 为 0.921，大于 0.90，IFI 为 0.922，大于 0.90，TLI 为 0.911，大于 0.90，这表明修正后模型的增量拟合优度符合标准；RMSEA 为 0.053，SRMR 为 0.063，均小于 0.08，表明修正后模型的近似误差指数拟合度符合标准。因此，从整体上来看，修正后的模型总体拟合情况基本符合标准。

表9 修正后的结构方程模型拟合检验结果

拟合指标	测度取值	判别标准
χ^2/df	1.577	<5
P	0.000	≤0.05

(续表)

拟合指标	测度取值	判别标准
GFI	0.868	≥0.9
CFI	0.921	≥0.9
TLI	0.911	≥0.9
IFI	0.922	≥0.9
RMSEA	0.053	<0.08
SRMR	0.063	<0.08

4 过程评价指标体系的构建及权重的确定

通过结构方程模型的拟合结果可知，实施过程中的17个影响因素对项目结果均具有正向作用，可以立足这些因素构建过程评价的指标体系。同时根据实施过程对项目结果的路径估计系数，可计算出相应的指标权重。首先，设5个潜变量的路径估计系数分别为 W_i（$i=1, 2, 3, 4, 5$），其权重计算公式：$W_i = \dfrac{\gamma_i}{\sum_{i=1}^{5}\gamma_i}$；其次，设17个观察变量路径估计系数分别为 λ_i（$i=1, 2, \cdots, 17$），其权重计算公式分别为：$\dfrac{\lambda_i}{\sum_{i=1}^{3}\lambda_i}$、$\dfrac{\lambda_i}{\sum_{i=4}^{6}\lambda_i}$、$\dfrac{\lambda_i}{\sum_{i=7}^{10}\lambda_i}$、$\dfrac{\lambda_i}{\sum_{i=11}^{14}\lambda_i}$ 和 $\dfrac{\lambda_i}{\sum_{i=15}^{17}\lambda_i}$。根据上述分析和计算公式，得到的过程评价指标体系及其权重如表10所示。

表10 过程评价指标体系及权重

一级指标	权重	二级指标	权重	三级指标	权重
立项	0.419	基础与效益	0.225	预期的经济、社会和生态效益	0.248
				技术创新的程度	0.378
				科研团队负责人的相关研究基础	0.374
		合理性设计	0.194	科研团队结构的合理性	0.343
				项目目标设置的合理性	0.348
				研究内容设置的合理性	0.309

(续表)

一级指标	权重	二级指标	权重	三级指标	权重
执行	0.482	实施管理	0.252	中期阶段性技术指标完成情况	0.283
				中期经费预算执行情况	0.213
				风险监控机制的建立及落实情况	0.294
				项目协调、信息掌握与共享情况	0.210
		末期考核	0.230	末期应用产出指标完成情况	0.249
				末期理论产出指标完成情况	0.246
				末期配套经费落实情况	0.249
				末期经费预算执行情况	0.256
验收	0.099	验收管理	0.099	提交验收申请的时效	0.344
				验收材料的规范性	0.241
				验收材料的真实性	0.415

由表10可知：从一级指标来看，立项、执行和验收环节的权重分别为0.419、0.482和0.099，其中验收环节的权重与立项和执行环节的差距较大，而执行环节略大于立项环节。这表明立项和执行环节对项目结果有着重要的影响，项目立项目标能否实现关键在于是否具有良好的执行效果。因此，在当前政府不再直接管理科技计划项目和科研诚信体系还不健全的背景下，项目实施过程的管理应得到进一步的加强。

从二级指标来看，立项环节中的两个指标权重相差不大，但基础与效益指标所占权重大于合理性设计。这说明在立项评审中，应更为注重项目承担单位和科研团队的研究基础以及项目所带来的创新效益。这与农业应用研究项目的目标定位是相符的。执行环节中的实施管理指标权重略大于末期考核指标，这表明实施过程中的风险监控机制的建立、项目协调和信息掌握与共享及中期考核指标对于项目的顺利实施具有重要的意义，也是末期指标能否实现的必备条件，应给予足够的重视。

从三级指标来看，立项、执行和验收环节中的三级指标间的差距不大，这说明在项目实施的全过程中应全面均衡地考虑指标对项目结果的影响，不能出现顾此失彼的现象。只有这样才能更好地协调项目实施过程中的各环节，进而整体促进项目绩效的提升。

参考文献

[1] 陈光伟，周世伟. 科研项目实施过程质量评价指标体系与模型研究[J]. 研究与发展管理，2003（6）：73-78.

[2] 李俊勇，刘民，周丽，等. 医学科研项目实施过程评价指标的应用[J]. 中华

医学科研管理杂志, 2005 (4): 95-96.
[3] 牟瑞, 王鸥, 孟凡祥, 等. 基于全过程管理的科技基金项目绩效评价体系 [J]. 辽宁石油化工大学学报, 2007 (9): 86-88.
[4] 柳飞红, 谢筱玲. 基于过程模型的企业技术创新能力评价研究 [J]. 工业技术经济, 2010 (6): 132-135.
[5] 李向波, 李叔涛. 基于创新过程的企业技术创新能力评价研究 [J]. 中国软科学, 2007 (2): 139-142.
[6] 许方, 朱卫东. 基于过程的企业技术创新能力评价体系研究 [J]. 现代管理科学, 2007 (7): 21-22, 48.
[7] 汪志波, 郑新章, 于川芳, 等. 烟草企业科技项目全过程管理评价研究 [J]. 中国烟草学报, 2015 (21): 107-111.
[8] 张宝生, 吕宏迪. 科研项目实施过程质量评价体系的构建 [J]. 科技管理研究, 2014 (10): 42-47.
[9] 宋东林, 付丙海, 唐恒. 基于全生命周期的科技计划项目过程管理评价体系构建 [J]. 科学管理研究, 2011 (2): 32-35, 52.
[10] 陈华志, 李明惠. 科技项目过程绩效综合评价体系研究 [J]. 科技管理研究, 2010 (12): 37-38, 46.
[11] 李敬锁. 国家科技支撑计划农业领域项目绩效评价研究——以"十一五"生物种业专题项目为例 [D]. 北京: 中国农业科学院, 2015.
[12] 张伟豪, 郑时宜. 与结构方程模型共舞: 曙光初现 [M]. 新北: 前程文化事业有限公司, 2012.
[13] 郑小勇, 楼鞅. 科研团队创新绩效的影响因素及其作用机理研究 [J]. 科学学研究, 2009 (9): 1428-1437.

基于 TRIZ 理论的国家农业科技计划绩效评价的逻辑框架设计

李敬锁[1]，卢兵友[2]，张兴中[3]，赵芝俊[1]

(1. 中国农业科学院农业经济与发展研究所　北京　100081；
2. 中国农村技术开发中心　北京　100045；
3. 湖北省农业科学院科技管理处　武汉　430064)

摘　要：国家农业科技计划绩效评价不能孤立地就计划评计划，而应从系统化的角度来整体看待。TRIZ 理论的"九屏幕法"理论提供了一个强调系统思考问题的创新思维方法，把其引入国家农业科技计划绩效评价中是一种新尝试。我国农业科技计划绩效评价体系应围绕结果评价、管理评价、创新效率评价等内容进行设计，并在评价导向上突出以下两点：一是应把科技对生态环境、农村社会环境的破坏等作为隐性投入计入总投入之中；二是应对农村社会公平问题给予更多关注，让广大农民群体享有科技成果。

关键词：国家农业科技计划；绩效评价；TRIZ 理论；逻辑框架；"九屏幕法"

我国科技评价工作起步较晚，还没有形成完善的理论体系和成熟的评价制度。当前，我国学者多从科技项目的角度来研究科技评价问题，而对于科技计划评价的研究还较少。开展科技计划评价，对科技计划的实施进度和任务完成情况进行监督和控制，将成为科技主管部门强化科技计划管理的首要问题[1]。刘金林认为，科技计划评价的着眼点应对其在经济、科技和社会发展中产生的正面影响和反面影响进行研究[2]。欧阳进良等认为，应针对不同

基金项目：国家自然科学基金重点项目（编号：71333006）；国家科技基础性工作专项（编号：2013RM030700）；山东省青岛市软科学项目 [编号：14-4-3-1-（19）-zhc]。

作者简介：李敬锁（1978—），男，山东滕州人，博士研究生，主要从事农业经济管理和科技评价研究。E-mail：jsli@qau.edu.cn。

通信作者：赵芝俊，博士，研究员，主要从事农业技术经济、农业科研投资等研究。Tel：（010）82109788；E-mail：zhaozhijun@caas.cn。

科技计划的特点，制订各科技计划的评价计划和实施方案，明确各评价环节的监测时点[3]。以往研究中从评价需求[4]、动因[4]、时间过程[5-6]、评价服务对象[7]的角度对科技计划评价进行了分类。田德录构建了我国科技计划绩效监测评估理论的逻辑模型，并以国家高技术研究发展计划绩效评价实践为例对模型应用作了探讨[8]。上述研究对于我国开展科技计划评价工作进行了有益探索，但是从系统角度对科技计划评价的研究深度还不够，而且对于农业领域的科技计划绩效没有进行研究。近年来随着政府和社会各界对农业科技工作的日益重视，国家不断加大对农业领域科技计划的投入力度。仅从中央财政投入来看，据统计，2011年国家"星火"计划投入3亿元，国家科技支撑计划农业领域投入13.2亿元，国家"973计划"农业领域投入2.6亿元[9]，比2010年分别增长了50%、19.8%、18.2%。在这个背景下，如何科学评价农业领域科技计划的管理绩效、投入产出效率、计划实施效果等，是社会各界较为关注的问题。本研究尝试把TRIZ理论的"九屏幕法"引入农业领域国家科技计划的绩效评价中，以期弥补以往研究系统性思考的不足。

1 国家农业科技计划绩效评价的内涵

1.1 绩效的内涵

"绩效"一词源于英文中的Performance。学术界一般是从组织、团体、个人等层次上定义绩效，但迄今为止关于绩效的定义仍未达成共识[10]。纵观现有的研究成果，可以将其概括为3个方面：一是结果导向论，认为绩效就是工作结果；二是行为导向论，认为绩效就是工作行为本身，有的学者也称之为过程导向论；三是综合（结果+过程）导向论，认为绩效既包括工作结果，也包括工作过程。

本研究采用"结果+过程"导向论的绩效概念，该概念符合科技计划绩效评价的实际需要。对于国家农业科技计划而言，"结果"是指农业科技的产出、投入产出效率和农业科技成果应用对农村经济、社会、生态效益等；"过程"即行为能力，是指在科技计划实施过程中，科技计划管理人员的管理行为以及科研团队在创新能力、合作精神、工作积极性等方面表现出来的工作状态。

1.2 国家农业科技计划绩效评价的内涵

"国家农业科技计划"不是专有名词，虽然在有关文件和学术论文中多有出现,但学术界和政界并没有给予相应定义。本研究中国家农业科技计划是指农业领域的国家科技计划,这里的农业是指含农、林、牧、渔的大农业。

国家农业科技计划目标的实现,不但与计划支持方向和项目选择有关,更与农业科技计划项目的组织实施形式、政策环境、计划平台、外界信息与资源的整合、共享程度[11]以及社会公众对计划的理解、支持程度等有重要关系。因此,笔者认为,国家农业科技计划绩效评价的内涵是指评价主体依据一定的评价标准,对整个国家农业科技计划运行的产出、成效、影响以及在计划实施过程中的管理行为、科研团队所表现出的工作状态、社会公众的满意度等进行价值判断,其评价结果可以作为农业科技资源配置、农业科技人才选拔等方面的重要依据。

2 TRIZ 理论"九屏幕法"

TRIZ 理论是由苏联发明家根里奇·阿奇舒勒在1946年创立的。根里奇·阿奇舒勒及其团队通过对世界各国250万件高水平的专利文献进行研究、整理、归纳、提炼,建立了一套系统化、实用、解决发明问题的理论方法体系[12]。"九屏幕法"是 TRIZ 理论中提出的一种克服思维惯性、独特的创新思维方法。该理论在分析和解决问题时,强调系统地思考问题的产生与发展,不仅要考虑当前系统,还要考虑其子系统和超系统,不仅要考虑当前系统的过去和将来,还要考虑子系统、超系统的过去和将来(图1)。这里所指系统的狭义含义是指技术系统,广义含义是指具有系统特征的部件和联系的总和[13]。子系统是系统的组成部分,众多子系统通过彼此间的相互作用来实现系统功能。超系统是由多个系统相互作用而形成的更高级系统。"九屏幕法"问题分析涉及系统、时间、空间等3个维度,从而更好地帮助人们突破常规,克服思维定式,为解决问题提供清晰的思维路径。

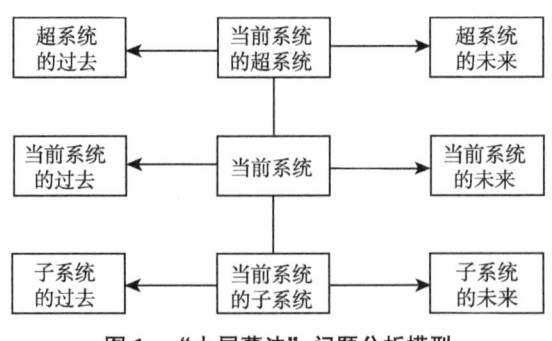

图1 "九屏幕法"问题分析模型

虽然当前 TRIZ 理论多被用于解决工程技术问题，但在管理学领域里的应用越来越受到重视，并取得了良好效果。目前把"九屏幕法"应用到管理学领域的研究还较少，而把其应用到国家科技计划绩效评价的研究几乎为空白。

3 国家农业科技计划绩效评价的逻辑框架

3.1 国家农业科技计划绩效评价的"九屏幕法"分析

"九屏幕法"问题分析模型在分析工程技术问题时，通过描述子系统、系统、超系统的技术水平来反映技术系统的发展过程及未来趋势。因此，通常把 3 个系统界定为具有某种技术特征的具体实物。笔者认为，在农业科技计划绩效评价中对此应作一定调整，才能更好反映农业科技计划的实际。农业科技计划是通过众多计划项目的实施来提高农业科技的创新能力和促进农村经济、社会、生态的发展。因此在农业科技计划绩效评价中，可以把计划作为当前系统，为完成计划目标所设立的项目作为其子系统，而计划当前所处的农村经济、社会、生态系统作为其超系统。

对于计划项目来说，其存在与否的关键是能否得以立项。而立项基础是项目申报团队的科研工作基础和其所能利用的科研条件，因此可以把科研基础和条件作为立项项目的过去。项目立项后，通过科技投入和科技活动的中间过程，最后得出科技产出的结果。因此可以把产出或预期产出作为立项项目的未来。产出包括论文、著作、专利、动植物新品种、科技成果、标准等直接产出，以及对农村经济、社会、生态系统的影响等间接产出。但考虑到项目是计划的一部分，其周期比计划短，而在短时间内，项目间接产出的经济、社会、生态效应不会很快显现，因此本研究把产出仅界定为直接产出，并看作是计划的短期结果。

国家农业科技计划是立足国家农业农村发展的战略需求，拟重点突破农业农村发展中存在的某些突出问题而设立的。因此，可以把计划设立背景作为系统的过去，而把计划实施产生的成效作为系统的未来。成效是指农业科技计划目标或预期的实现程度，是各计划项目产出在较长时间内的综合效果，其显现时间要长于项目产出时间，可看作是计划的中期结果。对于国家农业科技计划的超系统而言，计划实施前的农村经济、社会、生态系统可看作是其过去，而影响可看作是其未来。影响是比成效更为长远的效益，主要反映国家农业科技计划对农村经济、社会、生态系统的长期贡献和影响，可看作是计划的长期结果。

通过以上分析，可以看出"产出—成效—影响"都是国家农业科技计划的结果，且具有递进关系，并视为计划的短期、中期、长期结果。

根据 TRIZ 理论的"九屏幕法"，在借鉴以往研究[8]的基础上，构建了国家农业科技计划绩效评价的逻辑框架（图2）。

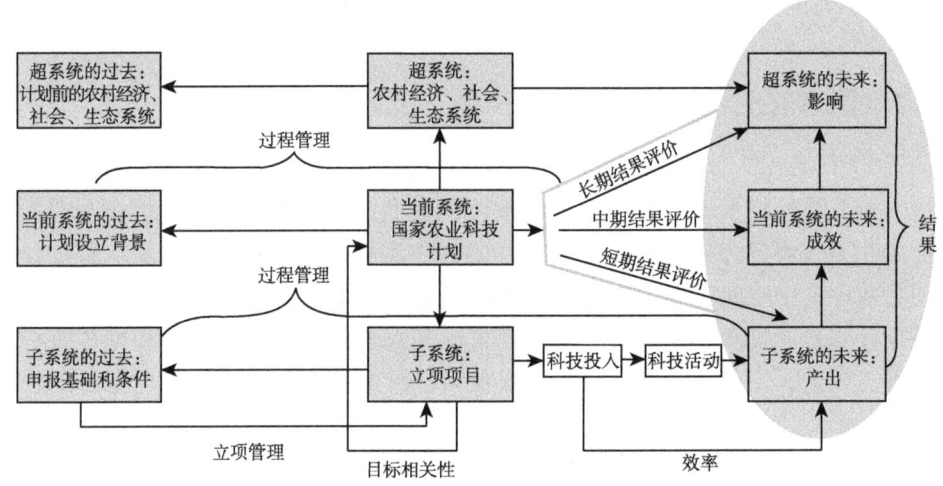

图2　国家农业科技计划绩效评价的逻辑框架

3.2　国家农业科技计划绩效评价的内容

基于对上述评价逻辑框架的认识和分析，结合我国农业科技计划管理的实际，笔者认为，我国农业科技计划绩效评价的核心内容应包括结果评价、管理评价、创新效率评价3部分。

3.2.1　结果评价

结果评价主要包括短期、中期、长期结果评价。根据国家农业科技计划的特点，笔者认为短期结果评价时间可设定在3~5年。因为在此期间一个"五年计划"的项目大多得以完成，可以对各计划项目的目标和直接产出等进行评价。中期结果评价时间可设定在6~10年。经过1~2个"五年计划"，农业科技计划项目实施的综合成效已初步显现，可以对其进行评价。评价结果可以作为计划持续、调整、修正的依据。长期结果评价时间跨度可设定为10年以上。在这个时间范围内农业科技计划的实施对农村经济、社会、生态系统的整体影响或预期能够得以较好显现，可以对其正面影响或负面影响进行全面评价。

3.2.2　管理评价

管理评价是指在一定时期内对国家农业科技计划管理模式的创新和公开、

公正、公平程度以及管理效果进行评判，主要包括计划目标制订和实施的过程管理，项目目标与计划目标的相关性判断，项目立项和实施的过程管理等。要特别指出的是对项目创新性的评价问题。当前在计划项目立项管理中，对于创新性的评价方法除了查新外，主要采用同行评议的方法。笔者认为，对于适合的项目应探索定量与定性相结合的方法，如 TRIZ 理论的 S-曲线进化法则和同行评议方法的结合等，以科学判断申报项目的技术成熟度，明确技术系统的创新程度和创新潜力。

3.2.3 创新效率评价

创新效率评价主要是指科研团队的组织效率和项目的投入产出效率。组织效率反映团队的目标完成情况、科研团队的组织形式、团队成员的创新积极性等；投入产出效率反映项目投入产出的经济效益。关于投入问题，笔者认为除了包括经费、人员、试验条件等显性投入外，还应包括科技对生态环境和农村社会环境的破坏等隐性投入，这样才可能更好地树立可持续发展的科技导向。

4 结语

在我国倡导建设创新型国家的今天，政府科技计划绩效已作为科技部门绩效的重要组成部分，受到政府和社会的广泛关注。目前我国还没有形成一个成熟的科技计划绩效评价模式，诸多问题还需要在实践中做进一步探讨。笔者认为，就国家农业科技计划绩效评价而言，在评价导向上应特别关注以下两点：一是应把科技对生态环境和农村社会环境的破坏等作为隐性投入计入总投入之中；二是应对农村社会公平问题给予更多关注。科技发展成果，特别是国家农业科技计划的发展成果，应让广大农民群体享有更多的受益机会。

参考文献

[1] 欧阳进良. 新形势下有关科技计划和科技项目监测评估的探讨 [J]. 科技管理研究, 2008 (12): 110-112.

[2] 刘金林. 谈科技计划评估 [J]. 中国科技论坛, 1994 (7): 34-35.

[3] 欧阳进良, 李有平, 邵世才. 我国国家科技计划的计划评估模式和方法探讨 [J]. 中国软科学, 2008 (12): 139-145.

[4] 谈毅, 仝允桓. 政府科技计划绩效评价维度、方法及模式 [J]. 公共管理学报, 2005, 2 (2): 63-68, 75.

[5] 魏海燕. 科技计划的评估方法及其应用研究 [J]. 科研管理, 2007, 28 (S):

26-29.

[6] 田西虹,邵武杰.刍议加强我国科技计划评估[J].科技成果纵横,2004(3):33-34.

[7] 周文泳,胡璟璟,杜明.发达国家的科技计划评估模式与经验借鉴[J].郑州航空工业管理学院学报,2011,29(6):10-13.

[8] 田德录.我国政府科技计划绩效评估理论与实践[J].中国科技论坛,2010(4):37-40.

[9] 国家统计局.2012中国科技统计年鉴[M].北京:中国统计出版社,2012:164-165.

[10] 仲理峰,时勘.绩效管理的几个基本问题[J].南开管理评论,2002,5(3):15-19.

[11] 姜念云.关于政府科技计划的外部性[J].中国科技论坛,2005(1):37-39,119.

[12] 赵敏,史晓凌,段海波.TRIZ入门及实践[M].北京:科学出版社,2009.

[13] 吕强.关于TRIZ理论中系统概念的理解[J].工业设计,2009(11):57.

美国农业科技政策变迁及对中国的启示

高 芸，赵芝俊

(中国农业科学院农业经济与发展研究所 北京 100081)

摘 要：本文以总结和归纳美国农业科技政策变迁为中心，从各个阶段的政策着力点和重大改革入手，对美国农业科技政策进行了系统梳理，着重分析政策变迁及相应的机构、体制和经费改革的变迁特征和发展特征，对我国的相关激发创新政策和促进乡村振兴措施开展反思。本文的目标是甄别出历次技术政策改革中的关键政策及其作用机制，剖析美国政策制定依据、机制和相关机构的运行方式，分析科技政策重点的关注和决策体系特征。

关键词：科研政策；变迁；启示

1 引言

农业科技进步是提高农业竞争力、助力乡村振兴的首要着力点，其组织形式、制度框架以及规模与效率依赖于所处的经济和政策体制。因此，国家的科技政策体系、机构设置、经费支持强度以及政策导向都关系到科学研究投入产出的效率和效果，决定了竞争力水平。科技政策不仅关注基础研究，也关注知识生产和技术创新的相互依托和促进，它是依据科学技术发展规律和科技需求制定的集研究、实验和推广于一体政策。通常，紧密联系的基础

基金项目：国家社科基金一般项目"供给侧结构性改革视角下农业全要素生产率增长可持续动力分析与国际比较"（16BJY007）；国家自然科学基金重点项目"现代农业科技发展创新体系研究"（71333006）；中国农业科学院国家重大战略政策创设研究（161005201901）；中国农业科学院科技创新工程"技术经济与科技政策"（ASTIP-IAED-2019-05）；中国农业科学院基本业务费"农业科技创新主体协作模式评价及优化对策研究"（161005201901）。

作者简介：高芸（1980—），女，江苏无锡人，博士，副研究员；研究方向：技术经济，农业经济理论与政策。

通讯作者：赵芝俊，E-mail：zhaozhijun@caas.cn。

研究和应用研究的组织方式才能形成有效率的研究体系，否则每个环节的生产率都会受到不利影响[1]。由于农业科技的特殊性，不仅需要从实验室到大田的中试，还需要解决技术是否经济可行及其与生产模式、劳动力和投入品的匹配等问题。因此技术创新的组织方式在农业科研中的作用更加重要。美国自20世纪初开始一直保持着强大的科技实力和科技产业化效率，依靠科技提高农业生产效率，促进公私部门科研合作的政策体系建设和发展路径经历了从第二次世界大战期间到21世纪初约60余年的发展完善，构建了以科研投资政策法规/法案为主，税收、知识产权、反垄断等配套体系和成果转化、推广机制、主体建设为辅的科研体系。美国国会一直秉承建立有效的研究体系引导建立公共部门和私人部门协作关系的理念[2-3]，注重在科研成果转化、试验示范、对接科技供给与需求、国家科技战略布局等方面进行了许多改革和尝试。

本文以总结和归纳美国农业科技政策变迁为中心，从各个阶段的政策着力点和重大改革入手，对美国农业科技政策进行了系统梳理，着重分析政策变迁及相应的机构、体制和经费改革的变迁特征和发展特征。本文的目标是甄别出历次技术政策改革中的关键政策及政策的作用机制，剖析两大问题：①美国农业科技政策的演变路径，各阶段关注的重点，以及美国政策制定的依据、机制和相关机构的运行方式，以及决定政策演变的主导因素是什么；②农业技术政策的特殊性有哪些，在制定科技政策时应重点关注什么，如何建立科学的政策决策体系，体现各方参与农业科研的主体利益，重视提高土地产出率、劳动生产率、绿色发展水平、农民增收等农业农村发展的重点目标。以上研究问题将为借鉴美国经验，促进我国科研体制改革，建立面向需求的科技研发、技术推广和成果转化体制，形成科技供给与生产需求的良性互动提供重要的借鉴意义。

2 美国农业科技政策变迁

2.1 1980年之前：政府投资农业科研，注重技术推广

美国联邦政府本着科学就是国家利益和战略的理念投资科研。19世纪中期，50%的美国人口生活在农场，60%的社会就业与农业有关，但农民和农场家庭获得技术教育的渠道很少。为农业教学提供科学研究的基础，给农民提供更多的农业实用技术和机械技术教学服务，1862年美国国会通过了赠地大学法案（Morrill Land-Grant Colleges Act）。1887年，国会又通过了孵化实

站法案（Hatch Experiment Station Act），建立了在赠地大学人力资源和技术支持下的州一级的农业试验站体系。法案还允许通过农业部对试验站进行拨款，用于实验室研究成果的实验示范。1914年，国会采取进一步措施，建立了合作农业推广服务局，联系联邦、州和县政府之间的协作，保障试验站和农业部开发的知识和技术也可以服务于没有在大学就读的农民。直到第二次世界大战（1940年以前），农业研究一直在联邦政府预算中享有特权地位，40%的联邦政府科研（1940年联邦农业科研投入为2910万美元）支出用于美国农业部实验室研究和试验站的推广研究。

第二次世界大战后，联邦政府投入国防和军工研发比例提高，挤占了农业科研投入。然而大学从国家科学基金（NSF）和国家健康研究所（NIH）获得了更多的研究投入，因此整体来看农业科研投中政府投入比例仍然保持在30%~35%的比例［1960—1970年，政府投资农业科研资金年均增长率为12.3%，1970年达到4.58亿美元（名义价格）］。但由于研究主体较多，美国1980年之前农业研究系统分散，各种制度、模式和基金混杂，没有形成国家需求主导的农业科研体系。

2.2 1980—1993年：构建鼓励私人企业投资农业科研制度体系

20世纪70年代至80年代末，美国经历了严重的贸易赤字和国民收入持续滞涨，同期正值日本、联邦德国、法国和英国经济崛起。美国虽然在高技术贸易方面还存在盈余，但相比研发投入规模，贸易盈余收益过低。1980年美国联邦政府享有财产权利的专利技术大约在2.8万项，其中只有不到5%的商业产品允许企业开发。技术转化率低，政府科研投资效益低，倒逼美国政府在1980年之后密集出台了一系列促进联邦政府资助科研成果进入商业化运作的政策。其中，技术创新法案（1980年）要求联邦实验室开展技术转移，支持技术转移中介机构组建，大学与小企业专利法案（1980年）技术转移和发明许可权利扩展至大学，企业创新发展法案（1982年）允许联邦实验室与其他实体开展合作研究，国家竞争力及技术转移法案（1989年）将技术创新法案适用性扩展至政府所有的或签约人运作的所有实验室。以上4个法案完成了技术转移制度、主体和中介平台的建设。随后，联邦技术转移法案（1986年）对高技术小公司具有商业化前景的研究进行资助，国家合作研究法案（1984年）允许企业在通用的、竞争前研究方面进行合作，国家合作研究法案修订案（1984年）将企业研究合作扩展到生产活动是美国科研体系建设的关键政策。这3个法案放松了反托拉斯的限制，允许企业联盟应对国际竞争。

与上一阶段的农业科研政策相比，这阶段更注重公共科研机构成果转移和应用，政策体系也较为系统、全面，不仅包括了转移中介组织建设、知识产权保护、竞争政策、科研评价体制，甚至对合作研发和合作生产的模式和流程都进行了详细的规范。这一阶段，农业从业人员数量和农场数量迅速减少，农场规模扩大，赠地大学提高农民专业素质的途径由正式的教育项目改为技术培训和信息传播，生产性服务逐步发展起来。

2.3 1993—2013 年：将重点研发上升为国家战略

经过公司部门科研合作法律、政策、模式和中介平台建设，1970 年至 1990 年是美国农业增长的黄金时期，美国私人部门农业研发投入保持年均 3% 的增长速度，1981—2000 年美国 TFP 年平均增长率达到了 1.83%，专利许可数量和专利许可使用费快速增长（图1）[4]。但与其他行业相比，农业科研投资风险高、投入高、周期长，新品种使用滞后期甚至长达 10~30 年，抑制了资本和要素投入农业科研。

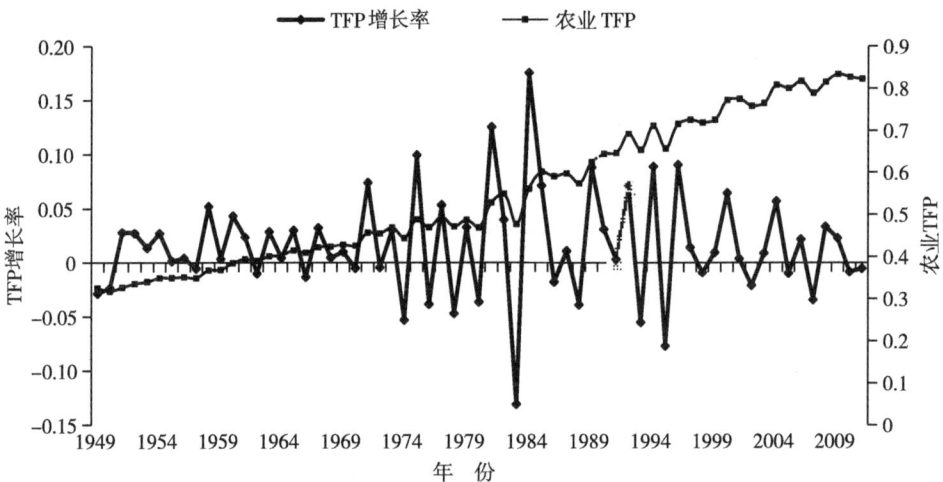

图 1 美国农业 TFP 变化趋势及增长率

针对这种情况，美国政府又推出促进高技术产业发展的一系列政策和项目，包括先进技术计划（ATP，Advanced Technology Program），制造拓展伙伴计划（MEP，Manufacturing Extension Partnership Program），还对已有的小企业创新发展项目（SBIR，Small Business Innovation Research and Development Program）加大了投资力度。虽然这些项目中农业研究的比例不高，但对农业科研中的美国基因工程、DNA 诊断技术、DNA 测序等生物学科基础研究贡献很大，使得美国种业、种质资源、繁育技术在全球保持领先水平。特别是在奥巴马执政期间，承诺将相当于 3% 的 GDP 的资金投入到基础研究中，通过

《美国复苏与再投资法案》。这一阶段美国的科技政策完全抛开了政府资助企业是否造成公共资源外溢的争论，直接资助企业，促进企业与国家实验室、大学联合研发，达到缩短研发周期和降低研发成本的目标，进而推动相关产业的发展。

私人部门投资农业科研的"有偏性"（偏重于可物化技术投资）在这些政策作用下得到了改善，私人部门对生物技术、作物育种、动物健康的投资大幅增加，有效回应了当期美国农场主的技术需求、认可和采纳的偏好和需求。科技政策体系和国家愿景在这一阶段逐步完善和明确，帮助产业部门提高技术能力和国际竞争力，把突破核心关键技术和产业化作为重点。政策调整更加有效地引导私人企业的研发和生产方向与国家需求结合，同时也尊重科学研究的不确定性、周期长、投入多等客观规律，继续加大对基础研究的投入。

2.4 近期科技政策发展趋势

美国农业科研投入的格局从20世纪70年代末到21世纪初一直保持公私对半的比例，从2010年开始，美国公共部门农业投资占比逐渐减少，私人部门在农业和食品加工领域的投入都有进一步增加的趋势。如果计算所有的农业和食品加工领域的研发投入，2013年联邦政府支出有28亿美元（占公私部门总投入163亿的17.2%），州政府支出约10亿美元（占总投入的6.1%），其他部门约7亿美元。包括基金会和农民协会在内的私人部门投资支出约124亿美元（占总投入的76.3%）。如果仅统计除食品加工以外的农业研发投入，2013年美国公共部门和私人部门的贡献分别为45亿美元和62亿美元[5]。

许多因素促成了公共和私人部门在农业研发中所占份额的变化。①美国完善的知识产权保护体系，激发了私人部门投资育种行业和基因工程研究的动力，随着私人部门所培育的新品种数量的增加，一些作物的公共育种计划被关闭或缩减[6]。②私人部门在现今以基因工程为代表的生命科学领域中，由于内部机构设置灵活，更善于利用学科交叉和融合开展创新，这类交叉学科创新更利于在后期的技术和产品开发中获利。③发展中国家的人口和收入正在迅速增长，贸易壁垒正在下降。这些变化打开了美国农业出口的潜在市场。研究虽然需要大量的前期固定成本，但产品生产和销售成本较小，所以在行业内领先且具备一定规模的公司能够收回研发成本，并有助于其进入循环投资的良性发展。

3 政府部门改革

3.1 机构改革

1981年之前美国农业科研公共部门主要包括农业部（USDA）下属的科学与教育管理局（SEA）和州农业试验站（SAES）。农业部科教管理局负责农业研究相关的联邦预算项目安排及协调工作，发布相关政策，其机构包括农业研究（AR）、人类营养（HN）等若干个管理办公室，每个办公室在美国设有地区办公室或研究中心。州农业试验站是州赠地大学的附属机构，一般由赠地大学管理，研究经费主要来自州政府和农业部，只有少数州试验站：如设立在马里兰州贝尔茨维尔农业研究中心、设立在爱达荷州的绵羊试验站由美国农业部直接管理（图2）。

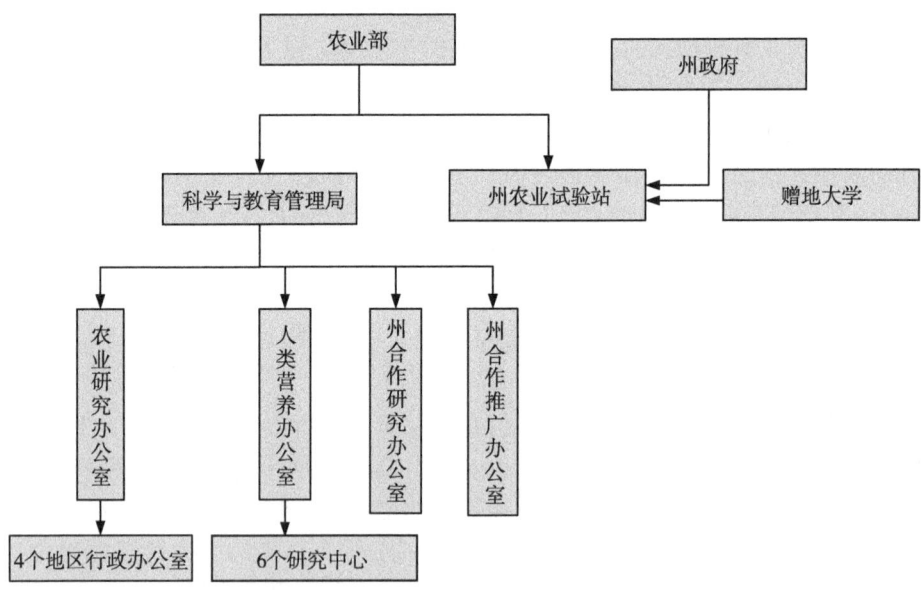

图2　1981年改革前的美国农业科研体系

1981年后，美国政府通过了一系列支持农业科研及其转化，加强科研协调和战略规划的法案。为了配合相关法案的实施，美国农业部也对科研机构组织结构进行了相应调整。重大的调整主要有：取消科学与教育管理局（SEA），将其机构内的办公室提升为农业研究局（ARS），合作推广局（CES，由科学与教育管理局下"州合作研究办公室"和"州合作推广办公室"合并），经济研究局（ERS），国家食品与农业研究所（NASS）等局级部门，由农业部直管；成立首席科学家办公室，协调联邦政府、州农业试验站和私人部门从事农业研究、教育和推广研究人员协调工作，制订宏观行动计划；农业研究局机构分为两部分，一部分是从事项目计划、协调和支持的各类办公室，另一部分是设立在5大地区的国家试验室；将农业统计事务从经济研究局剥离，成立农业统计局。同时，成立科教推广及经济咨询委员会和食物与可再生资源委员会，委员会对国会负责，对农业部相关职能进行监督（见图3）。

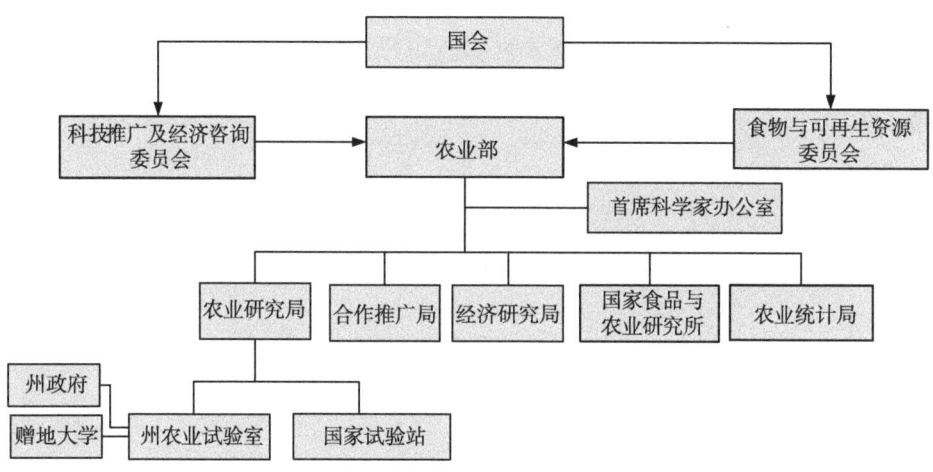

图3 1981年改革后的美国农业科研体系

1994年美国农业部进行了再次改组，其职能范围从农业的产前、产中和产后一体化管理，农产品出口和促销进一步扩大至自然资源保护、食物营养与消费、灾害救助、作物保险、供给链风险管理、农业统计及海外信息收集和分析等。在机构设置上，更加注重计划、监督、协调职能设置与业务司局的相互联系和匹配，设置了向部长直接汇报的首席经济学家、内部事务申诉办公室主任、小企业办公室主任、总检察长、法律总顾问、首席财务官、预算和项目分析办公室主任、国会关系助理秘书、公民权利助理秘书等职位。通过改革，更加强化了其作为农业及农村事务统筹、规划、协调的职能，有利于科技政策与相关产业政策、产业布局、资源配置、社会发展事务相互促进统一。

3.2 体制改革

美国农业科技政策变化带动了相关体制的变化。在近30年中，最重要的体制变化就是成果转化机制。美国政府从1987年以来，大力倡导公私部门运用"合作研究和开发协议"(CRADA)开展合作。鼓励私人企业在研究人员、服务、产权等方面贡献于合作,提供科研经费,但同时保护私人部门商业和金融信息,私营企业可以接受独占性授权[6]。企业通过这种途径,获得了政府部门设备、经验和人力资本的使用权,开拓了技术创新思路,更多地接触到前沿研究。另外,CRADA 模式也为政府部门获得更多研究经费开辟了渠道,履行了提高经济竞争力的职能使命[7]。图 4 就是以紫杉醇分离技术商业化运行为例的 CRADA 运作模式图。农业部和国家癌症研究所完成了紫杉醇分离知识研究工作,通过竞标的方式将技术许可拍卖给制药公司,制药公司支付许可使用费,并与农业部开展紫杉醇药物开发的联合研究,这个阶段是技术形成阶段,最后通过大学、试验站及临床试验完成产品开发。

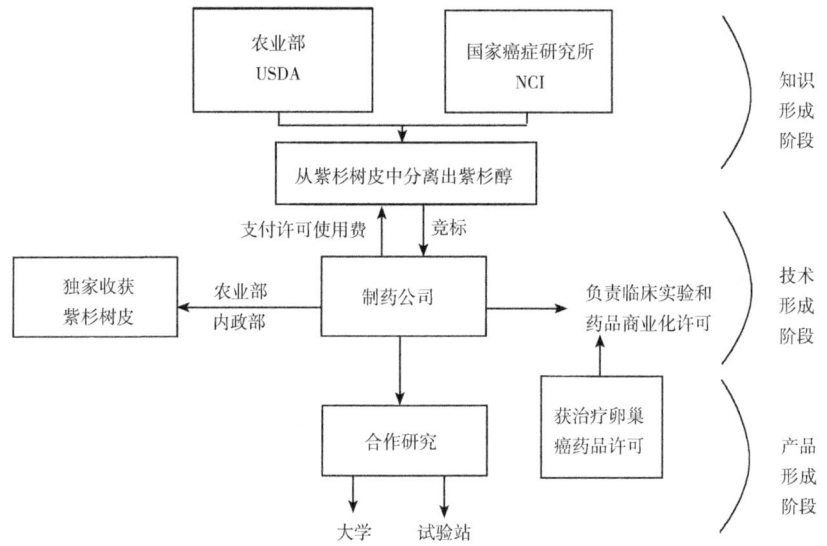

图 4　CRADA 运作模式图

为了配合 CRADA 模式,20 世纪美国政府陆续成立了国家技术转移中心(NTTC)、联邦实验室技术转让联合体(FLC)和国家技术信息中心(NTIS)。其中,NTTC 主要服务于美国航空航天局(NASA)、能源部(DOE)、联邦小企业局(SBA)机构内技术转移;FLC 是全国性技术转移网络组织,FLC 拥有成员实验室特许权,不仅为实验室提供技术转移咨询和帮助,还从事研究部门与技术应用部门之间的交流和合作;NTIS 负责整合联邦政府、实验室和大学的研究计划、专利、成果和相关信息,为中介机构提供信息查询服务[7]。这些机构的运营费从转化收益中提取[8]。在这种体制下,公私部门的隔阂消除了,在研究领域的新发现通过技术转化平台发布信息,促进前沿科研成果转化为实用技术。

3.3 经费改革

美国联邦政府部门是美国农业科研经费的重要支持部门，由于美国历史上未设立科技部，一直采取事权与财权相统一的经费拨付和管理方式。通常，由农业部提出方案并经参众两院审议后向白宫提出预算，联邦政府最终在这三者方案基础上通过预算。农业部在联邦分支15个部门的预算中比例较高，目前位列第五位，约占联邦总预算的3.6%（根据2017年预算比例计算）。当前，联邦政府有关农业科研（包括经济和战略研究）和教育的预算，主要下达给农业研究局、国家食物与农业研究所、农业经济研究局和国家农业统计局。其中国家食物与农业研究所（NIFA）在2008年成立，依据《粮食、保护和能源法案》(2008年《农业法案》)授权。其主要职责是通过提升和加强农业研究能力来解决粮食可持续生产、气候变化、生物能源以及人类营养等问题。NIFA的设置的重要目标是加强农业与其他相关领域的科研合作，将以往分布在科学基金会（NSF）、国家卫生研究所（NIH）、国家航空航天署（NASA）、国家标准与技术研究院（NIST）等机构的跨学科科研项目进行深入整合，研究的优先序列和金额根据大学研究水平和普查数据制定，着力培育前沿和突破性技术的生产和转化（表1）。

表1 农业基础研究、应用研究和技术开发划分

科学（基础）	前技术科学（应用）	技术创新（开发）
化学	土壤物理与化学	农业化学
遗传学	植物与动物遗传学	动植物繁育
生物学	动植物病理学	园艺
微生物学	动植物生理学	农学
动物学	营养学	兽医
物理学	工程学	农业机械
大气科学	气候学	灌溉
数学	计算机	计算机软件开发
经济学	应用经济	农场管理

资料来源：Huffman and Evenson, 1993。

从拨款类型上看，政府拨款分为三种：有条件的财政补贴，常规性拨款和竞争性拨款。其中有条件的财政补贴被列为强制性支出项目，主要包括商品信贷资助（CCC）项目和农场项目，这部分款项通过授权法规来控制，即达

到法规限定的执行条件时才会有资金支出，而不是对占有者进行直接拨付。常规性项目一般是法案或法规授权的财政预算，在农业拨款中，主要包括对赠地大学研究和推广工作的拨款，州试验站科研经费［1887年通过的孵化法案（Hatch Act）授权拨款，根据人口普查中每个州的农场和农村人口来分配拨款］，土地赠予机构的林业和兽医项目［史密斯杠杆法案（Smith-Lever Act）授权拨款］等项目。这类资金的目标和拨款规模稳定。相比前两类资金，竞争性拨款是通过同行评审筛选程序来确定，项目活动不仅资助基础和应用研究，也包括推广和高等教育活动，以及跨学科联合研究项目。

美国政府预算和拨款制度较为完备，但仍然通过年度拨款法案和听证会的方式持续不断地完善监督和优化资金安排效果。政策制定者对农业科研各种筹资机制的适当作用和影响进行的研究、评估和讨论也不间断地进行。例如2012年，总统科学技术顾问理事会发现以往联邦政府的研究资金太注重应用性，建议将重点转向基础研究（表1），同时扩大竞争性的研究资金候选人资格范围，让更多有能力的执行单位和个人参与到农业科研中[8]。同时，研究发现常规性拨款较有条件的财政补贴和竞争性拨款对农业生产率的影响更大，联邦政府在制定预算时继续保障这部分资金的比例。为了配合预算制定，农业部对机构职责和工作重点也进行相应的调整，此外研究机构内部的学科调整、战略布局、合作模式也都相应地更新、探索（表2）。

表2　美国农业部农业科研部门预算安排

机构	主要职能	工作人员数量（人）	年预算
农业研究局	国家和区域问题的高风险、长期基础研究	5 400	11.4亿美元薪金和研究经费、2.1亿美元设施建设
国家农业统计局	收集汇编农业相关统计（例如农业普查、作物预测、价格估计等）	1 000	1.68亿美元
经济研究局	粮食、农业、自然资源管理、农业市场和农村发展相关经济研究和政策分析	365	8 500万美元
国家食物与农业研究所	领导并资助农业、环境、人类健康和福祉的跨学科、跨部门的研究、推广和教育项目	400	13.3亿美元
首席科学家办公室	确定农业科研的优先事项，并协调其他四个机构的职能	—	90万美元

资料来源：美国联邦政府预算（2017）。

4 对中国科研政策的反思

4.1 科技政策最应该关注什么？由谁来制定？

传统的科学技术观点认为，科学和技术之间的进步具有直接的线性关系，基础科学的进步会必然促进新技术的发展[9]。然而在当前科技发展迅猛，知识爆炸的时代，科学和技术研究逐步形成了两个平行但又相互作用、相互交叉的路径，这两条路径通过现有的科学和技术的汇集而形成，科学和技术发展相互借鉴，相互贡献。可以把科学和技术的创新归纳为四个步骤：第一步是对问题的感知或初级的、不完全的判断；第二步是配置能够解决问题的研究资源；第三步是对问题以及解决问题的方法进行梳理和系统分析；第四步是实施解决方案并加以修订[10-11]。在这个过程中，科技政策对第二个步骤的影响最大，这个步骤应在对问题清晰识别的基础上，决定是否能在合理的资源条件下，找到解决问题的方法。因此科技政策应该重点关注科研系统内部各个机构的职能分工和定位，并相应地进行预算、绩效和管理体系的安排。同时，科技政策应和农业发展战略、部门协作体系、知识产权政策相匹配，促进整个科研系统的科学导向和面向技术的知识流动。由于美国农场主在国家治理、总统选举、贸易政策、乡村治理等社会事务中具有较强话语权，美国科技政策始终重视农场主的技术需求，从科技政策方向、赠地大学到现今以信息技术为依托的推广体系，都根据农场主的不同需求进行了及时调整，保证了科技政策与技术推广的协调和统一。

4.2 协调一致、战略先行是形成科学决策体系的关键

从美国农业科技政策的变迁来看，每个阶段的政策变迁思路清晰，重点明确。相应地机构、体制和经费改革也进行了调整，形成了上下一致，决策、战略、措施完善的政策体系，确保了政策目标实现。在决策层面，由总统担任国家科学技术委员会主席，协调研究领域的重大战略和跨部门工作组。组成了以总统科技顾问委员会（PCAST）、国家科学技术政策办公室（OSTP）、国家研究理事会（NRC）、国家科学院（NAS）、农业部经济研究局（ERS）等部门为主的战略咨询机构，定期发布专业领域或综合性技术发展规划、战略规划及政策评价报告。这些咨询机构为归口部门管理和国会审议重大项目安排、战略部署、机构调整和预算提供了科学的决策依据。在主管部门（农业部）内，设立了分别负责自然资源与环境、农场和海外农业服务、农村发展、

食品营养和消费者服务、食品安全、研究教育与经济、营销和监管七个任务领域的副部长职位和首席科学家办公室，统筹制定农业科研和战略，同时协调跨部门和政府与私人企业合作。在政策实施层面，国会根据《政府绩效与结果法案》（GPRA，1993）监督各部门和机构制定五年战略计划，并审查以结果导向的目标完成情况和年度业绩报告。

4.3 如何平衡技术供给与扩散的关系

与美国20世纪80年代促进技术转移的政策供给相比，我国相关的政策供给并没有缺失，差别在于政策和改革的组合作用。1980年美国陆续出台的促进技术创新和转移的法案，从促进联邦实验室技术成果转移（Stevenson-Wydler Technology Innovation Act）到大学与小企业合作（Small Business Innovation Development Act），再到国家合作研究法。可以看作是从被动地允许和促进政府部门资助的研究成果转化到私人部门主动参与政府部门科研的转变，实现了从"科研有选择性地满足技术需求"到"基于技术需求方向的科研"的转变[12]。此外，美国建立了完整的技术转移法律体系，加强了知识产权保护，允许独占性技术转让，放松了反垄断法规。同时，在政府部门内部进行相应的机构改革，建立国家级技术转移机构，在农业部门设置技术转移职能部门，研究开发预算的一半用于农业技术的扩散与推广，形成了政策和改革的"组合拳"。一系列的改革都有效平衡了技术供给和扩散，区分了竞争前研究和竞争研究，增强了技术拥有者控制其无形资产的能力，也为参与创新的利益相关者获得了更多的合作机会。

4.4 自上而下的制度设计与自下而上的模式创新相结合

从美国公私部门合作研发模式看，公私合作研发是政府与私人部门通过"契约机制"或"共同利益机制"明确公、私各方的具体权利和义务，共享双方拥有的技术、人才、物质等资源，提高科研效率。政府作为公共利益和福利的管理者，从国家战略的角度和宏观经济潜能的角度安排基础性科研规划和任务，私人企业对产业经济、微观经济体、市场信息和趋势优势，两者作为科研的上下游主体，各自生产知识和产品，在技术生产的层面实现对接。

因此，公私部门合作研发的过程都是一个多主体，多目标，多创新策略组合的路径优化过程。私人企业、高校与科研机构三个主体在科技创新中，分别根据自身的目标和创新机制，建立不同的目标路径，并不断完善与优化，提高目标效用。中国公私部门科研合作是合作内容、科研资源、契约和利益的统一，然而在实际合作过程由于科研工作的综合性、不确定性、复杂性以及双方拥有资源的变化，合作的组织基础和模式也会随之调整。政府作为公私部门合作机制和相关政策的推动者，要完善相关知识产权、成果转化政策，注重自上而下的制度设计，为科研方向掌舵；同时也要给私人部门自下而上模式创新的空间。

参考文献

[1] RUTTAN V W. Agricultural research policy [M]. Minneapolis：University of Minnesota Press，1982.

[2] MOWERY D C，ROSENBERG N. Paths of innovation：technological change in 20th century America [M]. Cambridge：Cambridge University Press，1999.

[3] ANONYMOUS. Appropriation for FY 1999：U. S. department of agriculture and related agencies [R/OL]. [1998-09-21]. https：//nationalaglawcenter. org/wp-content/uploads/assets/crs/98-201. pdf.

[4] WANG S，HEISAY P，SCHIMMELPFENNIG D，et al. Agricultural productivity growth in the United States：measurement，trends，and drivers [R]. Economic research report 189，July 2015.

[5] FUGLIE K O，KING P W，KING J，et al. The contribution of private industry to agricultural innovation [J]. Science，2012，338（11）：1031-1032.

[6] SAHAL D. Invention，innovation and economic development [J]. Technology forcasting and social change，1983，23（7）：213-235.

[7] KING J，TOOLE A，FUGLIE K. The complementary roles of the public and private sectors in U. S. agricultural research and development [R/OL]. Economic brief 138925，september 2012，United States department of agriculture，economic research service. https：//ageconsearch. umn. edu/record/138925/files/eb19. pdf.

[8] ROGERS E M，CARAYANNIS E，KURIHARA K，et al. Cooperative research and development agreements（CRADAs）as technology transfer mechanisms [J]. R&D management，1998，28（2）：79-88.

[9] BUSH V，SMITH B L R. Science the endless frontier：a report to the president on a program for postwar scientific research [M]. Washington：The National Science Foundation，1990.

[10] FUGLIE K O，SCHIMMELPFENNIG D. Public-private collaboration in agricultural research：new institutional arrangements and economic implications [M]. Ames IA：Iowa State University Press，2000.

[11] GROYSBERG B，LEE L E. Hiring stars and their colleagues：exploration and exploitation in professional service firms [J]. Organization science，2009，20（4）：740-758.

[12] VOSS G B, VOSS Z G. Strategic ambidexterity in small and medium-sized enterprises: implementing exploration and exploitation in product and market domains [J]. Organization science, 2012, 24 (5): 1459-1477.

日本农业科研体制改革特点与启示

包月红，赵芝俊

(中国农业科学院农业经济与发展研究所　北京　100081)

摘　要：中国农业科研体制改革已有30年之久，改革的难度越来越大，亟须寻找新的突破口。日本独立行政法人改革的部分做法和经验值得借鉴。通过梳理日本独立行政法人改革的内涵与特点，提出从加强改革的顶层设计、提高科研机构决策的独立自主性、提高科研资源利用效率、增强机构运行与考核的透明性、实行目标管理和完善考核制度等方面，对中国农业科研体制进行改革。

关键词：日本；独立行政法人；科技体制；农业科研

2015年是中国科技体制改革30周年，也是新一轮科技体制改革重新出发的起点。经过30年的改革与发展，农业科研在学科体系与人才培养、管理体制与运行机制、政府投入和企业参与等方面都取得了可喜进展，缓解了一些矛盾，但与此同时也暴露出一些深层次的问题。中国的科学研究要良性发展，体制、人才和经费是三要素，人才和经费问题已经得到较好的解决，但体制则亟须改革。农业科研体制存在根深蒂固的"层级制度"、重大科研项目向"官学两栖"者倾斜、农业科研资源主要集中在科研院所、农作物育种研究财政投入渠道过多、农业科研成果私有化取向等问题。当前农业科研领域缺少领军人才和优秀创新群体，过去的改革难以适应农业生产的变化，社会公益性和商业性科研活动依然混淆，科研投入仍然不足而竞争性项目投入比例偏大[1-4]。以上研究表明，农业科研体制改革还有很多问题需要突破，但难点还是在科研体制的改革。

基金项目：国家自然科学基金重点项目群项目"现代农业科技发展创新体系研究"（71333006）；中国农业科学院科技创新工程（ASTIP-IAED-2015-05）。
作者简介：包月红（1988—），男，江苏连云港人，中国农业科学院农业经济与发展研究所博士研究生；研究方向：农业技术经济评价。

1 日本农业科研体制改革背景

进入20世纪末期,高度依赖进口的食品供给结构和不断萎缩的农业生产部门使日本农业发展面临极大压力,因此依靠科技进步提升农业生产能力成为日本政府的重要策略。但是从20世纪80年代开始,制度障碍与技术需求的矛盾越发激烈,对农业科研体制进行改革已经迫在眉睫。这一时期,新管理理论的发展推动了西方国家政治体制改革的进程,也为其他国家公共科研体制改革提供了经验参考。新管理理论在组织上实行决策和执行分离的制度安排,将政策执行部门从政府机构中分离出来,如英国的执行局(Agencies)、法国的独立行政机构(Independent Administrative Authorities)[5];管理上则由投入管理和过程管理转向目标管理,增加执行机构运营的自主性和透明度[6-7]。

在新管理理论的指导下,日本从20世纪末开始,运用独立行政法制度人对政府下属的各类公共事业单位进行了较为彻底的制度改革。1996年,桥本内阁将独立行政法人制度改革作为行政改革内容之一提上日程。1999年7月,通过了独立行政法人通则法,对独立行政法人的基本框架、监督方法、职员身份等做了制度性规定。同年12月,日本国会通过了59部独立行政法人的相关法律,并确定了最初的57个独立行政法人。2001年4月,通过改革,57个不同领域的机构脱离原来的上级政府部门控制,形成独立行政法人结构,其中31个为各类研究机构。截至2014年4月,独立行政法人数量已经增加到98个,分属12个府省厅管辖[8-9]。农林水产省下属13个独立行政法人机构,7个行政类法人和6个研究型法人,其中研究型法人主要由原来农林水产省下的政府研究机构合并改革而来,如图1所示。这些研究机构承担着日本农业前沿技术的研发重任,是日本农业科技发展的支撑力量。

2 独立行政法人改革的理论框架

2.1 独立行政法人的内涵

根据通则法规定,独立行政法人是指"对关乎国民生活及社会经济稳定的公共服务及相关事务,国家自身不必要直接实施的,委托给民间主体实施恐有难以实施之虞,或为了高效、有效地实施(相关事务、事业),而有必要让一个主体独占行使的,基于本法及个别法之规定设立的法人[8-9]"。实施独立法人改革之前的这些组织一部分属于政府机构，另一部分来自特殊法人机构，包括研究所、日本国立医院、国有企业以及日本国立大学等。独立行政法人的根本目标也是为了提升政府服务效率，提高管理成效[10]。

2.2 独立行政法人制度基础

通则法和个别法是日本独立行政法人管理的制度基础。通则法主要分为总则、董事与职员、业务运营、财务、人事管理、杂项、惩罚机制和附则共8个部分，对独立行政法人的内涵、目标、组织构成[8]、运营管理、奖惩措施等多方面做了全面的规定。通则法规定了需要各独立行政法人共同遵守的共同规则，而个别法则是通则法的补充和具体化，它是以通则法为基础，结合每个法人特点制定的针对独立行政法人管理运营的专门法律。通则法保证了所有独立行政法人管理的一致性，个别法则保证不同类型法人管理的独立性、差异性和灵活性。

2.3 独立行政法人功能与特征

根据独立行政法人通则法规定，独立行政法人主要完成具有以下特点的事务：为了公民生活与经济社会稳定，公共部门必须提供和完成，但又不适合或不必要直接由政府部门实施，而且社会私人部门不愿提供或无法提供[8]。公共部门很多事务需要具有专门知识的专门机构来完成，在机构设置时需要给予其一定的独立性和专业性才能保障其组织的功效；同样，有些组织设计是为了提高政府服务效率和管理成效，因此这类机构则需要在保持其公共服务职能的同时，强调企业化的组织运作[11]。独立行政法人具有公共服务效率与质量更高，运行过程透明公开，管理与运营的自主性强等特点。独立行政法人的身份地位随着改革的推进，刚开始的政府特性已经慢慢退去，而类似专业性、独立性和企业特质则逐渐增强。

2.4 人事与资金管理制度

独立行政法人的首席行政长官和监事人选由上级主管部委直接指定，其身份为公务员，由大学、研究机构或政府部门的专业人员担任[8]。独立行政法人机构内的其他人员则主要由首席行政长官选择任用，但需向上级主管省报备。机构内的人员薪资水平主要根据该机构的经济状况，结合政府和私人机构的工资水平自行制定。工资方案需要提交上级主管省，并向社会公开。任命的行政长官和普通雇员的工资水平也可以根据其经济绩效评价结果决定。

独立行政法人的资金来源主要还是来自政府部门，但是相比改革之前，

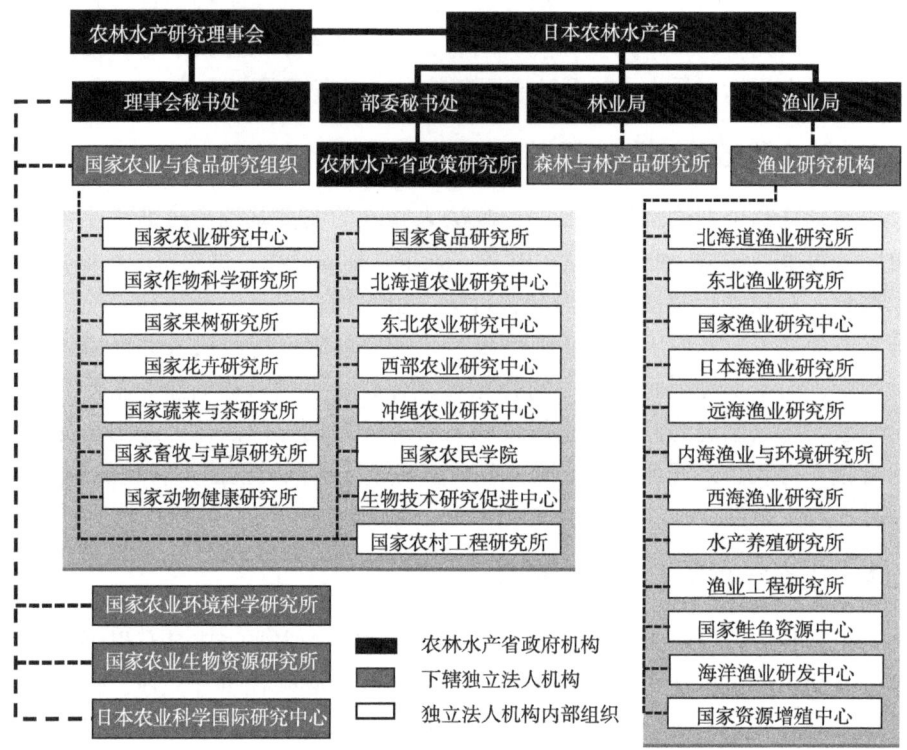

图 1　日本国家级农业科研机构
资料来源：農林水産分野の研究機関（2015）。

资金资源使用的灵活性大大提高。与改革之前相比，预算周期和使用周期更长；独立行政法人可以吸收来自社会私人部门的投资扩充资金来源。为了保证资金使用的公平性和合理性，独立行政法人需要采用企业记账规则，并且每年都需要接受上级主管大臣指定的第三方审计机构的审核。独立行政法人机构每年需要向社会公布经主管大臣审批同意后的财务报告。

2.5　绩效评价与监督体系

绩效评价与监督体系是独立行政法人改革的重要内容，包含了评价主体、评价流程和监督机制等内容，如图2所示。主管省依据"中央省厅等改革有关方针"及通则法中有关规定，制定对所辖不同法人的评价方案与评价标准。通常评价主体包括日本内务省下的行政评价局和建立在各省下的评价委员会，监督机制主要由信息公开制度和公众监督构成。评价内容方面包括具体项目的评价和机构整体研究进度的评价。评价环节上，首先由各省下的评价委员会负责对独立行政法人提供的评价材料进行初步审查，而后内务省下的行政评价局再次审查前者审查后提交的审查评估报告。独立行政法人评价分为年度评价和中期目标评价，两种评价通常均采用相似的评价基准。

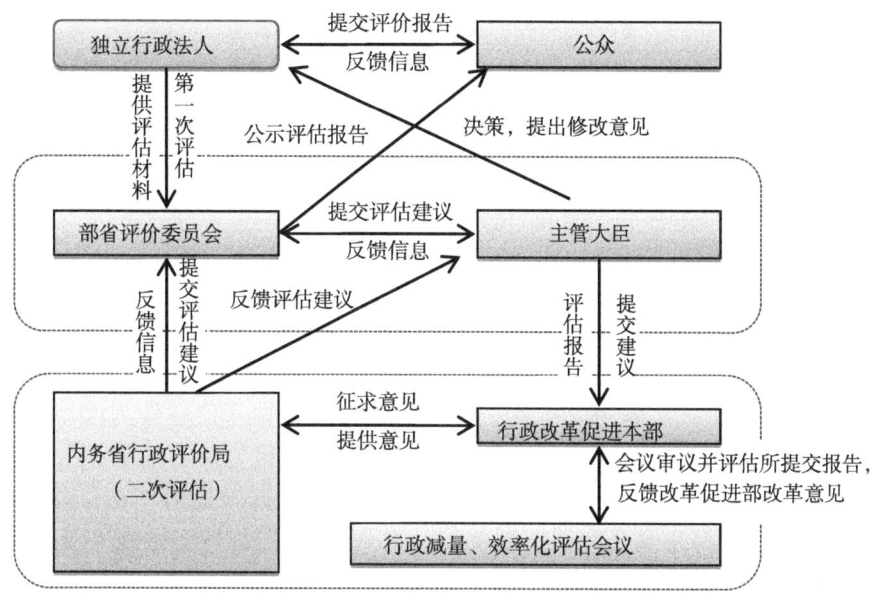

图 2　独立行政法人绩效评价与监督流程

资料来源：刘宗德，2010 年。

每个计划期结束（通常为 5 年），会根据各项目和独立行政法人的各项评估结果，对其进行整体评价[12]。主管大臣根据评估报告判断项目的完成情况，决定项目是否继续；评估组织设置的合理性，决定机构的整改和废立。在评估过程中，独立行政法人机构需要向社会公众公布研究报告和财务报告两份文件。通过信息公开，可以使该机构在政府和评估机构之外受到更广泛的社会监督，保证机构报告的真实与透明，更好地约束法人机构的行为。

3　日本农业科研机构独立行政法人改革

3.1　农业科研体制的政府管理与协调机构

农林水产省和下属的农林水产研究理事会（The Agriculture, Forestry and Fisheries Research Council, AFFRC）与秘书处是农业科研机构的主要政府管理与协调机构。农林水产研究理事会是建立在农林水产省之下的特殊机构，主要由7人组成的理事会和下属秘书处构成。理事会成员从具有丰富研究经验的专业人员中选拔，或者从农林水产省的员工中任命，结构上保持了不同学科的搭配和部门的交叉。

理事会具体的管理工作主要由下属秘书处负责实施。根据职能，秘书处下设9个不同的部门，包括研究顾问、行政部、研究政策与计划部、研究促进部、国际合作部、筑波办公室、指导与研发部、高级项目办公室、科技公关指导部。通过理事会和秘书处的中介作用，农林水产省可以保持对研究类独立行政法人机构管理的专业性，避免直接干预和盲目指导，同时也可以通过理事会和秘书处的信息汇集和传递功能，及时了解各研究机构的研究进展，掌握科技发展前沿。

3.2 农业科研机构的调整

农林水产省下属的独立行政法人机构数量经历了先增后减的改革历程。从2001年4月正式实施独立行政法人改革开始，农林水产省作为改革的重点，有17个机构变成独立行政法人，占各行业改革机构总数的29.8%是所有省中最多的一个。2003年10月又新增了农畜产业振兴机构、农业者年金基金、农林渔业信用基金和绿资源机构，总数达到了21个。在随后的几年中，通过合并对法人数量进行了缩减，其中包括撤销农业者大学、绿资源机构2个独立行政法人，将农林水产消费技术研究中心、饲料检查所、农药检查所等8个法人合并成3个新的独立法人机构，形成了今天的13个独立法人机构。

3.3 机构职能定位

日本独立行政法人改革的一个显著特点就是各科研机构在职能上实现明确分工和互补，避免重复设置。如表1所示，国家农业与食品研究组织、日本林业综合研究所和国立渔业研究所是3个最大的综合性研究机构，在日本下设多个分支机构，研究人员规模也最大。另外3个研究机构更偏向于专业研究，相对成立时间也较晚，但大部分处于技术研究的前沿领域。

表1 日本农业研究机构及职能

机构名称	主要职能
国家农业与食品研究组织（NARO）	研发作物增产和提质的种植技术；农业结构优化研究；农产品质量安全、功能、加工和食用等技术的研发；培养专业农民；支持大学与政府的基础研究和私人的应用研究；机械技术研究和机械的审批检验

(续表)

机构名称	主要职能
农业环境科学研究所（NIAES）	由于环境污染造成的食品安全问题、全球环境问题、生物多样性保护、农业污染物等
国家农业生物资源研究所（NIAS）	生物技术的产业化开发与运用、作物研究、动物研究、水稻、家蚕和猪基因测序、优良基因的初选、家蚕高效基因重组、转基因与克隆研究
日本农业科学国际研究中心（JIRCAS）	通过技术研发解决国际粮食供给和可持续发展问题；通过国际合作，收集、分析和出版有关国际农林水产技术以及耕作制度研究趋势的前沿知识
日本林业综合研究所（FFPRI）	全球变暖问题研究；人工生态环境恢复与营造；林业和木材的新用途开发；林木生物资源利用；森林生态系统结构和功能研究；苗木育种
国立渔业研究所（FRA）	渔业相关的基础研究、研究开发和试验运用、保证水产品的供给和渔业产业的稳定发展

3.4 人事与薪酬

日本非特定法人的农业科研机构的人事分为政府任命和机构聘用两部分，见表2。理事长、理事和监事主要由政府部门指定任命，其他普通职员则由理事长和理事招聘。根据机构的规模不同，通常每个机构至少有2名理事和2名监事，规模较大的机构由于存在分支机构，理事的数量也较多，但监事名额基本不变。随着机构的合并和经费的缩减，职员数总体也呈下降趋势，但降幅较小，2014年各机构的职员总数相比2003年较少了234人。下降幅度最大的是国家农业与食品研究组织，减少了412人，其他机构实际人数相比2003年还略有上升，但2008年以来总体一直保持下降趋势。

农业科研机构普通职员的薪酬分为两类，一类是事务—技术类职员，另一类是研究人员，见表3。2013年，事务—技术职员的平均年薪是613.5万日元，而研究人员的年薪为827.6万日元，高于事务—技术职员34.9%。理事长的年薪平均为1 444.7万日元，普通理事为1 279.6万日元，而监事则为1 095.8万日元，均高于普通研究人员的平均薪酬。科研机构的普通职员均不是公务员身份，但是薪酬水平参照公务员工资水平，两者基本持平[8]。

3.5 经费投入

日本的独立行政法人经费主要由政府在法定预算范围内核发。日本的研发支出强度一直在世界保持前列，自1998年以来一直保持在3%以上，2008年达到最高的3.47%，高于美国等主要发达国家。日本政府实施独立行政法人的目的之一就是缩减财政支出。按照要求，独立行政法人机构每年缩减1%

左右的财政支持资金。农林水产省下属的独立行政法人考核制度的第一项就是"经费削减"。通过比较 2008—2012 年的经费收支发现，6 大研究机构的政府运营补助金、预算收入和决算支出都有明显下降。相对于 2008 年，三项收支分别下降了 12.7%、27.9% 和 28.6%。

表 2　农业科研机构人员构成概况　　　　　　　　（单位：人）

机构名称	2003 年	2008 年	2012 年	2013 年		
	普通职员数				理事人数	监事人数
国家农业与食品研究组织	3 083	2 984	2 733	2 671	12	3
国家农业生物资源研究所	423	388	363	355	3	2
农业环境科学研究所	193	178	164	165	2	2
日本农业科学国际研究中心	158	151	179	176	2	2
日本林业综合研究所	832	785	1 087	1 056	6	2
国立渔业研究所	902	1 009	933	934	6	2
合计	5 591	5 495	5 459	5 357	31	13

注：每年的时间均为当年的 1 月 1 日数据；2003 年的数据都是合并之前机构职员的加总数据。
数据来源：本文数据均来自独立行政法人評価年报（2013 年）。

表 3　农业科研机构人员薪酬情况（2013 年）

机构名称	事务—技术职员		研究人员	
	人数	年薪（万日元）	人数	年薪（万日元）
国家农业与食品研究组织	489	601.6	1 264	796.8
国家农业生物资源研究所	61	598.7	207	854.4
农业环境科学研究所	26	612.4	97	865.3
日本农业科学国际研究中心	29	662.5	107	860.7
日本林业综合研究所	519	620.3	392	826.1
国立渔业研究所	208	585.3	440	762.0
平均值	222	613.5	418	827.6

注：表中人数为薪酬统计人数，而非机构全部人数。

4　日本农业科研体制的改革特点

4.1　管理体系的制度化

日本农业科研体制主要依靠法律制度管理机构的运营活动。《食品、农业和农村基本计划》是日本政府指导农业发展的主要政策性文件，每 5 年修订一次，规划未来 10 年农业的基本发展方向。农业科研机构的研究计划首先需要遵循该计划的指导方向，在具体运营过程中，独立行政法人根据通则法和个别法依法开展日常管理工作，减少行政命令干预，避免人为管理的局限性。同时，一些比较特殊的机构还会根据实际情况单独立法，例如《国立大学特殊法人法》。完善的制度法律体系保证了不同类型特点的法人机构都能有法可依，依法有序运行。

4.2 运营管理的去行政化和自主化

为了保证机构运行的独立自主性，日本政府对独立行政法人机构实行了坚决的去行政化改革。2006年，具有公务员身份的特定法人机构由56个缩减为11个，并于2007年进一步缩减到8个，所有农业研究机构全部实现非公务员化，见图3。改革之后，政府仅提出研究目标、提供资助和考核，不再负责单位内部的具体运营管理工作。机构自身享有除了首席行政长官和审计员之外完全的人事权和法律规定之外的资金支配使用权，机构主要责任人也由首席全权代表，权责关系进一步明晰。

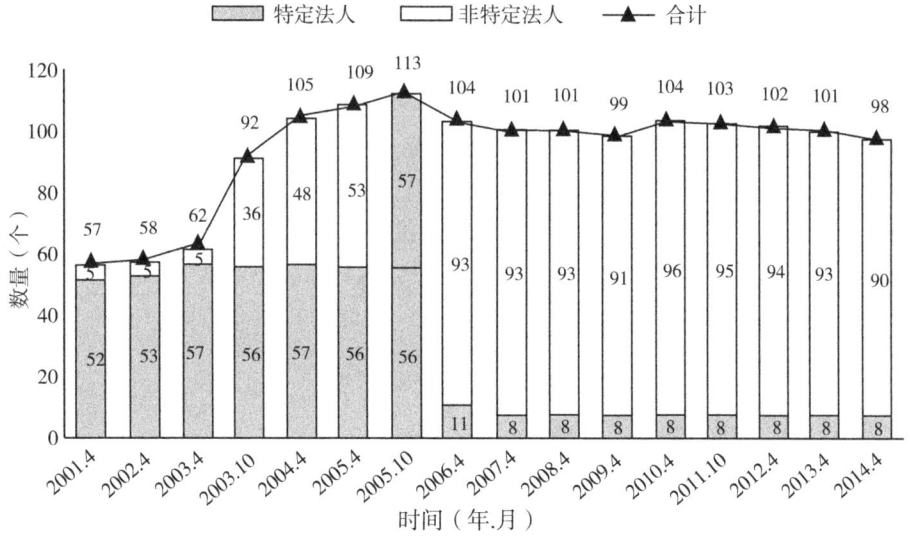

图3　日本独立行政法人数量变化与非公务员化

4.3 部门合作与资源共享

独立行政法人机构主要从内部协调和外部合作两方面加强合作。一方面，专门设置有研究协调员，负责研究机构内部的协调沟通问题。另一方面，加强"产学官"的合作研究。例如NIAS在过去的第三个中期计划中，和国内外不同机构和不同领域的合作项目达到了132项。这些措施一方面可以节约研究机构的科研资源，提升基础研究水平；另一方面也可以鼓励私人研究，促进技术转化与运用。此外，大学、私人企业等也可以通过申请，免费使用独立行政法人机构的设施设备，开展科学研究活动，提高科研设施的利用率。

4.4 机构运行与评估透明化

日本独立法人研究机构实行严格的公开制度，几乎所有机构运营活动都公开接受社会和政府的监督，保证法人机构运行的透明化。独立行政法人主要公布法定公布内容、内务省要求公开的补充内容和主要运营活动三大部分。独立行政法人改革的另一个重要举措就是引进第三方评估机制，保证公开信息的真实可靠性。由于采用不同于行政机关的企业会计制度，独立行政法人机构资金的支配和使用更加灵活[13]。为了保证财务的透明，每年年终需要接受由主管部委指定的财务审计机构的审计，财务报表经主管部委认可后向社会公开，接受社会监督[14]。由于财务制度的自由与透明，独立行政法人机构更易于从社会私人部门吸纳资金。

4.5 整体改革和持续推进

改革是一个循序渐进的过程，从 1997 年 12 月提出独立行政法人制度开始，截至 2013 年 12 月，日本政府对该制度进行了 23 次修正，出台了大量的补充性规定与文件。2001 年首先纳入独立行政法人改革的单位只有 57 个，到 2006 年之后稳定在 100 个左右，随着时间推移改革逐步推进。即便如此，独立行政法人改革还远未结束。日本政府仍然在寻求减少独立行政法人数量，实行同类合并，减少重复建设和资源浪费，从而节约财政资源，缓解国内紧张的财政状况[8]。

5 对中国农业科研体制改革的启示

5.1 做好改革制度的顶层设计

顶层设计一直是各项改革强调的重点，也是实施的难点。目前科技体制改革的总体框架设计还不明确，出台的政策大多以宏观指导为主，缺乏具体实施细则和严格的法律规定。借鉴日本独立行政法人改革经验，首先应从制度层面进行较为详细的顶层设计，建立细致的法律法规来规定机构的功能、职责范围、机构与人员设置等，用法律来管理和规范这些机构的运行。通过法律法规明文规定的形式，统一机构改革的具体流程和改革内容，便于统一管理和监督。

5.2 给予研究机构更大的独立自主权

应加强改革力度，进一步扩大农业科研单位的自主性，提高科技人员积极性。目前，大部分农业科研机构要实现"开放、流动、竞争、协作"的运行机制还需要突破很多障碍。日本独立行政法人改革的一个最重要的特点是给予科研机构独立法人地位，形成与首席负责制相吻合的法律地位，保障了机构运营、人事、财务等活动的独立自主性。因此，扩大科研机构的独立自主权还需要政府部门坚定改革的决心。

5.3 加强科研资源整合，提高科研资源利用率

近年来，中国加大了农业科研的资金投入，人才资源也越来越充足，但是由政府投入的公共科研资源利用效率还有待提高。日本农业科研机构通过产学研合作、向社会开放实验设施、利用科研资源进行科普教育、取消科研人员公务员身份，实行聘用制等做法值得中国学习和借鉴[15]。要减少和避免不同研究机构的科研设施重复建设与购买，加强人员之间的有效协作，消除因科研机构、资源与人才区域分布不均衡导致的区域科技供求失衡。

5.4 提高组织运营与评估的透明度

科研机构公开制度缺乏是影响农业科研机构运行与评估透明度的重要因素。日本独立行政法人通则法明确规定，中期评估和期末评估都需要至少两次向社会公布评估结果。而中国则主要以建议为主，尚未建立强制公开和社会监督制度。在科研机构运营方面，更没有相关规定要求研究机构向社会公布研究计划、薪酬、财务状况等运营信息，社会也就无从监督。因此，农业科研机构还有待建立科研公开制度，保证科研机构运行与评估的公开透明，进一步规范科研机构行为，提高机构运行效率。

5.5 实施目标管理，完善考核制度

日本独立法人制度的改革，重要创新之一就在于目标管理和制度考核的结合运用。日本独立行政法人的目标管理由内务省和主管大臣等上级管理部门制定的宏观农业发展计划、中期研究目标，以及各独立行政法人机构内部制定的初级目标3部分组成。在每个目标阶段，对每个机构、主管部门都制定了相应的考核办法，通过具体的指标体系进行量化考核，确保考核的科学性和有效性。相比之下，中国目标管理体系尚未建立，科研评价过于简单和

单一，论文数量和专利产出所占的比重过大，科研成果重数量不重质量，重产出不重应用，评估结果和实际效果差距较大[16]。因此，探索和实施适用于中国科研事业的目标管理模式，完善考核制度，对提升农业科研管理水平具有重要意义。

参考文献

[1] 胡瑞法，黄季焜. 中国农业科研体系发展与改革：政策评估与建议[J]. 科学与社会，2011（3）：16，34-40.

[2] 饶毅. 谈谈中国科技体制改革[J]. 理论参考，2014（7）：36-38.

[3] 佟屏亚. 农业科研体制改革还没有真正破题[J]. 调研世界，2008（6）：11-14，42.

[4] 佟屏亚. 农业科研体制改革与发展商业化育种[J]. 农业科技管理，2012，31（5）：1-6.

[5] ROBERT E. Why do governments delegate authority to quasi-autonomous agencies? The case of independent administrative authorities in France[J]. Governance，2006，19（2）：207-227.

[6] KIYOSHI Y. Has agencification succeeded in public sector reform? Realities and rhetoric in the case of Japan[J]. Asian journal of political science，2008，16（1）：24-40.

[7] 毛桂荣. 日本独立行政法人制度述评[J]. 公共管理研究，2009（7）：195-215.

[8] 佚名. 独立行政法人評価年報（平成25年度版）[R/OL]. [2015-07-22]. http://www.soumu.go.jp/main_sosiki/hyouka/dokuritu_n/dokuhou_nenpou_25.html.

[9] 陈伟. 日本独立行政法人制度研究[D]. 湖北：西南政法大学，2013：17.

[10] 朱光明. 日本的独立行政法人化改革评析[J]. 日本学刊，2004（1）：43-56.

[11] 孙志毅，荣轶，乔传福. OECD国家日本的独立行政法人制度及其启示[J]. 亚太经济，2006（5）：76-79.

[12] 王玲. 日本独立行政法人研究机构薪酬制度探究[J]. 全球科技经济瞭望，2014（4）：27-35.

[13] 孙志毅. 日本独立行政法人制度与企业制度比较研究[J]. 亚太经济，2008（5）：114-117.

[14] 王玲. 浅析日本独立行政法人研究机构研究资金的来源和用途[J]. 世界科技研究与发展，2007（4）：101-105.

[15] 李宁卿，吴志红. 行政法人制度检视[J]. 人民论坛，2013（8）：126-128.

[16] 孙昭宁，徐竹青，方平. 关于完善我国重点实验室考核评估工作的几点思考[J]. 科技管理研究，2012（5）：26-29.

农业研发领域的公私合作伙伴关系

包月红，高 芸，赵芝俊

（中国农业科学院农业经济与发展研究所 北京 100081）

摘 要：2000年以来，世界各国农业研发投资来源与研发结构发生了明显变化。私人部门在农业研发中的角色逐渐增强，公共研究机构的角色定位和制度也相应做出了调整。在此过程中，PPP作为一种新的公私合作机制，被广泛运用到农业研发中。本文从PPP的理论出发，梳理了其形成原因、主要类型、影响因素，并结合国外的相关实践经验与中国当前的发展现状，指出PPP在中国推广运用的意义和作用。

关键词：PPP；农业研发；类型；影响因素；综述

1 引 言

农业技术研发投资是实现技术进步提高农业生产力的动力源泉[1]。由于农业技术的公共产品属性，公共部门一直在农业研发与投资中发挥主导性作用。然而，2000年以来，世界各国的农业研发结构与研发投资来源发生了明显变化。一方面，发达国家公共农业研发投资增长几乎停滞，私人部门的投资逐渐增加，研发目标的市场导向不断加强；另一方面，中国公共农业研发投资仍高速增长，私人部门研发投入尽管也在增长，但在农业研发总投入中的比重与发达国家相比，仍有较大差距[2]，而长期以来一直存在的研发成果质量不高、技术供求脱节、成果转化率低、私人参与不足等矛盾依然尖锐。因此，社会各界针对政府职能定位、科研管理体制、私人研发地位与能力提升、市场准入、制度保障等问题，呼吁政府对现有体制进行改革的呼声越来越高[3]。

项目来源：国家自然科学基金重点项目群项目"现代农业科技发展创新体系研究"（编号：71333006）；中国农业科学院科技创新工程（编号：ASTIP-IAED-2016-06）；农业部软科学"供给侧结构性改革视角下促进公私部门农业科研合作政策与模式研究"（编号：Z201606）。

通讯作者：赵芝俊，Emai: zhaozhijun@caas.cn。

进入21世纪以来，中国政府相继启动和加强了一系列市场化改革措施，希望从制度层面建立一套有效的路径与机制。PPP（Public-Private Partnerships）作为一种促进公共与私人部门合作的新机制，近年来已被世界各国广泛运用到公共服务与产品的供给上，但在中国农业研发领域的PPP探索与运用还比较少。国际上一些学者和机构已经注意到其潜在的优势和前景，并进行了一些理论和实践的探索，取得了丰硕的成果[4-7]，为中国PPP运用提供了重要理论基础和实践参考。

众多迹象表明，中国农业研发领域引入PPP模式的时机已经到来。2013年以来，中国大力推广"政府和社会资本合作模式"（即PPP），应用领域涉及市政工程、医疗、交通运输、教育、能源、科技、养老、农业等多个领域，并且范围还在进一步扩展。而科技创新领域的事业单位分类改革、产学研协同创新、企业创新主体与国家创新体系建设等一系列改革也正加速试验、示范与推广中。而当前中国对私人部门农业研发的相关管理制度与激励政策尚需完善[8]。因此，适时在农业科技体制机制改革中引入PPP，有利于丰富改革的理论与经验，扩展改革路径，提升改革的成功率。本文将基于PPP的相关理论与实践，梳理当前国内外PPP研究的相关进展，为中国农业科研领域的PPP发展提供建议与对策。

2 农业研发PPP理论解释

农业研发PPP是指公共部门与私人部门为了实现共同目标，在农业研发领域进行的协同合作（Collaborative Effort），这些合作包括计划、投资、分享风险和收益等一系列有利于目标实现的活动[9]。其中公共部门主要以公共研究机构和大学为代表，私人部门则主要包括农业企业、农业协会以及其他的一些农民组织。

从20世纪90年代开始，受财政收支规模约束，世界各国公共农业研发投入增长几乎停滞，公共部门农业研发面临着资金不足的压力。而同时，以大型跨国企业为代表的私人部门研发投入却快速增长，逐渐成为农业研发投入的重要补充。但私人研发投入更倾向于满足发达国家具有更强支付能力的农民的技术需求，不利于解决粮食安全与贫困问题[10]。因此，对政府和公共研究机构而言，迫切需要研发资金的补充和亲贫（Pro-poor）技术的供给。在此背景下，通过PPP寻求私人部门的资金与研发能力支持成为其最优选择。综合分析农业研发PPP的产生主要源自以下几方面需要。

2.1 解决粮食安全的需要

农业研发 PPP 的目的在于"充分利用公共和私人部门的比较优势和有限的农业研究资源,用最有效率的方式解决发展中国家面临的粮食安全问题"[6]。20 世纪以来,由于私人农业研发动力和能力的提升,尤其在生物技术、农业机械与植保农药等领域的研发投入,有效促进了全球农业技术的进步与粮食安全问题的解决,由此引发的公私部门在研发和技术转移方面的合作也越来越多[1]。

2.2 公私部门之间的优势互补的需要

一直以来,公共部门由于其公益性研究定位,更偏向于基础研究,成果难以直接商业化运用,造成大量成果只停留在论文和专利阶段;相反,私人部门的技术转化动力更强,但由于创新能力不足,缺乏技术来源。因此,通过 PPP 合作,构建有效的优势互补机制,可以实现技术从公共部门到私人部门、从技术研发到产品运用、从生产到市场需求、从经济效益到社会效益的有效转移,实现经济与社会发展的最终目标[7]。目前,以跨国企业为代表的私人部门在生物技术、信息技术和国际合作等方面体现出的技术和资源优势已经证明了私人在部分研究领域中比较优势的存在[11]。为此,各国已经重新定位公共和私人部门在农业研发中的目标和责任,积极寻求能够提升本国研发能力的合作模式[10]。

2.3 多学科交叉研究的需要

多学科交叉研究需要是 PPP 出现的重要原因之一。由于现代研究问题的复杂性,亟须打破传统的学科界限,建立由不同专业背景的专家构成的研发团队与合作联盟。美国"小麦与大麦赤霉病研究(USWBSI)"就是一个跨学科研究的典型,其主题包含了生物技术、化学与生物控制、流行病学与疾病管理、食品安全与毒理学、种质资源引进与强化、品种培育等多个领域,而参与研究者包含了来自大学、企业和政府研究机构不同专业领域的多名科学家[12]。

2.4 科技创新实现过程的需要

农业科技创新是从基础研究向应用开发转移与循环的过程,是从知识到产品的实现过程,也是公共产品向私人产品转化的过程。在没有合作关系前提下,研究机构和企业间存在复杂的交易过程和高昂的交易成本,并且技术需求和供给间由于信息不对称，还会出现供求错位，造成市场失灵。PPP作为研究机构和企业之间的联络机制，可以减少交易环节，提高风险承受能力，消除信息不对称，提高资源利用率和技术研发、转化效率。

3 农业研发PPP类型

PPP的应用领域很多，国际上比较普遍的有发展中国家的医疗服务[13]、公共设施建设[14]、农产品生产与贸易[15]、农业研发[5,9,15-16]。运用范围几乎包含了从基础研究到商业化运用的全过程。基于对农业研发PPP多年的研究经验，Fuglie等[1]总结了当前主要模式（图1）。

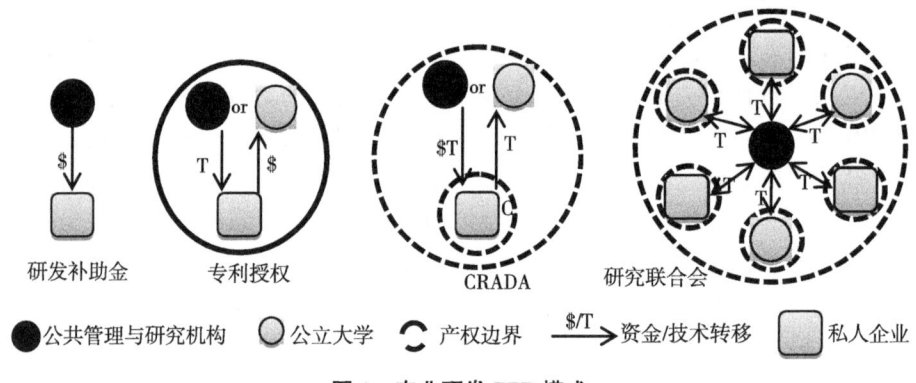

图1 农业研发PPP模式

3.1 研发补助金

这是合作模式中最简单的一种，由政府部门向私人研究者提供研发补助资金。这种合作模式中的私人和公共部门并没有技术上的合作，并且政府也不会向私人索取或者分享所资助项目产生的任何成果和收益。但在选择资助项目时，会优先选择那些符合政府目标的项目，例如2000年，美国政府资助了"生物能源技术开发与运用"的相关项目。本质上，这些项目具有潜在的有利于未来经济和社会发展的公益属性。

3.2 专利授权

该模式主要指公共研究机构将获得的专利或者技术有偿转让给非公研究机构或者私人企业使用。该模式中，公共研究机构获得了专利或技术的转让费，同时消除了自己转化运用技术的风险和成本，理论上有利于技术的转化运用。而非公部门则获得了独占技术，可以通过进一步的开发运用，利用技术与产品优势占领市场，获取商业利润，同时也避免了前端技术研发的高投入与风险。专利授权的收费方式通常包括买断或者利益分成实现。

3.3 合作研发与合资

该模式是指公共研究机构和私人企业达成研究协议，共同研究、开发并商业化某一技术。在该模式中，公共研究机构主要通过提供人员、设备和实验室使用权等方式提供技术方面支持。私人企业则提供必要的研究经费、实验材料和一些自有技术。对合作产生的专利通常是共有，合作的企业拥有优先使用权。

3.4 研究联合会

研究联合会模式是合作研发与合资的复杂化，在原有一对一的合作基础上，加入更多参与者，形成合作网络。由于参与者的增加，合作研发资源和能力得到更好的利用，参与的私人主体可以结合自身需求进行深度开发，获得经济收益。合作者之间通过合作保密协议，实现技术专利的独占使用。

3.5 国际研发联盟

除了以上 4 种模式之外，国际研发联盟作为 PPP 国际合作运用的代表，证明了其广泛的适用性。国际研究联盟成立于 2000 年，总部位于南非，主要由美国巴特尔研究所（Battelle）、印度科学与工业研究理事会（CSIR）、澳大利亚联邦科工组织（CSIRO）、丹麦科技研究院（DTI）、德国弗劳恩霍夫实验室（Fraunhofer）、马来西亚标准暨工业研究院（SIRIM Berhad）、荷兰应用科学研究所（TNO）、芬兰国家技术研究中心（VTT）8 个来自不同国家的研究机构联合组建而成，拥有 6 万名研究人员，致力于解决发展中国家面临的宏观发展问题。国际研发联盟有利于发展中国家和发达国家之间的跨国合作与技术转移。

4 影响因素

PPP 给公共和私人部门带来的潜在收益是双方参与合作的主要驱动力。私人部门的首要目的在于实现利润最大化，公共部门的目的在于通过提供公共产品与服务，消除市场失灵，实现社会效益的最大化。通过农业研发 PPP，私人参与者可以获得更好的学习与培训机会，争取更多的公共财政资金支持，并且获得公共研究机构的知识和技术，从而开发新的产品、降低生产成本、提高产量并增加销量和利润[7,17]。公共部门则一方面可以获得私人部门的资金支持，提高公共研发效率；另一方面可以提升农产品产量与质量、增加就业机会、提高农民收入、提升贸易机会等。此外，公共研究机构本身可以获得私人知识和技术、提高学习与研发能力、增加学习机会、完善研究设施建设[7]。

在合理的目标与利益驱动下，PPP 的建立还需要突破来自机制构建本身和制度约束两方面的障碍。

4.1 机制构建的障碍

Hartwich 等[7,17]认为影响 PPP 的因素包含了共同利益、成本收益、协同效率、矛盾冲突、利益分成等，在合作过程中，合作机会的识别、共同利益的形成、承诺和协议的达成等都是 PPP 机制构建成功的必要条件。此外，不同因素的重要程度并不相同。Spielman 等[5]基于 CGIAR 的 PPP 合作项目，对 42 名来自不同机构的参与者的研究表明，参与者的合作预期与合作风险对 PPP 的影响更大，而成本收益和共同利益的影响相对较小，这一结果与 Hartwich 对拉美的研究结果一致。后者的研究表明，尽管合作中主张以成本收益作为合作的决策原则，但实际合作前与合作过程中，鲜有公共研究机构对合作研究项目进行成本收益评估[7]。造成成本收益评估不足的原因一方面来自公共部门委托代理机制失效导致的责任缺失，另一方面则由于项目评估难度大、评估成本高、结果准确性差等原因。

PPP 的协同效率是参与者合作决策的重要依据之一。Hartwich 等（2005；2007）构建了相应的效率评价标准：$E(CI_{pr})+IA_{pr} \leq E(B_{pr})$ 且 $E(CI_{pu})+IA_{pu} \leq E(B_{pu})$。其中，$E(\cdot)$ 代表期望，CI 表示参与者的交易成本，IA 表示合作投入，B 表示合作收益，pr 和 pu 分别代表私人和公共研发参与主体。当期望合作收益大于预期交易成本和投入成本之和时，参与者才会选择合作。

PPP 的协同效率需要参与者对合作项目进行有效管理。Rowe 等[2]梳理了 11 项国际 PPP 管理机构的共同原则，这些原则包括利用合作伙伴的能力、合作者的互补性、责任与透明、项目选择的公正和利益公开、诚信沟通、目标一致且清楚、成果的公益性、信任与合作、广泛合作、对伙伴关系的战略规划与长期资助、识别和管理潜在的法律与道德问题。这些原则反映了 PPP 合作中潜在影响因素和存在问题。

管理原则有利于管理的规范化和科学化，但无法忽视的是管理者本身偏好可能对 PPP 产生显著影响。Hartwich 等[17]认为，公共部门的决策大部分由管理者做出，决策结果更可能反映管理者的个人偏好而不是公众的需求，导致公共研究主体目标的偏离。Spielman 等[5]研究表明，决策者或管理者的行为直接影响私人预期，那些给私人留下行动迟缓、效率低下和因循守旧等负面印象的公共机构通常会给私人带来消极的预期，从而导致合作失败。因此，在 PPP 中保持公共与私人部门管理者之间的高度协同是成功合作的关键点之一。PPP 的资助者同样对公共研究机构的合作参与有决定性作用[17]。由于农业研发 PPP 的经费很多来自政府部门的竞争性项目经费，因此，经费管理人员在制定经费使用标准和条件时，已经间接决定了哪些机构可以参与 PPP，从而可能造成不同机构参与机会的不平等，不利于效率优势的发挥。

公共研究机构或者私人机构本身的变化也是影响 PPP 的重要因素。例如更加注重知识运用的创业型大学的出现[18]，科研机构重视知识应用与转化，都会使这些机构有更大的动力与其他机构进行合作创新。私人企业的规模扩张和成长过程中，研发能力、风险承担能力以及规模效应的变化也会影响其与其他机构的合作[19]。

4.2 破除 PPP 的制度约束

构建明确规范的 PPP 管理与支持政策对其有效运用非常重要。制度建设包括宏观层面的法律与政策，同时也包括微观的激励与管理措施。以美国为例，从 20 世纪 80 年代开始，陆续建立了一系列有助于私人参与和合作的法律法规与政策，并进行动态调整与修订，为私人 R&D 投资、参与扫清了障碍（表 1）[20]。而目前发展中国家在实施 PPP 时，通常不具备健全的监管体系[21]。一方面是由于发展中国家总体制度建设的滞后，另一方面存在政府力量推动，出于效率和政绩需要，往往希望在较短的时间内实现某一合作目标，忽略了制度建设的重要性。

表 1 美国促进研发 PPP 与技术转移的主要法律

时间	法案	措施
1980	史蒂文森—威德勒技术创新法案	鼓励联邦实验室与私人合作，并按规定设置岗位和经费促进技术由公共部门向私人部门转移
1980	拜杜法案（又称专利和商标法修正案）	允许政府对所持专利授予排他性授权，并允许大学获得通过公共财政支持的研发而获得的专利的权利
1981	经济复兴税法	免除用于大学基础研究的研发经费的税收
1982	小企业创新发展项目法案	设立小企业创新发展项目，要求联邦政府在原有研发预算外设置不低于某一比例的小企业研发专用资金

(续表)

时间	法案	措施
1984	国家合作研究法案	鼓励企业开展合作研究，以合作研发为目的联盟不受反托拉斯法的约束
1986	联邦技术转移法案	允许政府实验室与私人企业达成合作研发协议（CRADA，Cooperative Research and Development Agreements）
1988	综合贸易及竞争法案	建立制造业技术推广合作伙伴机制（MEP）来帮助小企业获得由公共实验室研发的技术与知识；创建先进技术项目（ATP），提供启动资金，邀请私人部门、企业或者大学的财团、行业和政府实验室来配套投入，来加速具有广泛运用前景的技术的推广
1989	国家竞争技术转移法案	修改史蒂文森—威德勒技术创新法案，允许外包出去的政府研究机构参与CRADAS
1993	国家合作生产修正案	除合作研究之外，联合生产同样不受反托拉斯法约束
2000	技术转移与商业化法案	修正史蒂文森—威德勒技术创新法案和拜杜法案以提高政府机构的对所拥有专利的监管能力

资料来源：Science and Engineering Indicators 2004, National Science Foundation, Schacht（2010）。

微观层面，目前发展中国家普遍采用了一些鼓励私人部门参与农业研发的具体措施，包括积极的推动措施与保障性的吸引措施（表2）[22]。宏观政策的制定与实施并不一定会达到预期的目标，还需要结合现实的条件，具体分析可能的政策效果。一些政策如果实施不当不仅不能推动私人参与，甚至还会产生相反的效果。

表2　刺激私人投资的推拉机制

机制	类型	举例	对私人研究的潜在影响
公共研究	推动	支持基础研究	+/-：互补关系作用为+，替代关系作用为-
财政政策	推动	税收减免；免税期	+：存在滞后的积极作用，随着时间的推移激励增强
管理提升	推动	测试与认证	+/-：高效和透明时作用为+，过于严格并且运行成本高昂时作用为-
科技园	推动	提供土地和基础设施	+：帮助私人消除进入障碍
中介机构	推动	非营利组织介入	+/-：降低技术转移中的风险和成本时作用为+，增加交易成本时作用为-
PPPs	推动	种子研发与推广	+/-：政策成功取决于利益冲突、交易成本与机会成本、风险和消极预期的有效管理
IPR	拉动	专利授权	+/-：决定于知识产权政策的保护力度
贸易自由	拉动	消除贸易禁令	+/-：企业面临外部市场竞争，可能获得新的市场份额（+），也可能被淘汰（-）

(续表)

机制	类型	举例	对私人研究的潜在影响
政府采购	拉动	预购	+/-：决定于政策的执行程度、私人未来成本和收益
奖励激励	拉动	科技奖励	+/-：取决于知识的盈利能力与公共产品属性，奖励占研发投入成本比重

资料来源：Naseem，Spielman and Omamo（2010）。

5 国内 PPP 应用探索

2000 年以来，中国大幅度增加了公共农业研发的投入。2000—2008 年，中国公共农业研发投入从 19 亿美元增长至 40 亿美元，其投入总量占全球公共农业研发投入总量的 13%（美国约为 15%），期间的增长量则占全球增长总量的 38%[23]。公共部门的强力投入有利于技术研发活动的展开，但过分依赖公共研发投入潜在的问题是如何保持投入增长的可持续性、公共研究的效率性与技术研发的市场导向性。

5.1 国内 PPP 实践探索

从广义的 PPP 概念来看，当前中国已有较长时间的 PPP 探索。在公共科研体制改革早期，产学研就被提出来，并广泛采用，该模式即使在今天仍是合作创新的主要形式。关于产学研的相关研究和理论衍生已经很多，如官产学关系三重螺旋模型、产学研合作的动力机制、产学研合作的运行机制、产学研合作的治理机制、校企协同创新等[24]。企业科技创新路径通常有自主创新、合作创新、委托研发等，其中除了自主创新外几乎均可归纳为 PPP 模式。根据胡瑞法等[2]对农业企业的研究，私人部门用于委托研发的支出比重快速增加。企业研发投资中，委托研发占总投资的比例则从 2000 年的 3.9% 上升至 2006 年的 8.1%，年均增长率高达 44.4%，接近公司内部研发投资增长速度的两倍。目前，涉农企业的科技创新基础条件逐渐改善，创新投入总额和创新产出规模略有增长，但增长幅度较小，协同创新成为企业的主导模式[25]。

国内当前直接以 PPP 模式开展农业研究的相关研究资料很少。结合实际调研发现，大部分农业研发中的合作不是严格意义上的 PPP，只是一种交易或者短期合约，缺乏完善的机制构建和长期的深度合作，部分合作甚至只是一些公共与私人机构的合谋，以获取政府部门的资金补助。合作过程中，普遍缺乏共同利益与目标的识别与确定、公平协商与谈判、完善的合同或协议、明确的风险分担和利益分享机制。在制度的建设方面，不同于西方国家广泛采用的立法，中国更多采用"管理办法""指导意见"等非法律形式来管理和推进 PPP 的发展与运用。从长期来看，在推进依法治国的背景下，形成相对权威的法律制度应该是一种必然，显然中国还处于制度建设的探索阶段。

在其他一些领域，为了控制地方政府的债务风险，减轻融资负担，2013年以来政府大力推广"政府与社会资本合作（PPP）"模式。作为政府融资的替代方案，PPP 被用来填补政府融资平台被堵之后的空白。然而 PPP 作为一种合作机制，其运行方式和传统的 BOT/BOO/ABS 等融资模式的差异并未被太多注意，并且在给出的相关 PPP 概念之间缺乏联系（表3）。因此，中国的 PPP 发展的根本动力来源、理论基础和发展模式与发达国家有明显区别。Mu 等[14]研究中国交通管理领域的公私合作发现，政府在合作中扮演了推动者和规则破坏者的双重角色，真正的私人企业由于各种不利因素，逐渐被国有企业代替。进而认为中国的 PPP 发展并不是国际上学者声称的"经济最优化"过程，而是一种"路径依赖"，而根植于中国社会的政治、文化和制度背景是造成 PPP 困境的根本原因。

5.2 PPP 实现潜在障碍

5.2.1 公共部门主导

尽管名义上 PPP 是一种合作关系，实际上仍然以政府或所属公共部门主导，私人部门在计划、实施、风险分担和利益分配等方面的影响甚小。Hartwich 等[7]认为，发展中国家的农业研发 PPP 的重点是要保护公共研究机构的自主权，提高工作效率，使研究内容与用户需求结合得更紧密。此外，PPP 的建立通常是一个长期的、循序渐进的过程[2]。从中国的管理模式来看，作为主导者之一的政府很难有耐心花费漫长的时间去协商和磨合，领导的轮替和政绩捆绑将是真正 PPP 关系建立的巨大障碍。

表3 中国政府与社会资本合作（PPP）的定义与内涵

时间 (年.月.日)	来源	PPP 内涵与定义
2014.9.23	财政部关于推广运用政府和社会资本合作模式有关问题的通知	政府和社会资本合作模式是在基础设施及公共服务领域建立的一种长期合作关系。通常模式是由社会资本承担设计、建设、运营、维护基础设施的大部分工作，并通过"使用者付费"及必要的"政府付费"获得合理投资回报；政府部门负责基础设施及公共服务价格和质量监管，以保证公共利益最大化
2014.12.2	国家发展改革委关于开展政府和社会资本合作的指导意见	政府和社会资本合作（PPP）模式是指政府为增强公共产品和服务供给能力、提高供给效率，通过特许经营、购买服务、股权合作等方式，与社会资本建立的利益共享、风险分担及长期合作关系

(续表)

时间 (年.月.日)	来源	PPP 内涵与定义
2015.5.19	国务院办公厅转发财政部发展改革委人民银行关于在公共服务领域推广政府和社会资本合作模式指导意见的通知	政府采取竞争性方式择优选择具有投资、运营管理能力的社会资本，双方按照平等协商原则订立合同，明确责权利关系，由社会资本提供公共服务，政府依据公共服务绩效评价结果向社会资本支付相应对价，保证社会资本获得合理收益

资料来源：作者整理。

5.2.2 理论研究不足

虽然国际上对 PPP 的出现和运用已经有了较深入的研究和理论探索，但国内对 PPP 的认识缺乏深入的理论引导，甚至从不同政府部门给出的官方解释都并不一致（表3）。在成熟的社会科学研究中，通常是理论先行，有关实证工作主要用来检验理论的。因此，理论不足极大限制了 PPP 功能的发挥，也增加了 PPP 推广运用的不确定性[26]。James 早在 1997 年就提出，目前发展中国家农业 PPP 面临的一个挑战是如何将发达国家成功实现的一些 PPP 经验与模式成功移植到发展中国家去。

5.2.3 制度缺失

制定监管政策的关键要注意既要建立一套有效的、权责分明的监管体系，又要控制监管力度，以便避免因过度监管扼杀创新，同时，既要保护全体参与者的合法利益，又要淘汰那些缺乏竞争力的参与者。如果政府监管的权利范围不够明确，操作不够透明，管理手段粗放，私人部门就不会选择与公共部门合作。以往的研究中，不乏合作失败的案例，其原因包括私人部门的机会主义、公共部门的命令式管理与不作为、官员与私人之间的利益勾结等[14,27]。研究表明，对于社会主义国家而言，中央决策机制是影响校企合作关系的重要因素[18]。

5.2.4 准 PPP 与私人挤出

目前，国内的各种 PPP 中，"社会资本（Private）"的内涵十分模糊。一方面，经济学中的社会资本并非指私人资本。另一方面，从已有的研究看，学者们对于国有企业的角色定位存在很大争议，一些研究直接将国有企业划归私人部门[2,11]。作为"私人参与主体"存在的国有企业，在属性上很难和私人等同。从当前的实际发展现状来看，PPP 参与者仍然是国有资本为主，一直以来国有企业存在的诸多问题将是 PPP 运行的隐患。因此，当前的中国的 PPP 只能说是一种准 PPP，而其模糊的内涵和运行规则可能造成对潜在的真正的私人投资的挤出。

6　讨论与展望

20世纪90年代以来，发达国家和发展中国家都通过PPP模式，探索公共部门与私人部门的研发合作。对发达国家而言，其合作动力不仅来自公共部门的资金短缺，更多源自市场导向机制的推动。强大的私人部门不仅可以为公共部门提供研发资金，其本身的研发能力已经成为产业技术研发的重要补充，而合作可以形成更高的研发和成果转化效率[1]。在发展中国家，尤其拉丁美洲，在国际机构的支持下，探索一种由政府和第三方国际机构共同推动的PPP模式，旨在解决农业技术研发能力不足与产业发展的技术需求问题[17]。这些探索和实践不仅发展了PPP理论，同时也为其他发展中国家农业研发体制机制改革提供了更多的机制与模式参考。

对中国而言，近年来大幅增加了公共农业研发投入，其投入水平已仅次于美国，但随着投入总量的增长，其边际收益将会递减。大量的公共农业研发投入也会提高政府财政支出比重，不利于国家与区域经济增长[28]。相比之下，打破当前存在的体制与机制束缚，则是一种更高效的办法，从制度和机制改革方面着手，或许才是实现帕累托最优的最佳路径。因此，PPP的意义在于为当前农业科研体制机制改革提供一种系统有效的改革办法。

如果要在中国农业研发体系中成功引入PPP合作机制，还需要更多理论与实践探索。从前文总结的问题看，政府需要进一步提高公共研究机构和高校管理与运营的自主权，改革人事与财务制度，为PPP创造相对灵活、自由的合作空间；保证私人部门与公共部门的平等对话权，协商和讨论制定合理的合作原则、风险分担与利益分享机制；建立科学的制度管理体系，保障不同参与者的合法权益；做好项目评估和管理，选择合适的领域进行合作；明确政府在基础研究、应用研究和试验发展中的支持目标与方案，避免对私人投资的挤出。

参考文献

[1] FUGLIE K O, TOOLE A A. The evolving institutional structure of public and private agricultural research [J]. American Journal of Agricultural Economics, 2014, 96 (3): 862-883.

[2] 胡瑞法, 梁勤, 黄季焜. 中国私部门农业研发投资的现状和变化趋势 [J]. 中国软科学, 2009 (7): 28-34.

[3] 张世煌. 借鉴国际经验, 探寻促进我国种业健康发展的新思路——评《中国种业市场、政策与国际比较研究》[J]. 农业技术经济, 2015 (8): 127-128.

[4] KING J L, TOOLE A A, FUGLIE K O. The complementary roles of the public and private sectors in US [R]. Agricultural Research and Development, Economic Brief-Economic Research Service, United States Department of Agriculture, 2012.

[5] SPIELMAN D J, von GREBMER K. Public-private partnerships in international agricultural research: an analysis of constraints [J]. The Journal of Technology Transfer, 2006, 31 (2): 291-300.

[6] JAMES C. Progressing public-private sector partnerships in international agricultural research and development [R]. ISAAA Briefs, 1997.

[7] HARTWICH F, TOLA J, ENGLER A, et al. Building public-private partnerships for agricultural innovation [R]. Washington, DC: International Food Policy Research Institute, 2007.

[8] 刘云芬, 陈砺. 多元化、政府支持与公司绩效——基于中国农业上市公司的实证研究 [J]. 农业技术经济, 2015 (2): 118-128.

[9] SPIELMAN D J, von GREBMER K. Public-private partnerships in agricultural research: an analysis of challenges facing industry and the consultative group on international agricultural research [R]. International Food Policy Research Institute, 2004: 113.

[10] SPIELMAN D, HARTWICH F, von GREBMER K. Sharing science, building bridges, and enhancing impact [R]. Washington, DC: Public-Private Partnerships in the CGIAR. International Food Policy Research Institute, 2007.

[11] PRAY C E, FUGLIE K O, JOHNSON D K N. Private agricultural research [M]. New York: Elsevier, 2007.

[12] ROWE S, ALEXANDER N, KRETSER A, et al. Principles for building public-private partnerships to benefit food safety, nutrition, and health research [J]. Nutrition Reviews, 2013, 71 (10): 682-691.

[13] WIDDUS R. Public-private partnerships: an overview [J]. Transactions of the Royal Society of Tropical Medicine and Hygiene, 2005, 99 (Supplement 1): S1-S8.

[14] MU R, De JONG M, KOPPENJAN J. The rise and fall of public-private partnerships in china: a path-dependent approach [J]. Journal of Transport Geography, 2011, 19 (4): 794-806.

[15] POULTON C, MACARTNEY J. Can public-private partnerships leverage private investment in agricultural value chains in Africa? A preliminary review [J]. World Development, 2012, 40 (1): 96-109.

[16] ROY S, CHRISTY R. Agricultural biotechnology risks and economic development: a call for a public-private partnerships to stimulate investments into african biotechnology industries [R]. Cornell University, Department of Applied Economics and Management, 2005.

[17] HARTWICH F, GANZÁLEZ C, VIEIRA L F. Public-private partnerships for innova-

tion-led growth in agrichains: a useful tool for development in Latin America [R]. Washington, DC: International Food Policy Research Institute, 2005.

[18] TELLER R, VALIDOVA A F. Innovation management in the light of university-industry collaboration in post-socialist countries [J]. Procedia Economics and Finance, 2015, 24: 691-700.

[19] 元桥一之,姜波. 日本企业的R&D合作及其对国家创新系统改革的政策启示 [J]. 科学学研究, 2006 (4): 481-487.

[20] SCHACHT W H. Industrial competitiveness and technological advancement: debate over government policy [M]. Diane Publishing, 2010.

[21] PONGSIRI, NUTAVOOT. Regulation and public-private partnerships [J]. International Journal of Public Sector Management, 2002, 15 (6): 487-495.

[22] NASEEM A, SPIELMAN D J, OMAMO S W. Private sector investment in r&d: a review of policy options to promote its growth in developing country agriculture [J]. Agribusiness, 2010, 26 (1): 143-173.

[23] BEINTEMA N, STADS G J, FUGLIE K O, et al. ASTI global assessment of agricultural R&D spending: developing countries accelerate investment [R]. Washington, DC: International Food Policy Research Institute, 2012.

[24] 牛盼强,谢富纪,董意凤. 基于知识双螺旋模型的我国产学研合作技术转移机制研究 [J]. 科学学与科学技术管理, 2010 (5): 43-46, 52.

[25] 谢玲红,毛世平. 中国涉农企业科技创新现状、影响因素与对策 [J]. 农业经济问题, 2016 (5): 87-96.

[26] 贾康,林竹,孙洁. PPP模式在中国的探索效应与实践 [J]. 经济导刊, 2015 (1): 34-39.

[27] LINDER S H. Coming to terms with the public-private partnership: a grammar of multiple meanings [J]. American Behavioral Scientist, 1999, 43 (1): 35-51.

[28] 王振华,李旭. 技术进步、产业结构升级与县域经济增长——以辽宁省为例 [J]. 农业技术经济, 2015 (2): 68-75.

略论农业科研投资的合理界定问题

赵芝俊,张社梅

(中国农业科学院农业经济与发展研究所　北京　100081)

摘　要: 本研究提出了新形势下农业科研投资边界确定的原则与理论边界,并在此基础上计算分析了1995—2002年我国农业科研投资的总量、结构及其变化趋势。

关键词: 农业;科研投资;边界

1　研究与规范农业科研投资边界的必要性及意义

1.1　合理确定农业科研投资边界是进行农业科研投资效益测算的基础

我国作为一个农业大国,改革开放后20多年的发展实践表明,农业科研对农业经济增长的促进作用十分明显。然而,由于目前国内农业科研投资来源渠道多样,且又缺乏一个权威的统计口径和统计数据,致使各研究所得出的结果也存在差异,甚至相去甚远。因此,对农业科研投资边界进行科学界定和规范就十分必要。

1.2　合理确定农业科研投资边界可以为丰富和发展农业科研投资理论做出有益的探索

近年来,随着我国农业科研体制改革、民营农业科技事业发展、农业产业化经营以及各种惠农政策的出台等都对我国农业科研产生了很大的影响。较为明显的表现是私人部门投资农业科研的意识越来越强,农业社会科学研

基金项目: 世界银行贷款项目"国家农业政策分析平台与决策支持系统——农业科研与技术进步子子系统研究"(WBIAE200310)。
作者简介: 赵芝俊,男,1964年生,山西省侯马市人,现为中国农业科学院农业经济与发展研究所研究员,研究方向:农业技术经济、农业科研投资等。

究投入增长迅速，以市场为导向的应用性研究不断增加，生物育种技术以及牧渔产品生产质量安全研究增多等。可以预见，新形势下农业科研投资将是一个很重要的话题，与之相应的农业科研投资理论也应随之不断地丰富和完善，以便为农业科研投资贡献的准确测算提供基础，也为丰富和发展农业科研投资理论做出有益探索。

1.3 探寻多渠道农业科研投入增长机制

众所周知，农业科研因为周期长、成本高、风险大，且农业科技产品大多数具有公共产品的性质，使得农业科研投入的主要来源是政府的财政资金。但实践经验充分表明：农业科研的发展仅靠政府的投入是远远不够的。和其他国家相比较，我国农业科研投入十分有限。加上我国农业科研机构和管理部门层次多，使本来就十分有限的科研投资又因分散管理和中间环节流失而大大削弱其应有的效用。尽快调整农业科研投入结构，形成一种由多个主体参与的多元化投入机制便成为当务之急。对农业科研投资边界进行研究，有利于我们搞清农业科研投入的基本构成，探寻农业科研投资的多元化机制，为有的放矢地制定农业科研投入激励政策提供参考。

2 农业科研投资边界研究回顾与分析

为给出农业科研投资一个明确界定，我们有必要对已有的研究作一简要回顾与分析，并以此为基础试算并分析当前我国农业科研投资的基本状况。

2.1 农业科研投资结构划分

黄季焜、胡瑞法等按照生产部门将其分为种植业、园艺、畜牧业、渔业、农机、林业和其他7个方面[1]。李锐在其《农业科研投资的比重和结构的研究》一文中则把农业科研投资分为种植业、畜牧业、林业、水产业、农垦、农机、水利、气象8个方面[2]。

2.2 农业科研投资经费来源划分

黄季焜、胡瑞法等认为，农业科研投资主要来自4个方面，即政府财政拨款、科研单位的开发创收，另外还有贷款收入和其他途径，李锐对此也有同样看法。而钱克明对我国江苏地区农业研究系统资助机制研究中指出，农业研究经费的来源分为政府投入和开发性收入；政府投入又分为国家、省政府、市政府三级。他的研究还认为，开发性收入占总经费收入的比例逐年升高;已经成为农业研究的第二大经费来源[3]。

刘燕、刘艺、张雯等在其研究中还详细列出了我国农业科研单位的经费供给来源,其中,国家级的有农业部、科技部、国家发展计划委员会、水利部、国家林业总局、国家机械工业局、教育部等单位。农业部主要为国家农业科研机构提供事业费、基建费、设备以及研究项目的部分经费[4]。

另外,黄季焜、胡瑞法等认为政府在承担农业科研投资主要任务、逐渐增加对农业科研投资的同时,还应该考虑挖掘诸如被商业化的公共研究机构、公共研究机构内部的开发创收部门、国内外私人企业、国际研究组织和金融机构等方面的投入潜力。在这方面,张德远和吴方卫的研究认为,在一些发达国家越来越多的私人部门参与到农业科研投资之中。尤其是从1970年代后期开始,私人农业科研投资增长速度明显加快,到1994年,私人农业科研投资达到近40亿美元,超过公共农业科研投资约15亿美元,占到农业科研投资总量的60%以上[5]。

2.3 农业科研投资的用途

李锐把它分为三部分,即:①用来支付农业科研单位人员的工资、日常行政开支和福利劳保等事业性费用(简称事业费);②用于课题研究、新产品试制和中间试验的一切费用(简称课题经费);③用于兴建新的科研基地、改造扩建原有的科研单位(单元)、解决这些单位(单元)的生活福利设施及设备以及相关生产经营土建与设备等建设性费用(简称基建费)。黄季焜、胡瑞法等认为除了上述3项外,还有其他一些例外用途。

2.4 农业科研投资数据的使用

由于缺乏基建数据,李锐在计算农业科研投入时只涉及政府农业科研投资这一块。实际上许多学者在计算农业科研投资收益时都只是把政府的财政科研投入作为农业科研投入的数据。

3 我国农业科研投资边界的规范与确定

3.1 规范与确定农业科研投资边界的背景

农业科研领域的新形势要求我们在界定农业科研投资范畴时必须考虑其内涵的新变化,这些新变化包括:第一,从投入的来源来看,私人部门和个人对农业科研的投入增加已经成为一种趋势。农业生物技术的发展培育了一个大有前景的研究领域和投资领域，引起了私人研究部门和个人极大的投资兴趣。另外，近年来政府出台了一系列鼓励民营企业和个人投资农业科研领域，尤其是农业高新技术领域研究的相关政策，如对农业技术研究私人物品的认定、农业高新技术企业开办及税收方面的各项优惠政策、农业技术专利与许可制度、对农业知识产权的保护、民间投资市场准入范围的放宽等等，这在很大程度上将激励私人部门和个人对农业科研投资的热情，使得农业科研投资的来源和规模从总体上发生较大变化。最显著的变化就是民间农业研究机构数量和投入的增多、农业产业化经营中龙头企业及各个主体对研发的直接（自主研发）和间接投入（委托科研单位研究或者购买新产品、新技术）的增加等。

第二，从投入的行业结构来看，畜牧水产和农业服务业研究发展迅速。随着人们生活水平的提高和农业产业结构的调整，人们的消费结构发生了很大的变化，植物性食物的消费量减少，动物性食物的消费量增加，而且营养、卫生、绿色已成为人们选择和购买食品的基本要求，这必将引起畜牧水产以及初级农产品生产质量安全的研究投入大幅度增加。另外，为农林牧渔服务的行业，包括农产品初加工服务、灌溉服务、林业病虫害防治服务、兽医服务、水产良种场和水产增值场服务等各项支持性服务活动顺应了发展的需要，这些领域新技术、新产品的出现极大地降低了科研成本、提高了科研效率，促进了科研活动的开展，预计对这些领域的科研投入今后还将大幅度地增加。

第三，农业科研体制改革对政府投入科研单位资金结构的影响。我国于20世纪末到21世纪初进行了农业科研机构的分类改革，改革的核心就是要减员增效，改变原来低效率、资源配置不合理、人员臃肿的状况，消除相似或者重复研究，以保证科研机构新体系高效运作。科研单位的分类改革推进了科研机构企业化进程，一部分以市场导向性产品为研究对象的科研单位逐步走向市场，政府对它们的行政事业费将逐年减少，直到这些机构完全依靠外部销售收入，对一些还不能完全商业化的研究机构只提供部分资金支持。企业化改制后的这些机构必须面对市场，形成与一般企业进行竞争的格局，它们不再独占政府资金支持的优势。因此，随着农业科研体制改革的深入，国家逐渐减少其在农业科研投资总额中的相对比重，单位自我创收的比重逐步增加。

第四，农业社会科学领域的研究得到了重视。因为人们越来越意识到，除了硬技术以外，像管理水平、决策水平等软技术在农业生产中同样发挥着重要的作用，包括经济体制改革、组织管理和决策方法的改进、资源的合理配置等。人们对农业软技术研究的普遍重视，使得农业社会科学研究投入增长速度加快。

3.2 规范和界定农业科研投资边界的原则

农业科研投资,顾名思义就是为促进农业发展进行的各种研究活动所投入的直接和间接费用之和。农业科研投资边界确定应该遵循如下原则:①完整性原则。农业科研投资应包括发生在农业科学研究和试验发展过程中的所有费用及其资金占用。即农业科研投资费用的计算不仅应该包括农业科研过程中支出的各种费用,也应该包括在农业科研过程中占用的资金,如各种周转金等。②一致性原则。即农业科研投资的统计应该与农业总产值的统计口径相一致。因为农业科研投资与农业总产值存在因果关系,而且这样处理,客观上便于准确分析农业科研投资大小及变化对农业经济发展的影响。③与时俱进原则。即农业科研投资边界的确定不仅要考虑农业科研投资统计的原有做法和基础,还要根据形势的发展把已经出现并成为趋势性的事项纳入其中。

3.3 新的农业科研投资边界

(1) 按行业划分的农业科研投资边界。根据上述原则,我们可以在大农业框架下把农业科研投资按照行业结构划分为种植业、林业、畜牧业、渔业和农林牧渔服务业。这里需要解释和说明的有四点:一是针对一些研究将水利、气象等行业的研究投入也归入农业科研投资统计范围之内的情况,本研究经过考察分析后认为,根据目前的科技统计方式,涉及农业节水和农业气象等有关的科研投入已经统计在农业科研机构科研投资当中。而对于公益性水利和气象科研投资,尽管其在一定程度上对农业发展有一定的促进作用,但考虑到这两方面的科研工作带有很强的社会公益性质,而且其科研投入的大小并不与农业发展对其投入的要求成正比。因此,在统计计算农业科研投资时可以舍弃这两部分的投资。二是对于有些研究将农机、农垦科研投资与种植业、畜牧业等领域的科研投资并列作为农业科研投资的统计口径的问题,本研究认为:由于行业(或系统)归口管理的原因,将农机、农垦科研投资与种植业、畜牧业、渔业等行业科研投资并列列出,从部门科研投资统计角度看,是全面的和详细的。但考虑到农机、农垦领域作为与农、林、牧、渔业都有关联的科研投资领域,其在国家科技统计过程都已按新的统计口径计算在不同的农业行业科研投资中,因此,这里不把它们单独列示。三是与以往研究不同的是本研究根据形势发展增加了农林牧渔服务业科研投资。这部分投资主要涵盖诸如农产品初加工服务、灌溉服务、林业病虫害防治服务、兽医服务、鱼苗及鱼种场、水产良种场和水产增值场服务等各项支持性服务活动方面的科研投资。

（2）按收入来源划分的农业科研投资边界。按照投入来源，我们可将农业科研投资边界从宏观上划分为政府投入、非政府投入、借贷款和其他四部分，其中国家资金又细分为：政府财政资金、农业科研机构自身投入、农林高等院校科研投入三部分；社会资金具体涵盖了私人和民间科研机构投入、产业化龙头企业投入、转制的农业科研机构投入三部分；借贷款主要来自金融机构的借款和上级财政主管部门的借贷款，是二者之和。其他资金是指除以上资金来源外的所有资金。

各部分具体涵盖范围分别阐述如下：①政府资金指由各级政府部门直接拨款或企事业单位利用政府资金委托本机构从事农业科学技术活动所获得的收入，包括财政补助、承担政府项目收入以及其他拨款。其中财政补助收入主要是各级政府部门下拨的科学事业费。承担政府科研项目收入指农业科研机构为了开展科学研究、新产品试制、中间试验、科技成果示范推广等科技活动，通过签订协议、合同或其他形式申请并获得政府经费。政府其他拨款指除了前两项以外的政府拨款包括特殊津贴、博士后费用等[6]。②农业科研机构的自身投入（一些统计资料中以前称为非政府拨款或者横向收入）。农业科研机构涵盖了全国部属、省地属的各类农林科研院所。投入内容包括技术性收入、经营收入和其他收入。农业科研机构的自身投入不论从性质上有多少属于国有资产保值增值，有多少属于经营创收人员或发明人的个人贡献所得等，或在用途上如何在科研机构内部进行分配和使用，其最终都以内部科研投入、职工福利、基本建设等多种方式支出和占用，因此，都属于农业科研投资统计范围之内。③农林高等院校资金投入。农林高等院校的资金投入包括：科研事业费、主管部门专项费、其他政府部门专项费、企事业单位委托经费、各种收入中转为科技经费及其他。④民间科研机构、转制科研机构及龙头企业科研投入主要指这些机构从自有资金中提取的或接受其他企业、科研院所和高等院校等单位接受企业委托获得的，计划用于农业科研和技术开发的经费。⑤借贷款指农业科研机构从各种渠道获得的各类用于农业科学研究的借款、贷款，包括农业风险投资基金，但不包括基本建设贷款。借贷机构包括各类金融机构和财政部门、主管部门。

4 农业投资、农业科研投资与农业科学研究与试验开发

农业投资范围、农业科学研究与试验开发（R&D）经费是与农业科研投

资边界相关的几个概念。弄清这几个概念,我们可以进一步理解农业科研投资边界的内涵。农业投资指国家财政、企事业单位以及个人以各种形式投入到农业生产、农业更新改造、农业基本建设、农业科研与教育、农业技术推广、农业环境保护等各个环节的支出总和,因此,农业科研投资只是农业投资的一个部分。农业科学研究与试验开发(R&D)是指为增进知识(包括农业社会科学知识)总量,以及运用这些知识去创造新的应用进行的系统的创造性活动。它必须具备4个要素:创造性、新颖性、科学方法的应用、新知识的产生。如果不具备这些特征就不能算作 R&D 活动。农业科研投资和农业 R&D 的关系可以归结为以下两点:①二者均为农业科研活动,农业 R&D 是农业科研活动中的一部分,是一种有针对性的创造性的研究活动,而农业科研投资既包括创新性的活动,也包括一般性的科研活动;②两者不同的是,农业科研投资以农业科研个体各项收入的加总为统计口径,而农业 R&D 经费是以科研创造活动中所支出的费用为统计口径。2002 年,我国财政用于农业的各项投资、农业科研投资和农业 R&D 投资分别为:1 456.73 亿元、69.33 亿元和 17.28 亿元[7],农业科研投资占农业总投资的 4.76%,农业 R&D 投资占农业科研投资的 24.92%。

5 1995—2003 年我国农业科研投资及简要分析

根据以上对农业科研投资边界的界定,我们以现有各类相关统计资料为基础,统计汇总了从 1996—2003 年我国各年农业科研投资总额,并相应计算了各年农业科研投资强度指标(表1)。

表1 我国农业科研投资强度 (单位:亿元,%)

年份	农业科研投资			政府财政资金		
	总额	占农业总产值	占农业 GDP	总额	占农业总产值	占农业 GDP
1996	43.55	0.19	0.31	21.12	0.09	0.15
1997	40.77	0.17	0.29	24.55	0.10	0.17
1998	46.68	0.19	0.32	26.96	0.11	0.19
1999	52.78	0.22	0.36	29.66	0.12	0.20
2000	56.25	0.23	0.38	32.84	0.13	0.22
2001	62.82	0.24	0.41	37.74	0.14	0.24
2002	80.83	0.30	0.50	51.57	0.19	0.32
2003	85.75	0.29	0.50	54.83	0.18	0.32

资料来源:相关各年《中国农业科技统计年鉴》《高等教育科技统计资料汇编》《中国农业年鉴》等。以下的表2、表3、表4同。

由表1看出，我国农业科研投资总额和政府财政资金在农业总产值和农业GDP中的比重都呈上升态势，尤其从2000年开始升幅较大。显见，政府对农业科研的重视程度在逐步提高的。

为反映农业科研投资的行业结构和来源状况及其变化我们分别用表2和表3来加以说明。

表2　我国农业科研投资的行业结构及变化趋势　（单位：亿元,%）

年份	种植业		林业		畜牧业		渔业		农业服务业	
	资金	比重	资金	比重	资金	比重	资金	比重	资金	比重
1996	27.08	62.18	4.58	10.53	6.43	14.75	3.40	7.80	2.06	4.74
1997	26.86	65.88	4.29	10.53	4.03	9.89	3.13	7.68	2.46	6.03
1998	30.08	64.43	5.00	10.72	4.86	10.42	3.95	8.47	2.78	3.96
1999	34.41	65.19	5.32	10.08	5.98	11.34	3.78	7.15	3.29	6.23
2000	32.20	57.25	5.86	10.42	5.80	10.32	3.87	6.88	8.52	15.15
2001	35.86	57.08	6.93	11.03	5.73	9.13	4.19	6.66	10.11	16.09
2002	44.45	54.99	8.89	11.00	6.53	8.07	5.00	6.19	15.97	19.75
2003	49.38	57.59	9.77	11.39	5.31	6.19	4.61	5.38	16.68	19.45

表3　农业科研投资来源结构及变化趋势　（单位：亿元,%）

年份	政府投入						借贷款		其他	
	政府资金		事业单位收入		农林高等院校					
	投入	比例	投入	比例	投入	比例	投入	比例	投入	比例
1996	21.12	48.50	14.28	32.79	0.54	1.24	2.48	5.69	5.13	11.78
1997	24.55	60.22	7.60	18.64	0.68	1.67	2.33	5.71	5.61	13.76
1998	26.96	57.75	6.50	13.92	0.70	1.50	4.04	8.65	8.48	18.17
1999	29.66	56.20	1.20	2.27	0.93	1.76	3.13	5.93	17.86	33.84
2000	32.84	58.38	9.42	16.75	1.33	2.36	2.07	3.68	10.59	18.83
2001	37.74	60.08	0.56	0.89	1.81	2.88	1.49	2.37	21.22	33.78
2002	51.57	63.80	0.75	0.93	2.05	2.54	1.79	2.21	24.67	30.52
2003	54.83	63.94	0.74	0.86	3.32	3.87	1.44	1.68	25.42	29.64

表2是农业各行业的科研投资占总的农业科研投资的比重，从中可以看出我国农业科研投资在1996—2003年8年里各行业的变动趋势：种植业科研投资比重总体上呈现逐步降低的趋势，林业的科研投入在总投入中的比重一直保持在11%左右，畜牧业科研投入无论是绝对数量，还是在总投入中所占比重均呈下降趋势，渔业所占比重也呈逐年下降趋势。最值得关注的是，为农林牧渔业提供服务的行业在科研投入中所占的比重增长较快，由1996年的4.74%增加到2003年的19.45%，近5年来，农业服务业的科研投资年均增长

率超过33%。

从表3可以看出我国农业科研投资在1996—2003年8年里不同来源结构的变动趋势：政府资金投入始终占据主要地位，企事业单位科研投入逐年减少，而且减少幅度较大，很大一部分原因是农业科技体制改革过程中将企事业单位创收较大的部门或产业分离出去，农林高等教育机构科研投入呈现稳步上升态势，金融机构贷款逐年下降。

表4是我国农林牧渔各业的科研投资强度，用各业的科研投资占该行业产值的比重表示。总体上看，从1996—2003年我国农业科研投资强度是逐年上升的。其中种植业和林业的科研投资强度均呈上升趋势，尤其是林业，近年来的增长幅度更快。畜牧业和渔业尽管科研投资量逐年增加，但其科研投资强度却呈下降趋势，这说明这两个行业科研投资的增长速度不及本行业总产值的增长，应加大投资力度。

表4 我国农林牧渔各业的科研投资强度　　　（单位：亿元,%）

年份	种植业	林业	畜牧业	渔业
1996	0.20	0.59	0.11	0.17
1997	0.19	0.52	0.06	0.17
1998	0.21	0.59	0.07	0.14
1999	0.24	0.60	0.09	0.16
2000	0.23	0.63	0.08	0.15
2001	0.25	0.74	0.07	0.14
2002	0.30	0.86	0.08	0.15
2003	0.33	0.79	0.06	0.17

参考文献

[1] 黄季焜，胡瑞发，SCOTT R，等.中国农业科研投资：挑战与展望[M].北京：中国财政经济出版社，2003.

[2] 李悦.农业科研投资的比重和结构的研究[D].北京：中国农业科学院，1990.

[3] 钱克明.农业研究的作用与研究资源配置的效率及研究资源分配决策支持系统[D].北京：中国农业科学院，1996.

[4] 刘燕，刘艺，张雯.我国农业科研投资现状分析[J].江西农业大学学报（社会科学版），2003（12）：19-22.

[5] 张德远，昊方卫.国外农业科研领域中公共部门与私人部门的合作[J].农业经济问题，2004（1）：75-76.

[6] 中华人民共和国科学技术部.科学研究与技术开发机构年报表[Z].2003.

[7] 国家统计局.中国统计年鉴[R].北京：中国统计出版社，2003.

专利保护和加计扣除能促进私人农业研发么？

包月红[1,2]，赵芝俊[2]

(1. 农业农村部农村经济研究中心　北京　100810；
2. 中国农业科学院农业经济与发展研究所　北京　100081)

摘　要：专利保护和加计扣除政策是政府保护和激励私人技术创新的重要手段。利用2005—2015年77家农业上市公司数据，通过构建企业创新决策模型，研究了专利保护和加计扣除政策对私人农业研发投入数量与研发投入强度的影响。结果表明，专利保护政策并未促进私人农业研发投入数量或者提高私人研发投入强度，而加计扣除政策则显著提高了私人的研发投入数量和研发投入强度。通过设置专利保护和加计扣除政策的交互项，发现专利保护的增强削弱了加计扣除政策的溢入效应。本研究从农业技术创新视角验证了已有的部分研究结论，对制定更有针对性的科技创新激励政策，完善创新政策体系有指导意义。

关键词：专利保护；加计扣除；农业；私人；研发投入

1　引言

私人部门已经成为中国研发投入的主体，2016年来自企业的研发经费占比达到了77.5%。然而中国农业研发长期依赖公共研究机构，近年来，科技资源分配不均衡、科研成果转化率低[1]、私人研发投入不足等问题逐渐凸显。从发达国家的经验看，私人农业研发效率和成果转化率更高，同时也能弥补公共部门的研发投入不足[2-3]，因此，鼓励私人参与已成为解决农业科技创新

基金项目：国家自然科学基金重点项目群项目："现代农业科技发展创新体系研究"（71333006）；中国农业科学院科技创新工程（ASTIP-IAED-2018-05）；农业农村部农村经济研究中心青年课题。
作者简介：包月红（1988—），男，江苏灌南人，助理研究员，研究方向：科技政策与评价。
通讯作者：赵芝俊（1964—），男，山西侯马人，研究员，研究方向：农业技术进步。

问题的重要途径。在创新主体的相关研究中,国外主要采用公共和私人部门的两部门划分法[2,4],OECD 统计中的私人部门(private department)包括私人企业、家庭和为个人家庭服务的非营利机构[5]。当前,中国政府在事业单位、国有企业分类改革中,已经明确了公共部门的公益性定位和私人部门的营利性定位原则,国家统计局也明确提出了按照绝对和相对控股划分公共和非公经济的标准。学者们研究私人部门创新时则主要针对营利性企业[4,6],本研究延续这一方法。

导致私人研发投入不足的主要原因是市场失灵[7],因此,政府为了促进私人创新,通常采用税收优惠、补贴和专利保护等措施来进行弥补和纠正[8-10]。在理论研究方面,Arrow、Griliches、Romer 等[7,11-12]对创新的研究不仅为政府制定支持政策提供了理论依据,也为后来的研究者提供了重要的理论框架。理论上,政府加强专利保护,可以减少"搭便车"行为,提高私人技术创新收益,进而激发私人的创新动力;税收优惠和创新补贴等政策可以降低私人的研发成本和风险,同时也可以引导私人创新方向[13-14]。现实中,学术界对这些政策的实际实施效果的研究仍未形成共识,而且现有的研究主要针对以上相关政策的总体实施效果,对具体行业的研究较少,亟须引入私人参与的农业研发领域的相关研究则更少,不利于政府具体政策的制定和完善。

为了进一步检验当前实施的激励政策对农业研发领域私人的创新激励效果,本文选择专利保护和加计扣除政策(指企业所得税法中规定的研发费用加计扣除政策,下同)对农业企业的研发投入影响进行研究。

2 研究设计

2.1 研究假设

通常认为专利保护的增强会刺激研发投入的增长,也会导致专利申请增加。这一理论被广泛接受和运用,但在实证研究中并没有得到一致的支持。吴欣望等[13]对现有的研究进行梳理后发现,从微观厂商角度分析,专利保护有积极的激励作用,但从全球福利角度则否定了其增进社会福利的结论;他本人的实证研究也得出了与"专利保护强化导致研发投入增长"相反的结论。专利保护加强后企业研发投入反而下降,而专利申请活动则增加,其原因可能在于企业总体创新能力不足,政策加强导致原有"模仿""复制"等低水平创新模式的减少和新的高水平创新投入的不足。也有一些研究得到了肯定的结论,认为专利保护能够有效促进研发投入和科技创新[15,16]。不同学者研究结果差异可能是由于中国企业发展阶段和应对策略的差异造成,随着企业创新能力的增强,专利保护的积极作用或可体现[17]。

假设1a:专利保护促进企业加大研发投入数量;

假设1b:专利保护促进企业提高研发投入强度。

2008年之前,政府对企业研发支出执行低税率和税收减免政策,之后变为税前抵扣,逐步扩大研发费用加计扣除政策的覆盖范围和适用领域,简化了程序,总体政策力度不断增强。研发支出税收优惠政策的主要作用在于降低企业创新的成本,缓解风险约束[18]。Czarnitzki[19]研究表明补贴政策对企业具有显著的激励作用。Bérubé[20]研究发现两种政策同时使用时,对企业创新激励效果更好。挪威将补贴划分成基础研究和产品开发两类,Clausen[21]分别检验了两类补贴对企业投入的影响,发现基础研究补贴可以促进企业投入,而产品开发补贴则替代了企业的投入。国内的一些研究也表明,税收政策效果以正向为主,但政策激励效果受优惠力度、企业规模和行业差异影响仍比较大,补贴力度的门槛效应也会影响补贴的效果[22-24]。

假设2a:税收优惠能够激励企业加大研发投入数量;

假设2b:税收优惠能够激励企业提高研发投入强度。

综合以上分析和假设,构建以下理论框架,见图1。专利保护政策和优惠补贴政策分别从缓解市场失灵、保护创新收益和减少创新成本等方面促进企业技术创新。在企业研发投入决策中,企业的期望创新收益会随着专利保护的加强而增加,企业倾向于增加研发投入。同时,优惠补贴政策的实施,将会进一步降低企业研发投入的成本、缓解资金压力和企业的融资约束。企业的创新行为还受到企业自身能力的约束。例如大型企业的创新投入更高,市场空间方面也更有优势,存在更好规模效应。

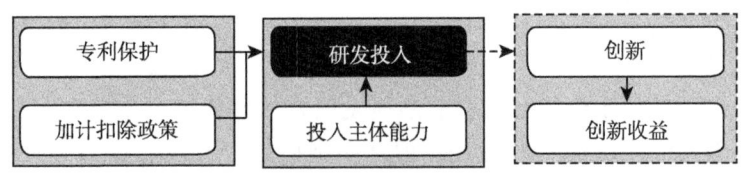

图1 理论框架

2.2 数据与变量

数据选取2005—2015年所有农林牧渔类上市企业的相关数据,选择这一期间的主要原因是自2006年开始,企业开始披露研发费用。其中,删除研发费用全部为零和 ST 企业，剩余 77 家企业。为了获得足够的样本量，本研究采用 11 年间所有符合条件的企业数据，构成非平衡面板数据。上市公司的数据优点在于数据获得的便利和时间的持续性，可以获得多年连续数据。以上数据均来自 Wind 数据库。

被解释变量为研发投入数量和研发投入强度。在现有的经验研究中，由于实际研发投入数据不易获得，学者们多采用新产品销售收入、无形资产与开发支出占比、管理费用以及二分变量"有/无研发投入"等指标替代[25]，这些指标难以完全反映企业研发投入情况。本文利用上市农业企业公布的研发费用，可以弥补替代变量造成的不足。其中研发投入直接用获得的企业"研发费用"，研发投入强度用"研发费用/营业总收入"表示。

解释变量为专利保护与加计扣除政策。国内专利保护测度方法通常采用许春明等[9]修正后的 GP 方法，即知识产权综合执法强度和立法强度的乘积。考虑数据获取难度，本文采用"国内外三种专利申请受理数"代替专利保护强度，数据来自历年《中国统计年鉴》。根据许春明的研究，采用立法和执法强度计算所得的专利保护强度与"国内外三种专利申请受理数"的相关系数高达 0.929[26]。加计扣除政策定义为研发费用加计扣除率，采用"（研发支出×税前扣除率 50%×企业所得税税率 25%）/固定资产总额"计算得到[27]。采用该方法计算的另一个依据是本文所采用的数据均来自沪深两市的上市企业，均属于行业领先、实力较强的大型企业，通常也是政府重点扶持和支持的企业，因此，假设这些企业能够建立完善的研发管理制度，获得政府的扣除政策支持。

企业研发的投入还受企业自身因素影响，因此在本研究中控制了表征企业属性、经营情况的个体因素。具体包括企业年龄、所有权性质、企业规模、盈利能力、资产管理效率、股权结构、营业成本、技术储备和市场范围，详见表 1。对不满足正态分布的企业规模和资产管理效率采用对数化处理。在相关性分析中发现，研发投入和投入强度滞后一期与被解释变量高度相关，因此引入一阶滞后项。

表 1 变量说明

变量	变量名	变量含义	均值	标准差
Lnrd	研发投入	研发费用（万元），取对数	6.79	1.67
Lnrds	研发投入强度	研发支出/营业总收入，取对数	-4.87	1.53
Lnapply	专利保护强度	国内外三种专利申请受理数取对数	14.12	0.57
Subrate	研发费用加计扣除	（R&D 投入×税前扣除率 150% × 企业所得税税率 25%）/固定资产总额	0.01	0.01

(续表)

变量	变量名	变量含义	均值	标准差
Age	企业年龄	数据年—成立时间	13.09	5.31
Ownership	所有权性质	国有=1，非国有=0	0.35	0.48
Lnsize	企业规模	员工总数，取对数	7.48	1.25
Profit	盈利能力	利润率=利润总额/营业收入总额	0.08	0.14
Tat	资产管理效率	资产周转率	0.95	0.76
Share	股权结构	前十大股东持股比例合计	57.28	15.39
Cost	营业成本	营业总成本/营业总收入	0.95	0.14
Ability	技术储备	无形资产/资产总额	0.05	0.05
Market	市场范围	有海外业务收入时，取值为1，否则为0	0.51	0.50

2.3 研究方法

本文主要目的在于分析专利保护和优惠补贴政策对企业研发投入决策的作用。因此，选择企业研发投入作为被解释变量构建以下投入决策模型：

$$\ln RD_{it} = \beta_1 \ln Apply_t + \beta_2 \ln Subrate_{it} + \beta_3 \ln RD_{it-1} + \sum \beta_i X_{it} + \mu_i + \xi_{it} \quad (1)$$

$$\ln RDS_{it} = \beta_1 \ln Apply_t + \beta_2 \ln Subrate_{it} + \beta_3 \ln RDS_{it-1} + \beta_4 ApSub_{it} + \sum \beta_i X_{it} + \mu_i + \xi_{it} \quad (2)$$

式中，RD 表示研发投入，RDS 表示研发投入强度；模型中同时引入研发投入数量和研发投入强度的一阶滞后项；Apply 表示专利保护强度；Subrate 表示优惠补贴政策，定义为研发费用加计扣除率；ApSub 表示专利保护和优惠补贴的交叉项；X 表示其他企业研发投入影响因素的向量；i 表示企业，t 表示时间，μ 在混合回归中代表常数项，在面板数据模型中表示企业个体异质性的截距项；ξ 表示随个体和时间变化的扰动项。

面板数据回归存在异方差、组内自相关和截面相关等问题。由于本文采用的是77家企业5~11年（平均 $T=7.2$）的非平衡短面板数据，因此可以不考虑"组内自相关"和"截面相关"问题；对异方差的检验发现 p 值显著为0，认为存在异方差，拒绝接受混合回归，应采用固定效应模型；非平衡面板不影响计算离差形式的组内估计量，因此固定效应的估计可以照样进行[28]。在 Hausman 检验中发现卡方值为负，可以确定使用固定效应模型，但结果也反映模型可能存在内生性问题[29]，结合面板数据的特点，通常采用内生解释变量的滞后项作为工具变量来解决内生性问题[28]。企业的研发投入行为通常有一定的连贯性，下一期的投入会在前一期的基础进行调整，而通过相关性检验发现，研发投入作为被解释变量，滞后一期的研发投入量和投入强度与当期的相关系数分别为 0.56 和 0.89，存在明显的相关性，因此在回归过程中，将被解释变量的一阶滞后项纳入模型进行回归。

3 实证分析

3.1 专利保护与加计扣除政策对研发投入数量的影响

表 2 中，利用模型（1）实证检验了专利保护与加计扣除政策对研发投入数量的影响。结果（1）采用聚类稳健标准差 OLS 混合回归，作为对比参考。结果（2）（3）采用聚类稳健标准差的固定效应模型回归，在加入研发投入滞后项之后，加计扣除政策始终显著，但专利保护政策始终不显著，表明专利保护政策并没有促进企业的研发投入数量增加。对比结果（1），采用固定效应回归的结果可信度更高，认为专利保护没有促进企业研发投入，这与吴欣望等[13]的研究结论一致。因此，专利保护对研发投入的数量影响不显著，税收优惠则促进了企业研发投入的增加，假设 1a 不成立，假设 2a 成立。

从控制变量分析结果来看，企业年龄越长和规模越大企业研发投入越多，而企业盈利能力、资产管理效率、营业成本、股权结构和技术储备均与研发投入数量负相关。其中，企业盈利能力、资产管理效率及技术储备对研发投入影响为负，一种可能是经营状况较好并且技术储备较多的企业具有较小的绩效压力和创新动力。

表 2　研发支出影响因素回归结果

变量	(1) ols	(2) xtreg1	(3) xtreg2
lnapply	0.370***	−0.006	0.043
	(0.095)	(0.174)	(0.169)
lnsubrate	0.790***	0.979***	0.957***
	(0.054)	(0.032)	(0.027)
llnrd	0.213***		0.035*
	(0.046)		(0.018)
age	−0.008	0.093***	0.078***
	(0.012)	(0.026)	(0.026)
lnsize	0.451***	0.422***	0.359***
	(0.043)	(0.085)	(0.081)

(续表)

变量	(1) ols	(2) xtreg1	(3) xtreg2
profit	0.017	-0.499**	-0.484***
	(0.405)	(0.239)	(0.181)
lntat	-0.143*	-0.117	-0.186**
	(0.086)	(0.088)	(0.073)
share	-0.003	-0.006**	-0.007**
	(0.003)	(0.003)	(0.003)
cost	-0.616	-0.924***	-0.989***
	(0.418)	(0.342)	(0.260)
ability	0.317	-2.238**	-1.621
	(1.162)	(1.031)	(1.178)
Constant	2.592**	10.036***	9.685***
	(1.285)	(2.673)	(2.414)
观察样本	383	427	383
R^2	0.945	0.960a	0.963a
组内样本数		75	73

注：① *** 、 ** 和 * 分别表示在1%、5% 和10% 水平上显著；②括号中为聚类稳健标准误；③a 表示 Within R-squared。下同。

3.2 专利保护与加计扣除政策对研发投入强度的影响

表3中利用模型（2）实证检验了专利保护与加计扣除政策对研发投入强度的影响。结果（1）仍采用聚类稳健标准差 OLS 混合回归，结果（2）~（5）采用聚类稳健标准差固定效应回归，并逐步引入研发投入滞后项和两种政策的交互项。结果表明加计扣除政策的作用始终显著为正，专利保护政策则呈负作用。引入交互项之后，专利保护和加计扣除的作用均明显增强，进一步证明专利保护政策并没有促进企业的研发投入，反而削弱了加计扣除政策的激励效果，这一结论与张杰等[23]的研究结论一致。因此，专利保护没有提高企业的研发投入强度，而税收优惠政策则有利于提高研发投入强度，假设1b 不成立，假设2b 成立。

表3 研发投入强度影响因素回归结果

变量	(1) ols	(2) xtreg1	(3) xtreg2	(4) xtreg3	(5) xtreg4
lnapply	-0.307*	-0.120*	-0.643**	-0.092	-0.634**
	(0.158)	(0.071)	(0.245)	(0.074)	(0.267)

(续表)

变量	(1) ols	(2) xtreg1	(3) xtreg2	(4) xtreg3	(5) xtreg4
lnsubrate	1.620***	0.928***	2.059***	0.898***	2.119***
	(0.375)	(0.037)	(0.424)	(0.042)	(0.504)
llnrds	0.074***			0.045***	0.044***
	(0.021)			(0.013)	(0.013)
appsub	−0.050*		−0.079**		−0.085**
	(0.028)		(0.032)		(0.037)
age	−0.001	0.029	0.035*	0.019	0.024
	(0.002)	(0.018)	(0.020)	(0.019)	(0.020)
lnsize	−0.041**	−0.033	−0.009	−0.051	−0.031
	(0.020)	(0.033)	(0.027)	(0.035)	(0.031)
lntat	−0.903***	−0.955***	−0.924***	−0.942***	−0.900***
	(0.035)	(0.030)	(0.033)	(0.030)	(0.035)
share	0.002***	0.004**	0.004**	0.003*	0.004*
	(0.001)	(0.002)	(0.002)	(0.002)	(0.002)
ability	−0.192	−2.047***	−2.121***	−1.823***	−1.715***
	(0.305)	(0.473)	(0.484)	(0.620)	(0.602)
Constant	5.496**	2.029***	9.285***	2.012**	9.561***
	(2.311)	(0.734)	(3.004)	(0.766)	(3.378)
观察样本	383	427	427	383	383
R^2	0.987	0.964a	0.967a	0.962a	0.965a
组内样本数		75	75	73	73

从控制变量的结果来看，企业年龄、规模对研发投入强度影响不显著，但资产管理效率、股权结构和技术储备均对研发投入强度有显著影响。股权集中度高的企业，研发投入强度更高，表明企业的决策参与者越少越有利于加大企业研发投入强度。资产管理效率和技术储备对研发投入强度有负面影响，说明运行效率高、技术实力强的企业倾向于降低研发投入强度。由于控制变量并不是本研究的重点，对其结果的可靠性还有待进一步的探索。

对比模型（1）和（2）的分析结果发现，专利保护政策并没有促进企业的研发投入，也没有提高企业的研发投入强度。而加计扣除政策则明显促进了企业的研发投入数量和投入强度。专利保护政策和加计扣除政策的交互项表明，专利保护的增强存在削弱加计扣除政策激励效果的可能。

3.3 稳健性检验

为了保证本文核心结论的可靠性，本文通过替换控制变量的方式对以上模型重新估计，估计方法仍采用稳健标准差的固定效应模型进行估计，结果证明前文的回归结果是稳健的。在表 4 中，我们对结果（1）（2）增加了盈利能力和海外市场的滞后一期项，并对原有的企业规模、资产管理效率、营业成本和技术储备进行一阶滞后处理。进行该处理的依据是消除原模型中可能存在的内生性问题。回归结果表明，专利保护强度和加计扣除政策的估计系数和显著性仍然和前文的结果保持高度相似，说明模型具有较好的稳健性。结果（3）~（6）采用了同样的处理方式，回归结果与前文的结论一致。因此，可以判定本研究的结论是可靠的。

表 4 稳健性检验

变量	(1)	(2)	(3)	(4)	(5)	(6)
	lnrd	lnrd	lnrds	lnrds	lnrds	lnrds
lnapply	0.262	0.294	−0.487***	−0.348**	−1.252***	−1.296***
	(0.182)	(0.184)	(0.129)	(0.146)	(0.349)	(0.376)
lnsubrate	0.950***	0.917***	0.897***	0.847***	2.611***	3.066***
	(0.033)	(0.032)	(0.054)	(0.050)	(0.669)	(0.714)
age	0.078***	0.057*	0.123***	0.092***	0.128***	0.095***
	(0.029)	(0.031)	(0.027)	(0.031)	(0.028)	(0.031)
llnsize	0.014	−0.005	−0.036	0.015	−0.039	0.005
	(0.062)	(0.057)	(0.062)	(0.060)	(0.061)	(0.059)
lprofit	−0.330	−0.330	−0.412	−0.436	−0.382	−0.352
	(0.211)	(0.231)	(0.285)	(0.282)	(0.308)	(0.326)
llntat	0.102	0.012	−0.137	−0.164*	−0.124	−0.150*
	(0.104)	(0.096)	(0.086)	(0.088)	(0.077)	(0.080)
share	−0.003	−0.004	0.000	−0.001	0.001	0.000
	(0.004)	(0.003)	(0.003)	(0.003)	(0.003)	(0.003)
lcost	−0.028	−0.155	−0.644**	−0.779***	−0.611*	−0.689**
	(0.339)	(0.329)	(0.296)	(0.285)	(0.322)	(0.329)
lability	−0.855	−0.782	0.868	0.014	0.818	−0.170
	(1.281)	(1.164)	(1.132)	(1.169)	(1.157)	(1.100)
lmarket	0.100	0.066	0.098	0.112*	0.116	0.125*
	(0.089)	(0.079)	(0.067)	(0.063)	(0.073)	(0.068)
llnrd		0.061**				
		(0.029)				

(续表)

变量	(1)	(2)	(3)	(4)	(5)	(6)
	lnrd			lnrds		
llnrds				0.104***		0.101***
				(0.021)		(0.020)
appsub					−0.120**	−0.154***
					(0.049)	(0.052)
Constant	8.243***	7.759***	6.732***	5.249***	17.574***	18.736***
	(2.250)	(2.348)	(1.619)	(1.662)	(4.498)	(4.876)
观察样本	415	376	415	376	415	376
R^2	0.939	0.946	0.910	0.911	0.916	0.919
组内样本数	72	70	72	70	72	70

4 主要研究结论与建议

本文利用2005—2015年间所有农林牧渔类上市企业的相关数据，通过构建企业创新决策模型，实证研究了专利保护和加计扣除政策对农业企业研发投入的影响。结果表明：①加计扣除政策可以显著增加企业研发投入数量，提高研发投入强度；②专利保护政策对企业研发的促进作用并不明显，实证分析结果表明企业在面临较强的专利保护时反而降低了研发投入强度。本文实证分析得出的结论也和已有的一些研究发现基本一致[9,23]。受限于研究材料不足和知识的有限，本文仅从农业领域对现有的两项政策效果进行了初步的探索，在未来的研究中希望能够获得更多更全面的数据进行更深度的研究和揭示。

基于研究结论，提出以下政策建议：一是提高研发费用加计扣除政策的力度和覆盖范围，强化对私人研发投入的激励。虽然研究结果表明，加计扣除政策可以促进企业研发投入，但实际上该政策对农业企业的覆盖面还很有限。例如政策规定还存在诸多不合理，一些已经享受所得税减免的农业企业可能无税可抵、对中小农业企业设置高新技术企业的限制导致无法享受加计扣除政策。因此，建议提高加计扣除政策的力度，针对农业领域的弱质性产业，扩大可抵免的范围，放宽对农业企业的限制条件。二是完善专利保护制度体系，加强专利执法力度，保护创新者权益。专利保护制度能够保护创新者的权益，激发创新动力。在完善的专利保护制度下，公共部门能够通过专利授权和转让获得创新收益，驱动研究人员创造更好的研究成果。私人部门不仅得到创新激励，也能获得更优质的公共研究机构创新成果。当前种业推行的权益分类改革的重要前提就是专利的有效保护。虽然本研究中对专利保护政策的实证结论没有支持原假设，但结合当前国际竞争形势和其他行业相关发展经验[30]，加强专利保护已经成为实现创新驱动，建设科技强国的必由之路。三是加强改革驱动，推动国家创新体系建设。建设"企业为主体、市场为导向、产学研结合"的技术创新体系已经成为国家目标，但要实现这一目标仍面临很多困难，尤其在制度改革方面。制度通常被作为经济学研究的外生因素，但中国历年来的发展经验表明，大的成就的取得，往往来自制度创新。当前，除了从机制和政策上探索国家创新体系建设的路径外，更需要在制度改革上勇往直前。因此，要坚决开展公共事业单位和国有企业分类改革，明确不同部门机构的职能定位；发挥私人主体创新优势，促进公共和私人主体的平等合作；推动公共科研资源开放、共享与整合，实现创新资源优化配置[13]。

参考文献

[1] 毛学峰，孔祥智，辛翔飞，等. 我国"十一五"时期农业科技成果转化现状与对策[J]. 中国科技论坛，2012（6）：126-132.

[2] FUGLIE K O, HEISEY P W, KING J L, et al. Research investments and market structure in the food processing, agricultural input, and biofuel industries worldwide: Executive summary [J]. Economic Information Bulletin – USDA Economic Research Service, 2011 (90): 34.

[3] FUGLIE K O, TOOLE A A. The evolving institutional structure of public and private agricultural research [J]. American Journal of Agricultural Economics, 2014, 96 (3): 862-883.

[4] PRAY C E, FUGLIE K O, JOHNSON D K. Private agricultural research [M]. New York: Elsevier, 2007.

[5] OECD. 弗拉斯卡蒂手册[M]. 北京：科学技术文献出版社，2010.

[6] 胡瑞法，梁勤，黄季焜. 中国私部门农业研发投资的现状和变化趋势[J]. 中国软科学，2009（7）：28-34.

[7] ARROW K J. Economic welfare and the allocation of resources for invention [A] // The Rate and Direction of Inventive activity: Economic and Social Factors [M]. Princeton: Princeton University Press, 1962.

[8] LOPESBENTO C. Innovation subsidies: Does the funding source matter for innovation intensity and performance? Empirical evidence from germany [C]. 2014.

[9] 许春明，单晓光. 中国知识产权保护强度指标体系的构建及验证[J]. 科学学研究，2008（4）：715-723.

[10] 范金, 赵彤, 周应恒. 企业研发费用税前加计扣除政策: 依据及对策 [J]. 科研管理, 2011 (5): 141-148.

[11] GRILICHES Z. R&D, patents and productivity [J]. Canadian Journal of Economics/revue Canadienne d'économique, 1985, 95 (379): 818.

[12] ROMER P M. Increasing returns and long-run growth [J]. Journal of Political Economy, 1986, 94 (5): 1002-1037.

[13] 吴欣望, 陶世隆, 刘京军. 强化专利保护影响技术创新的实证分析 [J]. 经济评论, 2006 (5): 53-58.

[14] 王春元, 叶伟巍. 税收优惠与企业自主创新: 融资约束的视角 [J]. 科研管理, 2018, 39 (3): 40-47.

[15] 李伟, 余翔, 蔡立胜. 政府科技投入、知识产权保护与企业研发投入 [J]. 科学学研究, 2016 (3): 357-365.

[16] CZARNITZKI D, TOOLE A A. Patent protection, market uncertainty, and R&D investment [J]. The Review of Economics and Statistics, 2011, 93 (1): 147-159.

[17] 曹勇, 赵莉, 张阳, 等. 高新技术企业专利管理与技术创新绩效关联的实证研究 [J]. 管理世界, 2012 (6): 182-183.

[18] GONZÁLEZ X, PAZÓ C. Barriers to innovation and subsidy effectiveness [J]. Rand Journal of Economics, 2005, 36 (4): 930-949.

[19] CZARNITZKI D, LOPESBENTO C. Innovation subsidies: does the funding source matter for innovation intensity and performance? Empirical evidence from Germany [J]. SSRN Electronic Journal, 2011, 21 (5): 380-409.

[20] BÉRUBÉ C, MOHNEN P. Are firms that received R&D subsidies more innovative? [J]. Canadian Journal of Economics, 2009, 42 (1): 206-225.

[21] CLAUSEN T H. Do subsidies have positive impacts on R&D and innovation activities at the firm level? [J]. Structural Change & Economic Dynamics, 2009, 20 (4): 239-253.

[22] 冯海红, 曲婉, 李铭禄. 税收优惠政策有利于企业加大研发投入吗? [J]. 科学学研究, 2015 (5): 665-673.

[23] 张杰, 陈志远, 杨连星, 等. 中国创新补贴政策的绩效评估: 理论与证据 [J]. 经济研究, 2015 (10): 4-17.

[24] 戴小勇, 成力为. 财政补贴政策对企业研发投入的门槛效应 [J]. 科研管理, 2014 (6): 68-76.

[25] 黄洁莉, 汤佩, 蒋占华. 税收优惠政策下农业企业研发投入、风险与收益——基于我国农业上市公司的实证检验 [J]. 农业技术经济, 2014 (2): 120-128.

[26] 刘圻, 何钰, 杨德伟. 研发支出加计扣除的实施效果——基于深市中小板上市公司的实证研究 [J]. 宏观经济研究, 2012 (9): 87-92.

[27] 郑榕. 对所得税中两种 R&D 税收激励方式的评估 [J]. 财贸经济, 2006 (9): 3-8.

[28] 陈强. 高级计量经济学及 Stata 应用 [M]. 北京：高等教育出版社，2010.

[29] 连玉君，王闻达，叶汝财. Hausman 检验统计量有效性的 Monte Carlo 模拟分析 [J]. 数理统计与管理，2014（5）：830-841.

[30] 姜南，徐明. 知识产权保护对产业影响作用的差异性分析 [J]. 科研管理，2016，37（S1）：103-109.

国际私人农业研发投入变化与比较

包月红,赵芝俊,高　芸

(中国农业科学院农业经济与发展研究所　北京　100081)

摘　要：发达国家私人部门在农业研发中扮演着重要角色。近年来,国际私人农业研发投入和研究领域的变化,对中国等发展中国家私人农业研发的发展具有指导作用。本文通过对发达国家和发展中国家私人农业研发的差异比较,结合中国私人农业研发现状,从农业科研体制改革、法律制度建设和宏观管理3个方面提出了促进中国私人部门农业研发的政策建议。

关键词：私人；农业；研发投入；发展中国家；中国

1　引言

2006年,《国家中长期科学和技术发展规划纲要(2006—2020年)》提出使企业成为技术创新的主体,标志着中国科技创新由公共主导向私人的转变。但农业技术具有较强的公共产品属性,第二次世界大战后,无论是发达国家还是发展中国家,大多以公共投入为主,以公共部门主导农业研发[1-2]。到20世纪末,私人对农业研发的投入明显增加,一些发达国家私人农业研发投入甚至超过了公共部门的投入[2]。私人农业研发投入的增加不仅缓解了公共农业研发的资金压力,同时也为农业技术创新发展注入了更多活力。相比之下,发展中国家的私人农业研发投入与发达国家相比还有很大差距[3]。因此,提升发展中国家私人农业研发投入的水平,消除与发达国家之间的投入与技术差距对发展中国家的农业与经济发展意义重大。

目前,大部分国家尚没有私人农业研发投入的相关统计,对研究私人农

基金项目：国家自然科学基金重点项目群项目"现代农业科技发展创新体系研究"(71333006)；中国农业科学院科技创新工程(ASTIP—IAED-2015-05)。

作者简介：包月红(1988—),男,博士研究生,研究方向：农业技术经济评价；高芸(1980—),女,江苏无锡人,博士,助理研究员,研究方向：农业经济理论与政策。

通讯作者：赵芝俊(1964—),男,研究员,博士生导师,研究方向：技术经济评价。

业研发投入造成一定的困难。Pray、Fuglie 和 Alston 等[2,4-6]从 20 世纪末开始，关注私人农业研发投入问题，收集了全球农业生产资料投入领域、生物质能源和食品加工等共 9 个领域的私人农业企业 1990—2010 年的研发投入数据，并于 2011 年发布了《全球食品加工、农业投入和生物燃料行业研发投入与市场结构研究报告》。国内学者胡瑞法、黄季焜等从 20 世纪 90 年代开始对中国公共与私人农业研发投入等相关问题进行了调查和研究，其研究成果为中国私人部门发展和研究提供了重要参考[7-9]。以上研究为研究国际私人研发投入特点提供了重要依据。本文在现有研究的基础上，通过对全球私人农业研发投入现状进行总结，比较发达国家与发展中国家私人投入之间的差异，并结合中国的制度环境和私人部门的发展特点，提出建议与对策。

2 国际私人农业研发投入变化特点

2.1 私人农业研发投入总量在波动中逐步增长

全球私人农业研发投入总量呈明显增长趋势。以 2006 年不变价计算，在 1994—2010 年，全球动物营养、动物繁殖与基因技术、食用动物健康、肥料、农业机械、作物育种与生物技术、植保农业 7 类私人农业研发总投入从 72.14 亿美元增加到 102.88 亿美元，年均增长 2.24%（图 1）。食品加工业私人研发投入从 1994 年的 77.78 亿美元，增加至 2007 年的 111.52 亿美元，年均增长 2.81%，研发投入总额超过了其他 7 类私人农业研发投入之和（由于食品加工业研发投入比重较大，并且缺乏最新 3 年数据，为了便于比较其他领域的投入比重，下文分析将不包含食品加工业研发投入）。从图 1 可以看出，私人农业研发投入实际增长主要在 2002 年以后，食品加工业研发投入年均增长率达到了 6.67%，而其他 7 类私人农业研发投入总额的年均增长率也高达 4.53%。

值得注意的是，1994 年以来，除食品加工业之外的其他 7 类私人实际研发投入在 1998 年达到一个峰值后，经历了长达 4 年的衰退期，2003 年才继续恢复增长，直到 2007 年才超过 1998 年的投入水平。在 1994—2002 年，7 类私人农业研发投入年均增长率仅为 0.007%，基本处于停滞状态。从 2007 年开始，虽然发生了严重的国际金融危机，但是并没有给私人农业研发带来明显的影响，反而这段时间私人农业研发投入快速增长，增速和总量均超过了历史最高值。

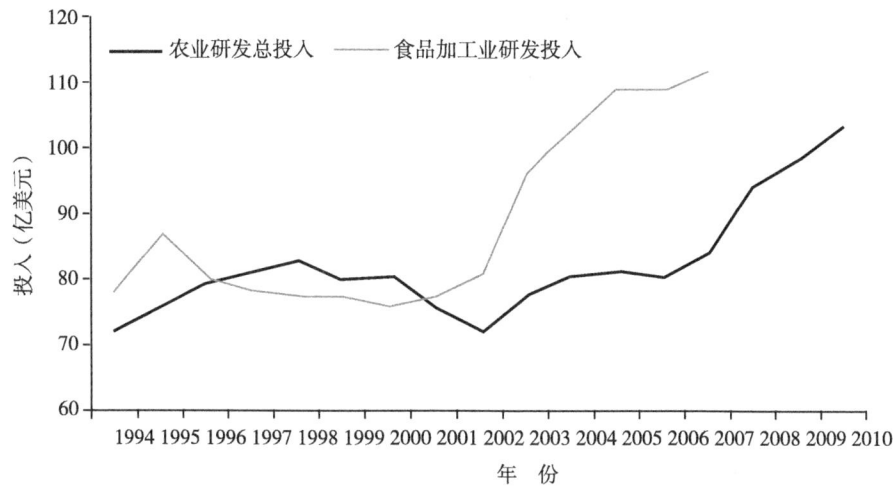

图1　1994—2010年全球私人农业研发投入变化趋势

数据来源：根据Fuglie等[4]数据整理，下同。

2.2　作物育种与生物技术是私人研发投入的主要增长点

分领域看，1998—2002年，只有作物育种与生物技术、动物繁殖与基因技术研发投入仍保持着增长，其中作物育种与生物技术研发投入年均增长率仍达到5.33%。其他几类研发投入均在此期间出现了明显下降。植保农药研发投入从32.18亿美元减少到23.28亿美元，年均减少6.27%（图2）。直到2002年后，各类研发投入才恢复了增长。2002—2010年，农业机械研发投入年均增长率达到了7.27%，是这一时期研发投入增长率最高的领域；作物育种与生物技术在此期间的增长率为5.80%。

作物育种与生物技术、植保农药、农业机械是私人研发投入的最主要方向，2010年三者投入总额占私人农业研发投入总额的84%（表1）。从不同领域研发投入的比例变化看，2010年的作物育种与生物技术研发投入比重相比1994年，从20%提高至34%，上升了14个百分点；农业机械研发投入比重也增加了6个百分点，占7类私人研发投入总额的22%；肥料、动物繁殖与基因技术方面的私人研发投入则基本保持不变；植保农药研发投入比重则降低了13个百分点，从41%降至28%；食用动物健康、动物营养、动物繁殖与基因技术的研发投入比重则呈下降趋势。可见，作物育种与生物技术研发已经成为私人研发投入的最主要方向，并保持着高速增长趋势。

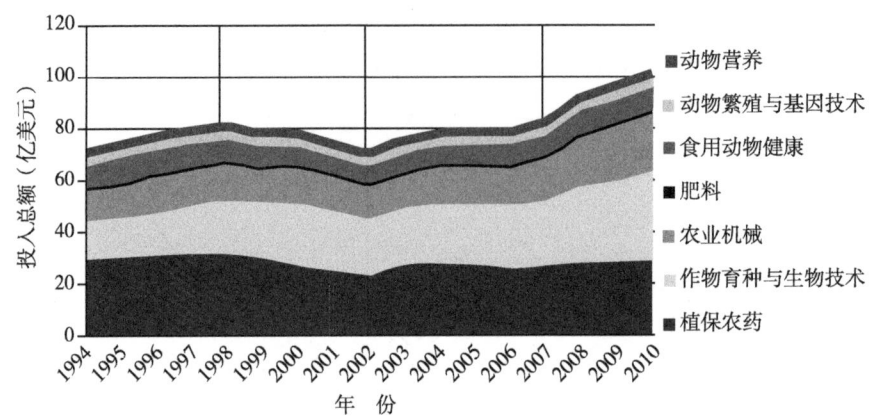

图 2　1994—2010 年主要私人研发投入领域的研发投入变化

表 1　1994—2010 年各农业领域私人研发投入比例变化　　（单位:%）

农业领域	1994 年	2010 年	比例变化
植保农药	0.41	0.28	-0.13
作物育种与生物技术	0.20	0.34	0.14
农业机械	0.16	0.22	0.6
肥料	0.01	0.01	0
食用动物健康	0.12	0.09	-0.3
动物繁殖与基因技术	0.04	0.03	-0.1
动物营养	0.06	0.04	-0.2

数据来源：根据 Fuglie 等[4]数据整理，下同。

2.3　市场占有率与研发投入向少数大企业集中

随着时间的推移，私人大型企业的市场占有率呈不断增大趋势。在寻求规模经济、增强风险抵抗能力、提高融资能力、降低知识产权保护成本、产业垂直整合需要以及提高政策影响能力等多种因素的驱动下，植保农药、动植物育种、动物健康及农业机械等行业不断向几个大型跨国企业集中（图3）。2009 年，全球植保农药、作物育种、动物健康和农业机械超过 50% 的市场被规模最大的 4 家大型企业垄断，而前 8 家企业市场占有率则超过了 70%；而 1994 年则分别不超过 30% 和 50%[4]。

市场集中度的提升并没有明显提高行业的研发投入强度，但是私人企业规模的扩大可明显提高研发投入强度。企业通过兼并和市场扩张，提升了市场占有率，同时提高了企业研发投入能力。以育种行业为例，销售额超过 6

亿美元企业的研发投入强度达到了15.8%,而处于0.5亿~6亿美元的企业研发投入强度仅为7.3%,其他更小规模的仅为2%[4]。由此可见,随着企业规模的扩大,研发投入强度也随之提高。

2.4 私人农业研发投入向全球化发展

私人农业研发投入的全球化趋势主要体现在大型跨国企业海外研发中心的建立。大部分美国、日本、德国等发达国家的大型跨国企业已经在海外市场建立技术研发中心,研发投入分散到全球各地,实现了全球化的发展。2007年,美国的孟山都公司、德国的拜耳公司分别在除本国的其他5个国家建立了研发中心(表2)。在一些发展中国家,虽然这些跨国企业没有建立独立的研发中心,但是通过委托当地的研究机构或者合作研究的情况已十分普遍。20世纪末,一些发展中国家的私人农业研发投入甚至主要来自这些大型的跨国企业[2]。

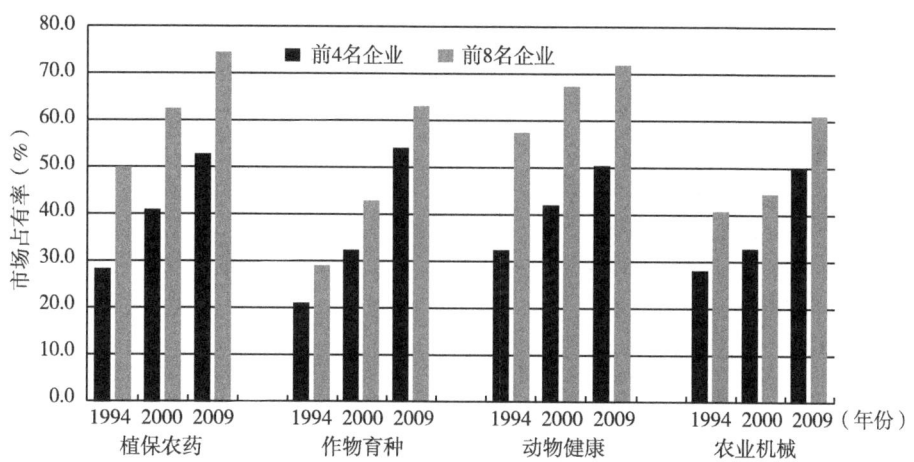

图3 主要农业行业市场集中度变化

表2 2007年部分跨国企业研发机构分布与支出　　(单位:亿美元)

企业	国家	研发领域	研发投入	研究机构分布
拜耳公司	德国	农药、兽药、作物育种	9.78	德国、法国、比利时、荷兰、美国、日本
先正达公司	瑞士	农药、作物育种	8.30	瑞士、英国、美国、中国、澳大利亚
孟山都公司	美国	农药、作物育种	7.70	美国、法国、巴西、阿根廷、印度、澳大利亚

对发展中国家而言,私人农业研发投入的全球化意义不仅在于跨国私人

资本投入带来的经济效益,更多在于发达国家先进技术的引进和运用。由于发展中国家和发达国家之间存在着巨大的技术差距,在发展过程中,发展中国家只有通过不断的引进、学习、消化、吸收和再创新,才能逐步缩小与发达国家之间的差距。跨国企业研发投入的全球化,实际上是一个技术溢出和转移的过程,有利于发展中国家更快地消除和发达国家之间的技术差距。

2.5　私人和公共研发投入方向与扮演角色发生转变

由于私人投入的增强,公共部门投入领域、投入方向和科研管理机制等方面发生了明显的变化。一方面,随着知识产权保护的加强,无论是发达国家还是发展中国家,公共部门都逐渐从私人可以参与的领域中退出;另一方面,发达国家公共农业技术研发部门逐渐从生产力提升转向环境保护、食品安全与质量以及其他纯公益性技术的研发[10]。此外,科研管理的转变主要随着科研经费管理的加强,越发注重科研项目的评估和经费的使用效率,竞争性经费也被更广泛地使用。

私人农业研发在投入领域、技术类型选择和研发模式等方面发生了变化。2000年以来,私人在作物育种、农业机械研究领域的投入明显增加。目前,作物育种与生物技术、植保农药和农业机械是私人投入最多的3个领域。在技术类型上,私人普遍选择容易实现转化运用的应用型技术,但是部分大型跨国企业随着研发能力的提升,已经通过与公共部门合作,向能够获得知识产权保护的基础研究领域探索。随着创新理论体系的不断完善,合作创新、协同创新正越来越受到公共部门和私人的重视,协同创新已经成为农业科技创新的趋势。

3　发达国家和发展中国家私人农业研发投入比较

3.1　发达国家私人农业研发投入总量远高于发展中国家

私人农业研发投入在发达国家和发展中国家之间有很大差距。Pray和Fuglie对中国、印度等7个亚洲发展中国家1985—1995年的公共与私人农业研发投入研究发现,这期间私人投入年均增长10.1%,而公共部门仅为3.6%,私人投入增速明显高于公共投入[2]。但是,和发达国家相比,发展中国家私人农业研发投入比例明显偏低。根据Pardey等的调查,2000年,发展中国家私人农业研发总投入为8.62亿美元,而发达国家这一数值为120.86亿美元,是发展中国家的14倍。全球私人农业研发投入占农业研发投入总额的比重为36%，发达国家为54.3%，发展中国家仅为6.3%，差距十分明显，充分说明发展中国家私人农业科技创新投入还有巨大的潜力（表3）。

表3 2000年公共与私人农业研发支出　　　（单位：亿美元，%）

区域	支出（2000年不变价）			占总支出比重	
	公共	私人	合计	公共	私人
发展中国家	12.819	8.62	136.82	93.7	6.3
发达国家	101.91	120.86	222.77	45.7	54.3
合计	230.10	129.48	359.58	64.0	36.0

注：表中数据根据2000年不变价格计算后，以购买力平价折算美元。

中国私人部门发展时间较短，私人农业研发投入能力和投入总额均落后于发达国家，同发展中国家相比也有一定差距[12]。2000—2006年，中国私人农业研发投入以年均27%的高速度增长。2006年，私人农业研发投入已达到公共投入的22%，占总投入的比例则从20世纪末的2%提升至16%左右[7-8,12]。

3.2 发达国家私人农业研发投入主体的投入能力和研发水平更高

企业是私人农业研发的投入和执行主体，发达国家的私人企业投入能力和研发水平整体高于发展中国家。目前，国际上大规模农业跨国企业几乎都来自发达国家。2007年，全球农业研发投入排名前10的企业，全部来自发达国家。其中美国企业4家、德国3家，两者研发投入总额达到39.5亿美元，占10家企业研发投入的75.6%[4]。在美国、日本等发达国家，企业已经逐渐取代大学和公共研究机构，成为农业研发投入和经费支出的主体。相对而言，发展中国家农业研发仍以政府下属的各类公共研究机构为主，以企业为代表的私人发展严重滞后，主要体现在投入能力不足和研究能力匮乏。Pray和Fuglie在20世纪末对亚洲发展中国家私人农业研发投入研究发现，南亚一些国家农药和种子的研发主要依靠跨国企业，亚洲7个发展中国家的种子和家畜相关研发超过40%是由跨国企业完成的[2]。

3.3 发达国家具有更好的公私合作条件

公私合作模式（PPP）已经成为私人参与农业研发的重要途径。公共部门和私人在科技创新中有着不同的目标，公共部门相比私人更关注技术带来的社会效益，而私人则更关注技术的盈利能力[13]。研究表明，公共农业基础研究投入对私人研发投入有明显的促进作用，但是公共部门对应用开发型技术的投入对私人投入则有挤出效应[14]。为了解决公共与私人在农业研发中的分工与合作问题，发达国家较早建立了公私合作机制。例如，澳大利亚于1991年成立了合作研究中心（CRCs），用来加强产业研究机构与公共研究机构的联系；美国也于19世纪80年代建立公私合作机制，公私双方可以通过合作研发协议（CRADAs），互利合作。

相比之下，发展中国家公私合作则困难和复杂得多。一方面，发展中国家公共研发能力不足，例如哥伦比亚的咖啡、水稻、甘蔗和油棕种植者由于缺乏公共研究机构，只能通过自发组建种植者协会、建立试验站开展私人研究。另一方面，发展中国家私人合作与管理能力严重不足。由于缺乏大型的私人主体来主导研发合作，小规模私人主体（如农民、农民协会、农业企业）往往不具有研发能力，只能自筹资金，通过产业组织委托第三方研究机构来实现技术研发，建立由"农户+企业+基金会+协会+研发机构+中央产业管理组织"构成的一系列从私人到政府的研发组织体系[15]。这些研发实际上是一种委托代理关系，私人投资者缺乏对研发机构的实际控制，因此，常出现研究机构人员膨胀、管理费用与交易成本过高、机构官僚化和研发效率低下等问题。

3.4 发达国家为私人农业研发投入提供了更完善的制度环境

国家的整体社会制度环境对私人研发投入十分重要。Naseem等认为，政府部门既可以通过加强公共基础研究、强化税收优惠政策、给予研发补贴、建立技术转移中介、创造技术转化条件、完善政府技术管理与服务职能等方式，推动私人创新，也可以通过加强知识产权保护、提供创新奖励、加强技术外包与采购等方式，创造私人研发盈利机会，刺激私人投入农业[16]。如上所述，发达国家无论在私人技术的知识产权保护，还是促进私人参与技术创新的公共管理与服务方面，都已经形成比较完善的制度体系。相比之下，发展中国家还有很大的提升空间。以中国为例，公共部门主导的农业投入与研发体系的改革仍在进行中，远未达到一个较优的状态，在运行机制和管理体制上与发达国家还有很大差距。由于公共部门的部分职能定位与私人重合，导致对私人投入与研发的挤出依然存在[17]。

4 结论与建议

同发达国家私人农业研发投入的比较发现，发展中国家私人在投入总额、投入与研发能力、合作研发能力以及政策环境等方面同发达国家还有较大差距。发展中国家私人的发展不仅面临着资金、人才、技术与制度的约束，同时还面临着来自发达国家大型跨国企业的激烈竞争。因此，如何激励和促进本国私人部门的发展，是中国乃至全球发展中国家面临的一个难题。据此，提出以下建议以供参考。

（1）加快推进公共农业研发机构分类改革，突出公共研究机构公益性和服务性职能。结合国际发展经验，政府部门应以提升私人农业研发投入与研发能力为目标，以公共农业科研机构分类改革为契机，完成公共农业研发机构职能的转变；减少私人投入领域的公共研发投入，避免对私人投入的挤出；将基础研究类公共研究机构的技术服务对象重点转向应用开发型企业及相关研究机构，支撑和促进私人研发投入与发展。

（2）完善知识产权相关法律法规建设，加强市场监管和执法力度，提升私人部门知识产权保护意识。发展中国家需要提升知识产权保护力度，并且切实通过法律手段保障产权所有者的权益。当前，中国企业面临着技术升级和转型，任务之一就是要实现由原来的技术引进与改造向自主研发转型。在此过程中，知识产权是保护自主研发成果，实现创新收益的重要途径，因此，提升企业知识产权保护意识十分重要。从长期来看，创新仍是经济与社会发展的原动力，只有通过知识产权保护才能真正保护创新、激励创新、促进创新。

（3）顶层设计，科学规划，引导私人农业研发的发展方向。政府管理部门应从宏观管理角度，科学规划，加强私人农业研发投入方向的引导，重点扶持和培育较大规模、具有研发能力的企业，鼓励行业联合和企业的纵向发展。利用各类激励机制，从税收减免、融资支持、产权保护、人才培养等多个角度，支持私人农业企业的技术创新活动。在政策支持方面，要保障私人在项目申请中的平等地位。

参考文献

[1] ALSTON J M, PARDEY P G, SMITH V H. Financing agricultural R&D in rich countries: what's happening and why [J]. Austrilian Journal of Agricultural and Resource Economics, 1998, 42 (1): 51-82.

[2] PRAY C E, FUGLIE K O. Private investment in agricultural research and international technology transfer in Asia [R]. US Department of Agriculture Economic Research-Service, 2002.

[3] PARDEY P, ALSTON J, PIGGOTT R. Agricultural R&D in the developing world: too little, too late? [J]. American Journal of Agricultural Economics, 2006, 85 (3): 692-697.

[4] FUGLIE K O, HEISEY P W, KING J L, et al. Research investments and market

structure in the food processing, agricultural input, and biofuel industries worldwide: executive summary [J]. Economic Information Bulletin-USDA Economic Research Service, 2011 (90): 34.

[5] PRAY C E, FUGLIE K O, JOHNSON D K. Private agricultural research [M]. New York: Elsevier, 2007.

[6] ALSTON J M, PARDEY P G, ROSEBOOM J. Financing agricultural research: international investment patterns and policy perspectives [J]. World Development (Oxford), 1998, 26 (6): 1057-1071.

[7] 胡瑞法, 梁勤, 黄季焜. 中国私部门农业研发投资的现状和变化趋势 [J]. 中国软科学, 2009 (7): 28-34.

[8] 胡瑞法, 时宽玉, 崔永伟, 等. 中国农业科研投资变化及其与国际比较 [J]. 中国软科学, 2007 (2): 53-58.

[9] 黄季焜, 胡瑞法. 农业科技投资体制与模式: 现状及国际比较 [J]. 管理世界, 2000 (3): 170-179.

[10] PARDEY P G, BEINTEMA N, DEHMER S, et al. Agricultural research: a growing global divide? [M]. Washington, DC: International Food Policy Research Institute (IFPRI), 2006.

[11] PARDEY P, ALSTON J M, et al. Agricultural R&D spending at a critical crossroads [J]. Farm Policy Journal, 2006, 3 (1): 1-9.

[12] 黄季焜, 胡瑞法. 农业科研体制的国际比较 [J]. 农业科研经济管理, 2000 (1): 4-7.

[13] KING J, TOOLE A, FUGLIE K. The complementary roles of the public and private sectors in U.S. agricultural research and development [J]. Economic Brief-Economic Research Service, United States Department of Agriculture, 2012 (19): 8.

[14] HU R, LIANG Q, PRAY C, et al. Privatization, public R&D policy, and private R&D investment in China's agriculture [J]. Journal of Agricultural and Resource Economics, 2011, 36 (2): 416-432.

[15] BYERLEE D, ECHEVERR I A R G, et al. Agricultural research policy in an era of privatization [M]. CABI, 2002.

[16] NASEEM A, SPIELMAN D J, OMAMO S W. Private-sector investment in R&D: a review of policy options to promote its growth in developing-country agriculture [J]. Agribusiness, 2010, 26 (1): 143-173.

[17] 黄季焜, 胡瑞法, 王晓兵, 等. 农业转基因技术研发模式与科技改革的政策建议 [J]. 农业技术经济, 2014 (1): 4-10.

国际上基因抢注专利引发的争论与我国的因应对策

赵芝俊[1]，张 熠[2]

(1. 中国农业科学院农业经济与发展研究所新经济研究中心；
2. 中国农业科学院国际合作局)

自 2001 年 10 月 25 日《南方周末》头版以"种中国豆侵美国'权'"为题，披露了 10 月 22 日绿色和平组织在德国波恩召开的联合国《生物多样性公约》会议上，揭发美国孟山都公司"试图以垄断性的专利权，控制源自中国的野生和栽培大豆，影响大豆的研究育种，威胁地球生物多样性"这一爆炸性事件以来，在我国政界、学术理论界、新闻界都引起了强烈的反应。一时间关于孟山都这一做法是否属于侵权，我们要不要打一场"基因保卫战"，我国应该采取什么样的对策来防范以后此类事件的再次发生，成了人们普遍关心的话题。

该事件之所以引起如此强烈的反响，除了该报道所揭露的背后阴谋及其可怕后果使人感到不安以外，在相关的讨论性文章中所列举的关于美国的跨国公司把有"皇冠宝石"和"乡村药箱"之美称的印度传统香米和楝树抢注为自己的专利，并开始限制这些产品进入美国市场等诸如此类的事件，听来更使人不寒而栗。善良而本分的人们不禁会发出天理何在的惊呼。

鉴于孟山都申请专利事件并不是一个孤立的个案，也不是其一时的行为，它与知识产权、生物技术、基因、国家科技安全与经济安全等敏感而又关键的词汇已紧密联系在一起，这也预示着保护我国在生物技术领域的知识产权和国家利益已成为一项紧迫的任务。因此，如何通过理论分析和国际经验借鉴，找出关键症结，以便有理、有据、有节地通过正常渠道来维护我国的合法权益，确是件事不宜迟的工作；同时，如何通过必要的制度安排来杜绝此类事件再次发生，以适应世界经济一体化的需要，也已迫在眉睫。

为此，本文拟将从目前国际上基因抢注专利的现状与特点入手，并结合相关国际法和目前一些国家的应对经验，在对我国基因保护的立法规定和不足进行分析的基础上，给出我国在此问题上的因应对策。

1 当今世界生物技术领域知识产权争夺的态势

随着科技的发展和人们认识的不断突破,科技与经济的关系从来没有像今天这样紧密,正如人们常说的,当今世界谁掌握了科技的制高点,谁就将掌握经济发展的命脉。这反映在目前的生物技术领域,就是谁获得了基因专利,谁就能在国际上获得垄断基因产业的王牌,谁也就拥有今后基因开发的市场。正是由于基因及其产业的巨大商业利益,目前国际上基因知识产权的争夺正处于白热化状态。究其特点大致可以概括为4个方面。

1.1 争夺的态势越来越猛

自 20 世纪 80 年代美国最高法院裁定一种能消化油脂的细菌有机体可以成为专利品以来,美国的大型生物技术公司、科研机构也根据其最高法院的这一判决精神,为克隆而得的基因申请专利。从此,一场大规模的基因"圈地战"悄然打响。其中,世界上 3 家最大的基因组公司现已申请了至少几千个完整基因的专利。同时,它们还启动了包括棉花、大豆、高粱和番茄在内的农作物基因组计划,目的在于全面获得功能性新基因并占有新基因的知识产权。据专家估计,按此发展态势,在今后几年中,大多数主要农作物中的许多具有潜在价值的基因可能成为孟山都等大型公司的知识产权保护内容。

1.2 争夺的层次越来越深

从申请专利的生命物质形态来看,从个体、器官、细胞直到基因、基因片段、基因突变、单核苷酸多态性等,几乎无所不包。也就是说,除了基因层次的专利争夺外,如今这场战争又扩大到了比基因更小的基因片段(EST)。美国专利局在 20 世纪 90 年代初决定基因片段也能获取专利,虽然至今这类专利被批准的不多,但有关基因片段的专利申请却蜂拥而至,这些基因组公司甚至一测出一段基因序列即开始申请专利,没人知道究竟有多少有关 EST 的专利在等待批准。突变的基因,甚至是核苷酸序列上的单个差异(即所谓单核苷酸多态性或 SNP)也都可以申请专利。

1.3 国内争夺已走向国际争夺

由于专利的排他性,抢注基因专利便意味着可以借助全球经济一体化的趋势并通过 WTO 中的 TRIPS(即与贸易有关的知识产权协议)来影响相关国家的农业生产和农产品贸易,进而获取更大的商业和经济利益。尽管专利权人不能在授予专利的地理范围之外实施专利权,但根据 TRIPS,他可以阻止其他地方生产的含有专利的产品进口。例如,由于美国某大型生物技术公司基因抢注行为,印度的棉花生产商因生产含有美国专利 No.5,159,135 的转基因棉花而遭到美国对其产品出口的限制,造成巨大的经济损失。

1.4 富国及其所属的跨国公司明显处于争夺的上方

主要表现在富国及其跨国公司无论在游戏规则制定,还是经济与科技实力上,均处于明显上方。目前的大多数国际公约及 TRIPS 主要是在发达国家的操纵下确定的,它主要体现的是发达国家的价值观和自身优势。而且在这些协议的执行中,如果存在有不利于它的地方,往往又以其国内法为准。另据有关资料显示,昂贵的基因专利申请费用也已经严重困扰发展中国家争夺基因开发市场的制高点。例如,在日本和欧盟申请一项专利须缴纳 2 万美元,美国 1.7 万美元。这对发展中国家的公司、科研机构来说无论如何都是难以承受的。而发达国家则可以借助强大的经济实力在世界范围内广泛抢注专利,使发展中国家的许多传统优势产品生产和贸易陷入被动。

2 生命物质授予专利权的争论与目前的有关公约规定

2.1 生命物质能否被授予专利的争论

是否应该对动植物品种、遗传资源和基因等生命物质授予专利,在授予的原则和标准上如何把握,在国际上也是一个争论不休的问题。

焦点之一是生命物质是否满足专利的一般条件。从专利授予的条件看,只要能符合获取专利的四项基本要求——新颖、有用、不明显和全部公开,就都可以取得专利。各国对生命物质是否授予专利也基本上是根据上述特征来确定的。但由于对新颖性、有用性及不明显等的理解不同,各国在对生命物质授予专利的尺度把握上存在差异,对单纯的基因(或基因片段等)是否也该授予专利,反映也不一致。反对者认为,基因早已在自然界存在,不能算是"新颖"的事物,因此不能获取专利。但是支持者反驳说,并没有人获得自然状态下的基因的专利。那些获得专利的基因都是从体内被分离、复制、加工和纯化的。既然经分离和纯化的化学物质历来被认为可以获得专利,那么经分离和纯化的基因也可视为属于这种化学物质。

有关生命形态的专利的核心问题,在于如何区分发现和发明。按一般人的观点,只有发明才能拥有专利,而发现不行。那么,克隆基因究竟是属于发明还是发现？反对派认为遗传物质是自然界的一部分，而基因又是遗传物质的一部分，因此对它的任何操作都不属于发明，而是发现。支持派则认为，要描述基因的结构（即测序）必须对基因进行克隆，而克隆是一种创造，也就是发明。

焦点之二在于专利权泛化及其负面效果。泛专利化的表现主要是在肯定大多数生命物质具有可专利性特征的前提下，受利益的驱动把专利权的授予扩大化，甚至违背专利应具备的基本特征及其在实施中应有的必要限制。这就造成了一些基因组公司一经测出一段基因序列即开始申请专利，而不问这些基因有何功能，或其新颖性、不明显和全部公开的可能性有多大。难怪有人质疑：当克隆一个基因需要花上几年时，还可以说是"不明显"的，而在几天就可以全自动克隆一个基因的今天，是否还能算得上"不明显"？甚至还有人认为，根据"不明显性"的要求，在同一类转基因生物中，只有第一种才可以获得专利，而以后的同类转基因生物，由于技术、结果都很明显，就不该再给予专利。

此外，在发达国家的专利制度规定和保护下，产生了一系列违背常理及有关国际协定，甚至有碍技术进步的负面效果，这也使人们对生命物质授予专利的可行性产生疑问。这些负面效果主要表现在：第一，大量的专利授予了来自发展中国家的遗传资源，而资源所有人并没有被告知或征得其同意。专利保护使他们丧失了竞争者的地位，成了原材料免费的提供者。第二，有些专利广泛的权利范围，限制了遗传资源的获得。比如有些专利要求以功能为基础，而非结构。有些专利覆盖所有没有显著差别的遗传资源或者能应用所发明技术的所有植物种类，如将 Bt 基因转入到大部分田间作物中。第三，有些被保存在种质资源基因库或者由国际机构负责的遗传资源通过育种者权利被保护起来。而根据以往的有关约定，这些遗传资源都属于世界，不应当被某个中心或材料的受赠人用来申请知识产权保护。第四，对于生命物质授予知识产权引发了大量的道德讨论，很多人认为应当阻止私人得到这类物质的专利权。因为一旦私人得到专利权，他们就有各种各样的办法阻止别人使用，阻止材料散播。

照此发展趋势，上述问题会越发严重，专利权究竟保护什么也都成为问题。

2.2 与生命物质保护有关的国际公约及 TRIPS

尽管关于生命物质是否应该予以保护，或哪些生命物质应该通过专利得以保护的争论也许会持续进行下去，但许多国家出于自身利益的考虑还是通过协商、较量和妥协，在生命物质保护方面达成了一些国际协议或公约，并在现实中付诸实施。从目前的情况看，关于生命物质保护的相关协议和公约主要有以下几个。

2.2.1 《国际植物遗传资源协定》（简称 IU）

该协定承认农民对植物多样性的贡献，强调田间保存。但随着时间的推移，对遗传资源的国际性规定也在逐步改变。1983 年的 IU 第 5 条中规定："拥有植物遗传资源的国家或研究所在植物遗传资源样品用于科研、植物育种或遗传资源保存的情况下应该允许他人得到资源的样品，允许其出口，在相互交换或相互同意时，样品免费提供。"但此后经过修改的 IU 的主要目标与《生物多样性公约》的目标相一致，这意味着获得遗传资源不再是免费的。

2.2.2 联合国《生物多样性公约》（简称 CBD）

该公约注重"离境"保存，即建立种质资源库，并规定了获得遗传资源的办法和利益分享的原则，以及资源属于国家的原则。根据该公约，一国遗传资源被视为其国家主权范围，遗传资源的取得须经提供这种资源的缔约国事先知情同意，而且提供遗传资源的国家，有权"公平分享研究和开发此资源成果及商业和其他方面利用此种资源所获得的利益"。

2.2.3 《国际植物新品种保护联盟公约》（简称 UPOV）

它是当代国际植物知识产权体系的基础。根据 UPOV 规定，育种者权利的核心内容是享有为商业目的生产、销售其品种的繁殖材料的专有权。UPOV1991 年文本将育种者的权利扩大到禁止侵权品种进口。在强调保护育种者权利的同时，UPOV 对育种者的权利也有所限制，例如，出于公共利益考虑或者为了推广新品种，可以不经过育种者同意而使用、繁殖其新品种。

在受上述公约及协定约束的同时，成员国也根据各自的国情及经济与科技发展的状况分别制定了相应的法律制度来保护本国的生命物质，其中，授予专利权就是一项重要措施。但随着关税与贸易总协定乌拉圭回合多边贸易谈判结束和随之成立的世界贸易组织（即 WTO），为了强化世界多边贸易的职能，有效规范国际贸易秩序，推进各国贸易经济的联系和发展，在其管辖的一系列协定中，首次列入了《与贸易有关的知识产权协议》（简称 TRIPS），并使其与《农业协定》和《货物贸易多边协定》并列成为 WTO 规则框架的核心。

应该指出，该协议是在西方发达国家主导下，经过多边谈判所形成的旨在通过加快国际上知识产权立法进程，促使其他国家尤其是发展中国家加大知识产权执法力度，从而最大限度地保护发达国家科技优势和经济利益的有关知识产权保护的协议。如果说 TRIPS 以前的协议和公约只是为在知识产权方面产生争议的两个国家间进行双边协商和谈判提供了一个共同基础，那么TRIPS则是一个明确地与国际贸易联系在一起的知识产权保护协议，同时引入知识产权争端的解决机制，将知识产权侵权与贸易制裁直接挂钩。

目前，在TRIPS约束下，各成员国特别是发展中国家都不得不完善知识产权立法和执法制度，以避免因侵权而遭受贸易伙伴的经济制裁。

需要指出的是，TRIPS或其他与生命物质保护有关的国际协议都没有强迫WTO成员对自然界存在的物质采用宽泛的专利范围，如基因、细胞或植物。但TRIPS的广泛签署，意味着到目前为止，世界上对生命物质的专利保护已形成了以下共识：①当生命物质满足可专利性的要求时，它们具有可专利性；②动物品种、植物品种和繁殖动物或植物的生物学方法不具有专利性，但如果有关的植物或动物发明不限于特定的植物或动物品种，则不排除其可专利性；③当满足可专利性的要求时，微生物的发明或其相关方法具有可专利性；④对生命物质的简单发现，如一个基因的DNA序列，不具有可专利性，但若该生命物质是通过分离而得或由技术方法生产的，既具有不易得或非显而易见的特点，也不排除其可专利性。⑤生命物质的专利保护应受到道德伦理与公共秩序的制约。

总之，生命物质是否具备可专利性的条件是一回事，但实际上能否得到专利保护，还要根据各个国家的法律规定来判断。

2.3 一些国家的有关法律规定与保护模式

专利是知识产权保护的一种重要方式，而知识产权法是一系列保护知识资产的制度。不论知识产权法还是专利法，其目的都是通过赋予知识产权的所有人某种权利和法律地位，保护权利人的权利，鼓励知识资产的生产，促进科技事业的发展。

目前在国际上，即使有知识产权制度的国家，其中有许多也都把生命物质排除在可授予专利权的范围外。这些国家大多数是发展中国家，其中也包括中国。例如，我国《专利法》明确规定，对"动物和植物品种"不可以授予专利。因此，不论是用传统的生物学方法饲养或培育的动物和植物新品种，还是通过基因工程的DNA重组技术或现代杂交技术得到的转基因试验动物或中草药新植物，目前在中国都不给予专利保护。

从目前国际上立法状况看，涉及植物新品种保护的立法模式主要有专利法和植物专门法。虽然对生产植物品种的方法各国均给予专利保护，但是对于植物品种本身，多数国家或者国际组织都采用植物专门法的形式给予保护，例如中国、德国、澳大利亚、欧盟等；少数国家以专利法来保护，例如日本、法国、丹麦；极少数国家采用专利法和专门法共同进行保护，例如美国。其《植物专利法》第 161 条将植物专利规定为：无论谁发明或者发现无性繁殖任何独特的和新颖的植物品种，包括培育的变种、异种、胚种和新发现的秧苗，而非试管培植的植物或者在未培育状况下的发现，均可依据本法之条件要求取得专利。

由此看来，什么东西可以被授予专利是因时因地而有所不同的。另外，站在不同的角度，使用不同的尺度也往往会得出不同的结论。

2.4 对孟山都生物技术公司抢注中国野生大豆高产基因的合法性的判断

首先，如果不考虑孟山都公司获得原产于中国上海郊区的野生大豆合法性的前提下，孟山都公司对其获得的有关控制大豆高产的基因申请专利是有一定合法性的。因为专利权保护的目的是要保护一种有用的劳动和成果。就这一案例来说，无论是高产基因的获得方法和技术手段，还是对这一高产基因的认识，都融入了科学家的劳动，也是生物公司大量资金投入的结果。同时，在这种高产基因被发现之前并没有人提出过获得这种大豆高产基因，因此，它具有可专利性的一般要求。

其次，从此次讨论的文章以及孟山都提供的辩解材料看，很难对其获得中国野生大豆高产基因的合法性给以判断。但如果它是通过非正常渠道获得的，那么根据《国际植物遗传资源协定》和联合国《生物多样性公约》以及《国际植物新品种保护联盟公约》，显然它在我国申请专利是站不住脚的。因为，第一，它没有经过我国的知情同意；第二，在遗传资源属于主权范围的国际规定下，孟山都公司用其从事商业性活动本身就是违法的做法；第三，如果是在知情同意的情况下，根据上述协定我国应有权经过协商分享此遗传资源商业开发的利益。

最后，对遗传资源的管理混乱和知识产权意识淡薄造成遗传资源流失，可能是此次事件发生的直接原因。

3 生命物质专利权保护的一般趋势及我国在此方面存在的问题

3.1 生命物质专利权保护的一般趋势

生命物质专利权的保护趋势主要表现在 3 个方面：

首先，对生命物质实行专利权保护是大势所趋，但生命物质都能授予专利的标准将越来越严格。因为对生命物质实行专利保护所产生的利益刺激，有利于产权人合法权利的维护，并最终促进科技的不断发展。但是，如果专利过多、过于琐细，也可能妨碍科研的进步和经济的发展。因此，为了规范基因专利申请，体现专利权应符合"有用"这一基本要求，美国专利局已提高了"有用"的标准，即必须证明该基因具有什么具体的功能，以及其在农业上可能的应用价值。因此目前美国专利局很少给予基因片段、SNP 专利。

其次，发达国家仍将处于立法和执法的有利地位，使得 WTO 各成员国特别是发展中国家都不得不完善知识产权立法和执法制度，以避免因侵犯知识产权而遭到贸易伙伴的制裁。TRIPS 的生效就标志着知识产权保护进入一个新的历史时期。

最后，对许多发展中国家来说，TRIPS 也有一定的灵活性，这为发达国家与发展中国家之间的摩擦和未来的 T RIPS 修订留下了讨论空间。为此，发展中国家有必要对 TRIPS 及其他相关规则进行深入研究，并根据本国的实际情况和需要制定出国家的法律规定和实施策略。

3.2 我国生物资源保护存在的问题

3.2.1 我国对生命物质授予专利的法律规定

我国的专利共分三种，即发明、实用新型和外观设计。对于发明和实用新型，我国规定应具备三性：创造性、新颖性和实用性，但没有给出明确的定义，这符合国际上的一般作法，也为今后科技发展留出空间。我国《专利法》对于科学发现、智力活动的规则和方法、疾病的诊断和治疗方法、动物和植物品种、用原子核变换方法获得的物质不授予专利权。这就是说对于生命物质没有规定是否授予专利，但动物、植物的生产方法可以授予专利权。另外，对违反国家法律、社会公德或妨碍公共利益的发明创造也不授予专利。但 1992 年 9 月 4 日第七届全国人民代表大会常务委员会第二十七次会议通过《关于修改〈中华人民共和国专利法〉的决定》，第一次修正了《专利法》。《专利法》第二十五条删除了对"药品和化学方法获得的物质"不授予专利的规定，可以理解为微生物及遗传物质发明、生物制品的发明受《专利法》保护。

另外，结合我国立法状况和国家经济发展水平，同时为承担我国参加的国际条约的义务，也为中国加入世界贸易组织履行成员国义务做好积极准备，我国于 1997 年 4 月 30 日公布了《中华人民共和国植物新品种保护条例》，这是对植物新品种采用专门法进行保护的法律制度。这标志着我国植物新品种保护的法律体系框架已基本建立。与之配套的《中华人民共和国植物新品种保护条例实施细则》也已经实施，使这一法律制度日臻完善。我国依照1978年文本加入UPOV，并根据我国实际国情，已将水稻、玉米、菊属等列入植物新品种保护范围，不属于该保护范围的植物新品种不能申请品种权。

3.2.2 我国生物资源保护存在的问题

由于我国在对生命物质保护方面还处于起步和探索阶段，在专利保护制度和实施策略上还存在下面一些缺陷和不足。

首先，认识不足，进而导致日常管理和保护的意识不强，力度不够。在认识方面，由于受传统体制的影响，无论政府管理部门，还是科研机构，都没有把生命物质的知识产权保护当作新形势下涉及经济安全和科技安全的重要工作来抓。表现在日常工作中，就是对科研成果的知识产权的重要性宣传不够，造成公众知识产权意识淡薄，对产权人的合法权益维护不够。

其次，管理和服务不到位，或存在真空。在管理上，一个是机构不健全，服务不到位。例如，中国农业科学院这样一个国家级农业研究机构，目前仍没有一个知识产权管理和服务机构，难怪该院纵然每年都有几百项或上千项科研成果而很少有人申请专利。其直接后果是大量的具有自主知识产权的科研成果没有或不能获得专利保护。另外，知识产权意识淡薄和管理不到位，也是我国大量遗传资源流失海外的重要原因。

最后，我国保护生命物质的法律规定与新的形势不相适应。这主要表现在：尽管我国现行《专利法》对基因方法、基因产品、转基因微生物等进行了保护，但未对基因序列本身和转基因动植物进行保护。另外，我国在《专利法》的实施细则中对"新颖性"的描述不够具体。而且，在具体工作中也没有加大对种质资源，尤其是小宗农作物、药用植物及其他具有潜在利用价值的植物种质的收集、整理并将其保存在种质资源库中，同时加强"文字与口头公开"等保护性工作。还有，对于生命物质授予专利的条款，许多发展中国家都采取严格的限制条款，以防止大型跨国生物技术公司的垄断，这也是TRIPS所允许的。但我国对于此问题的限制条件偏松，这在一定程度上会助长跨国公司对我国特有物种基因的抢注和垄断。

4 新形势下我国生物技术知识产权保护应采取的对策措施

在我国，对知识产权进行保护的历史还很短，无论是在人们的思想认识方面，还是在目前的法律制度和管理体制等方面，都还有大量的工作要做，这不仅是促进科技发展，保护知识产权所有人的合法权益的需要，更重要的是它还是实现国家经济安全的需要。为此，在目前情况下，采取下列措施和对策不仅十分必要，而且还十分迫切。

4.1 加强知识产权重要性的宣传力度，并把它作为一种自觉的行为在制度上加以规范

具体来说，首先，在认识上要到位，在全社会形成尊重知识的良好风尚。要认识到确立和保护知识产权既是促进发明创造的重要激励方式，也是在现有条件下增加私人在农业公共研究领域投资的可行措施。同时，知识产权制度的公开功能要求在保护发明人权利的同时，公开技术内容，从而促进智力成果的推广和交流，促进科技信息的流通，并有效地记录科技发展的新进展，成为最系统、最全面的科技信息源。其次，要加强对科研人员关于知识产权保护的宣传和普及，提高各级领导和科研人员的知识产权意识，并加强对知识产权保护问题的研究，以确保灵活、充分地利用法律来保护自己的权利和资产，也防止我国独特的生物种质资源和生物技术成果的流失或泄密。

4.2 加强国内相关知识产权的立法和制度建设工作，从源头上最大限度地保护我国生物技术领域的知识产权

我国幅员辽阔，气候类型多样，植物品种资源和遗传资源非常丰富。同时，我国的农业科技工作者经过多年来的不懈努力，已经获得了大量的生物技术成果。充分研究 TRIPS 和其他相关的专利授权条款，并采取相应的措施，将会对我国的种质资源和技术成果产生积极的保护作用。

首先，在立法上，针对我国《知识产权法》存在的不足和缺陷，加大研究和完善的力度，使其最大限度地与国际通行规则相一致。比如，要尽快将一些条款更加明确和细化，针对我国《专利法》对"新颖性"的界定不甚明确的情况，应在对"新颖性"的定义中加上使其丧失的条件，比如，文字或口头公开及种质资源库保存的种质等都不具备新颖性，以防止大型跨国生物技术公司以种种借口抢注我国生物种质资源专利的情况发生。对于生物体专利的条款，建议根据我国生物技术研发的实际能力与跨国公司在我国生物技术专利申请的趋势，在松与紧之间找到适当的平衡，防止过松后难以收紧，造成以后的被动局面。

其次，在管理策略上，要尽快在各层次建立相关的机构，从组织机构上促进我国生物技术领域知识产权的保护工作。例如，在各大学和研究院所设立知识产权办公室，以便管理本机构知识产权工作，为发明人提供一切必要

的服务；将发明技术成果推向市场，对技术转移的可行性进行分析、论证，提供全套专利事务服务，管理知识产权资料库，以促进技术、方法和产品的转让和转化，实现资金、智力投入—技术成果—实现收益—回收投资—实现下一轮更大的投入这样一个技术发展的良性循环。

4.3 加大科学研究的投资力度

在"有所为，有所不为"及"有限目标重点突破"的原则下，集中力量在一些关键领域实现突破，抢占科技发展的制高点。在对基因专利的瓜分越来越激烈的形势下，如果我国现在不加强原创性的研究，提高科研力量，壮大科研队伍，那么将来我国也许就会成为一个技术殖民地。不久的将来，我国研发基因药物、基因治疗，很可能要花费巨资向国外购买基因资料！

4.4 加强生物技术知识产权问题的研究

在TRIPS许可的范围内充分利用这些自由处理的空间，或在下一轮WTO多边谈判和其他国际规则的制定中体现我国这样的广大发展中国家的利益。例如，从比较可以看出，发达国家的生物专利权同《生物多样性公约》存在部分抵触，该《公约》作为一份有法律约束力的国际性协议，它承认遗传资源是国家资源的一部分，应受到保护。因此，从这一点出发，应该联合广大的发展中国家据理力争，保护发展中国家的生物遗传资源和种质资源免遭侵权，充分避免"种中国豆，侵美国权"的事件的发生，并最终保证我国的经济安全和农业的稳定与持久发展。

参考文献

[1] 佚名.中国科学家针对大豆反击"生命海盗"[N].北京晨报，2001-11-2.
[2] 佚名.种中国豆侵美国"权"[N].南方周末，2001-10-25.
[3] 张熠.WTO与中国农业生物技术知识产权体系——TRIPS协议与中国的对策[D].北京：中国农业科学院，2001.

中美转基因棉花品种在国内的推广模式比较及政策建议

张社梅,赵芝俊

(中国农业科学院农业经济与发展研究所 北京 100081)

摘 要:从美棉和国产棉推广模式角度,考察了美棉和国产棉相继推广以来的变动情况,重点分析了在推广主体、推广形式以及推广环节等方面二者的不同,提出了促进国产抗虫棉推广工作的政策建议。

关键词:转基因棉花;推广模式;政策建议

在中国转基因棉花品种中,美国孟山都公司和中国农业科学院生物技术研究所是主要的基因来源单位。虽然两国转基因棉花的种子研发和推广分属于不同性质的机构和体系,但在中国棉区都得到了迅速的推广。本研究试图通过比较分析两者推广模式并获得一些启示,提出政策建议。

1 中美转基因棉花推广应用概况

1.1 中美转基因棉花推广面积及其所占份额变化

1996 年,美国岱字棉公司(DPL)与河北省种子公司合资成立了冀岱棉种技术有限公司,开始在河北省推广转基因抗虫棉,这是中国最早推广的转基因棉花。转基因棉花以其良好的抗虫性在推广初期就赢得棉农欢迎。到 1998 年,全国的转基因棉花种植面积达到约 25.3 万 hm^2,其中,美棉约占 96%。随后,由于国产转基因棉花科研的不断突破,加速了国产转基因棉花的推广,其所占份额也迅速扩大,到 2004 年已超过美棉所占比例[1]。

基金项目:农业部" 948 "项目(2005-Z46)。

1.2　中美转基因棉花的推广区域分布情况

由于新疆转基因棉花种植还没有放开，因此，转基因棉花的推广区域主要集中在长江中下游省份和黄淮海平原地区。美国转基因棉花最初是在产棉大省河北省推广，随后扩大到安徽、山东、河南。国产转基因棉花最初也是在河北推广，目前已经遍布全国各大棉区。因此，从推广区域来看，河北、山东、河南、安徽等是中美转基因棉种市场竞争激烈的区域。

1.3　中美转基因棉花推广品种变化情况

孟山都公司在中国棉种市场首先推广的是新棉 33B，2001 年又推出新棉 99B，都是单价转基因棉花，种子价格起初较贵，现在的平均价格在 18~42 元/kg。国产抗虫棉品种包括单、双价抗虫棉，至 2005 年通过审定的品种已经达 49 个，国产抗虫棉种价格在 20~35 元/kg[2]。

2　美棉推广模式

美棉在国内的推广主要是以设立合资公司为核心，通过引种、繁育、加工、销售实现棉花种子的产业化推广。合资公司的成功运作使美国转基因棉花品种得到了迅速的推广。本文以冀岱模式为例。

2.1　推广主体

冀岱公司的美方合作伙伴岱字棉公司和孟山都公司都是大型私人公司，在转基因棉花育种和种子生产方面有很大优势[3]。冀岱公司从组建伊始就以引进美国抗虫棉品种为主要技术来源。

2.2　推广框架

美棉的推广始终是以公司为核心，来实现产业链的良性循环。公司先从国外引种后，把种子发给生产协作单位，协作单位再发给基地的繁种农户。公司再将生产出来的商品种子回收及加工，分发到合作经营单位各棉区的冀岱公司经销站。由这些经销站最终销售到棉花种植农户手中，形成以冀岱公司为中枢、从农户到农户、各环节紧密联系的产业链条[4]。

2.2.1　各环节利益机制的建立

冀岱公司确立了以利益链条连带产业链条的思路。繁种基地以高于商品棉市场的价格从繁种户手中收购籽棉，初加工后冀岱公司以更高的价格购回质量合格的毛子生产商品棉种，商品棉种通过经销站销往农户并获得利润，棉农通过大田种植获得收益。

2.2.2 各环节种子质量的控制

冀岱公司实行动态的质量控制手段。种子生产上实行从播种到收获的监督指导；加工采用计算机控制，实现机械自动化；采用先进的进口仪器进行质量检验，建有先进的棉花种子检验室，对生产、加工各环节的技术参数及检验结果加以跟踪和分析[4]。

2.2.3 营销网络方面

冀岱公司按照一县一站原则，以植棉县的主要棉花种子经营单位为骨干，设立地方经销站，从而建立遍及棉区的销售网络。种子由经销站负责在当地批发和零售，冀岱公司不向经销站所在地的任何非经销站的单位和个人销售。

2.2.4 推广的配套服务

技术服务方面，公司在主要植棉县设立示范村、示范户，以传播技术、反馈信息，配有当地的技术人员开展培训和解决棉农遇到的问题。另外，当地政府在调运种子、资金筹措、地膜供应、知识产权的保护等方面给予大力支持。

3 多元化的国产棉推广模式

3.1 推广主体

国产转基因棉花的推广主体包括各类棉种公司、棉花育种科研单位以及政府各级推广部门。棉种企业有私人公司，也有科研单位的下设企业，但是一般规模较小，产业化经营实力较弱。棉花育种单位多为国家级或者省市级农科院下设单位，集育种和推广为一体。推广部门主要是农技推广机构，主要依托于课题或者项目进行技术、品种的推广，同时也兼营棉种。

3.2 推广框架

3.2.1 基本推广架构

与推广主体的多元化相伴，推广渠道也呈现出多向运行的态势。首先是基因构建单位和各地的育种单位（或者公司、民间组织）联合，进行新品种的选育。选育成功后，新品种通过经国家或者省级棉花新品种鉴定单位审定合格以后，就可以在育种基地开始进行规模化生产，然后投放市场。私营种子公司、科研单位下设或者控股公司、农技推广中心等单位通过各种渠道批发和经营这些种子，然后通过自己的销售网络最后到达植棉农户手中。

3.2.2 联结机制

联结机制的形式有：一是科研单位与企业联合组建科技贸易公司，科研单位以买断品种权或技术股的形式，与企业进行转基因抗虫棉的产业化开发，如由中国农业科学院生物技术研究所（技术入股）组建的创世纪转基因技术有限公司，中国农科院棉花所下设的中棉所科技贸易公司等。二是政府参与推动型的，以国有股份为主，依赖原有的棉花育种基地构建的推广形式，如江苏省农业技术推广中心联合本省优质棉基地县棉花原种场、良棉厂共同组建的江苏科腾棉业有限责任公司，河南省农业厅经作站联合本省优质棉基地县良种棉加工厂组建的豫棉公司等。三是以协会形式进行推广，如湖北省优质棉产业协会、河北省河间市国欣农研会等协会联合相关棉种企业，走"协会+公司+农户"的产业化之路。总之，通过股份合作、联产联销、特许经营、品种权转让等形式，国产转基因棉花形成了多种联结形式的推广模式[5]。

4 研究结论与政策建议

4.1 研究结论

4.1.1 中美转基因棉花迅速推广各有其特定的原因

美棉的成功推广可以归结为以下几个原因：①20世纪90年代前期大面积棉铃虫灾害的暴发造成巨大损失，常规技术难以奏效的情况下，用生物技术防治棉铃虫成了必然选择。②冀岱公司本身的优势。无论是引进的转基因技术，还是企业的管理经验，这些硬件及软件上的优势为高效率的推广工作打下坚实的基础。国产棉的迅速推广可归结为这样几类原因：①国家重大科技项目的支持。转基因棉花相继受到国家"863"计划、中华农业科教基金、农业部发展棉花专项等多项国家重大项目的资助[1]。这些项目促进了棉花科研、生产、推广各部门的互相配合，使得国产转基因抗虫棉技术创新与产业化发展取得了长足进步。②种子市场激烈竞争的结果。国产转基因抗虫棉研制成功时，美国抗虫棉已先期进入中国市场（河北省）。在虫害与跨国公司的双重压力下，国产棉必须迅速研制出更高质量的棉花种子和构建一套自己的推广体系[6]才能打破美棉的垄断。国产抗虫棉研究单位变压力为动力，不断创造新成果，在政府部门、育种单位、种子公司、推广部门的共同努力下，国产棉在较短时间得以大幅度的推广。

4.1.2 从推广的运行机制来看，国产棉推广的运行机制还很不完善

美国转基因棉花推广主体比较单一，公司运作的"责、权、利"十分清

晰。国产转基因棉推广的市场主体多,经营比较分散,中间环节多,运行机制上品种选育和生产经营基本上还分属于不同的部门,"责、权、利"分离。虽然一些转基因棉花科研育种单位、种子经营公司与技术推广机构之间初步形成了联结,但是处于种子市场的转型期,这种利益连接机制还很不完善,如有些科研单位以技术入股种子企业,种子企业却没有反馈盈利给科研单位;种子企业与政府推广机构之间的不规范竞争等。这种相对比较松散或者不规范的利益联结破坏了本来各自发挥比较优势、共同分享收益的良性循环体系的建立,也延缓了种子持续推广机制的形成。

4.1.3 从转基因棉花种子市场来看,中美棉种都面临市场杂乱的局面

美棉品种较少,33B 和 99B 是美国主要的推广品系。国产棉品种较多。但是美棉的种子纯度及其棉花品质对纺织的适应性要优于国产棉,这可能是因为在棉花采摘、收购、加工环节美棉管理更严一些。但是,两种转基因棉花均面临种子市场"多、杂、乱"的局面,假冒名牌种子的情况时有发生。

4.2 政策建议

4.2.1 努力营造良好的竞争环境,促进棉种市场资源整合,促进技术进步继续在中国棉花生产中发挥更大的作用

种子市场的对外开放是必然的,随着开放程度的提高,市场竞争也越来越激烈。这对我国棉种市场来讲既是机遇又是挑战,国家只有加快相关体系的建设,包括完善转基因作物管理办法,保护种子知识产权,严厉打击各种非法经营活动等,为棉花种子产业化发展扫除障碍,为促成我国种子市场资源在竞争中的不断整合优化营造良好的外界环境,才能顺利推进我国棉花生产的技术进步,全面提升棉花及棉纺制品的竞争力。

4.2.2 构建转基因棉花推广的长效利益联结机制

长效利益联结机制的建立要以市场为导向,通过行政手段和政策引导,逐步厘清各层利益关系,在一定范围内形成核心机构作为市场运作主体,从而实现集种子育、繁、推、销一体化经营于一身的真正转变,形成根据实际生产和市场需要进行研发,研发活动产生高技术含量的种子,种子流通形成的利润顺利反馈给研发活动,又促进新技术的产生的这样一个由同一市场运作主体完成诸项活动的良性循环。实现这一目标必须加快配套的行政管理制度、科研育种体制以及种业市场化的进程。

4.2.3 加强种子硬、软件技术及其应用水平的不断改进和提高

从微观推广主体角度讲,与美棉公司相比较,我国在种子加工、检验、储藏、包装和标牌销售的技术与管理上也都存在着不小的差距。这些硬件和

软件条件都有待于在实践中不断地提高和改进。

4.2.4 进一步重视国际市场的拓展

我国的转基因棉花技术已经达到国际先进水平,但是推广基本上还仅限于中国,而美棉基本已经占据了全球的市场。在多数亚洲国家希望种植转基因农作物的情况下,应放开视野,积极发展我国的外向型转基因农作物产业,从整体上带动中国转基因农作物产业的迅速崛起。这方面,美棉以合资公司形式向外推广的经验值得借鉴。

参考文献

[1] 夏敬源,邹奎,马志强,等.国产转基因抗虫棉技术集成创新与推广应用[J].中国棉花,2006,33(10):2-5.

[2] 苏军,黄季焜,乔方彬.转 Bt 基因抗虫棉生产的经济效益分析[J].农业技术经济,2000(5):26-31.

[3] 张保起,李志勇.从冀岱公司的成功实践看种子市场对外开放的重要意义[J].种子科技,2000(5):257-258.

[4] 高永明,赵玉莲,武运东,等.冀岱公司棉种产业化之路[J].中国棉花,2003,30(11):37-38.

[5] 夏敬源,马志强,田明军.国产转基因抗虫棉的发展成就及其作用[J].中国农技推广,2004(6):4-6.

[6] 林崑,姚润丰.棉田里的"世界级"创新冲刺——国产转基因抗虫棉创新体系调查报告[N/OL].http://science.aweb.com.cn/2006/5/4/10063877.htm,2006-5-4.

国产转基因棉花科研投资收益的定量分析

张社梅[1]，赵芝俊[2]，朱希刚[2]

(1. 浙江省农业科学院农村发展与信息研究所　杭州　310021；
2. 中国农业科学院农业经济与发展研究所　北京　100081)

摘　要：本文运用 DREAM 模型，采用 29 家国产转基因棉花研究机构的调研数据，对国产转基因棉花的投资收益及内部收益率进行了计算，并就影响收益的一些敏感性因素进行了分析。计算结果表明：1991—2005 年，国产转基因棉花科研投资的内部收益率为 60.57%，远高于商业利润率；当前的转基因棉花品种为黄河流域带来的经济收益要大于长江流域，为消费者带来的收益大于生产者；预测得出，在播种总面积不变的情况下，转基因杂交棉采纳率每提高 1 个百分点，收益增加近 100 万元；单产水平的变动要比农药使用量的增加以及品种使用寿命期缩短一年这两个关键因素对收益的影响更大。

关键词：转基因棉花；科研投资；内部收益率；DREAM 模型

1　研究背景

国产转基因棉花产业化的成功不仅为增加棉农收入、维护生态环境做出了重大贡献，更重要的是扭转了国外公司垄断中国转基因棉种市场的严峻局势。国产转基因棉花产业化的成功也引起了经济理论界的广泛关注。理论界对其展开了多个层面的评价和研究，主要包括：转基因棉花生产的成本收益分析，如农药使用量的减少、生态环境的改善、农户新技术采纳行为的影响等；安全管理方面的成本收益分析，包括转基因棉花的安全管理规则、田间害虫抗性管理等；经济贸易与福利分配分析，包括转基因棉花技术带来的收

本文得到农业部"948"项目"国家农业研究政策、计划和项目评估与决策支持系统"（项目编号：2005-Z46）的资助。

益在相关利益群体之间的分配,以及在国际贸易中贸易国之间利益的分配等[1]。然而,以上研究并未涉及转基因棉花的科研领域,对国产转基因棉花的科研投资回报情况至今很少有人进行评价,对经济收益的计量分析也非常笼统,没有对不同品种(转基因常规品种和杂交品种)、不同棉区(主要是黄河流域棉区和长江流域棉区)影响收益的关键要素分别进行计量分析。另外,在经济收益的计算方法上,学者们普遍使用的经济剩余法假定,新技术采用所引起的棉花供给曲线的移动比例是固定不变的[2,3],而实际上,由于农户采用新技术的先后次序不同、转基因棉花品种单产及生产成本在整个品种使用寿命期是变化的,供给曲线的移动也呈动态变化。

基于以上考虑,本研究试图将对转基因棉花经济效果的评价从生产领域延伸到科研领域,选用国际食物政策研究所(IFPRI)开发的动态评价农业科研投资收益的 DREAM(Dynamic Research Evaluation Management)模型,分不同品种、不同棉区,力求更为详细、准确地对国产转基因棉花的经济收益①和投资回报进行估计,同时进一步丰富和完善中国转基因作物经济领域的研究工作。

2 DREAM 理论方法及其在国产转基因棉花经济收益评价中的应用

DREAM 模型以经济剩余原理和局部均衡贸易模型为基础,更为详细地考虑了市场类型、供给曲线的动态变动等实际情况,是专门用来评估农业科研投资收益的模型[4]。

2.1 DREAM 模型简介

2.1.1 DREAM 模型分析的基础

图 1 描述的是封闭经济条件下科研引起的产品供求变动的基本模型。其中,S_0 表示新技术引入前的供给曲线,D_0 表示需求曲线。最初的价格和产量分别是 P_0 和 Q_0。科研活动使得产出增长或者投入减少。这一效应导致单位生产成本减少 k(或者单位产出增加的折算),表现为供给曲线平行下移到 S_1,同时生产量和消费量增加到 Q_1,市场价格下降到 P_1。

尽管每单位产品的价格下降,但是,采用新技术的生产者却是从中受益的,因为从总量上看他们的单位生产成本是下降的(前提是科研带来的单位

---

① 主要对经济效益进行计量,不涉及其他社会效益和人体健康问题。

收益要大于单位价格下降的幅度)。消费者剩余相当于四边形 P_0abP_1 的面积,生产者剩余相当于 P_1bcd 的面积。总福利就等于生产者剩余与消费者剩余之和,可以近似表示为 $k×Q_0$。因此,市场最初的产量以及由科研引起的每单位成本的节约量在估计由科研引起的经济收益时成为关键因素。

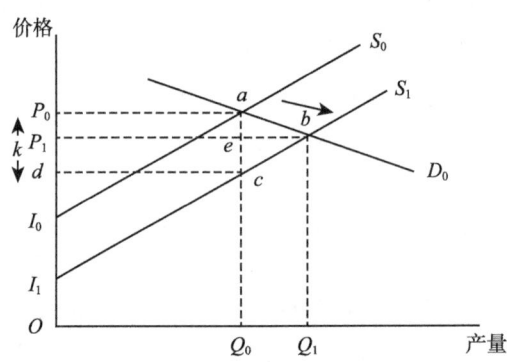

图1 转基因棉花技术采用后棉花市场的供求变动

2.1.2 DREAM 模型的假定条件

DREAM 模型假定研究中存在一个或多个地区;产品为同质;每一个地区的供给曲线和需求曲线都是线性的;在一个地区(或者多个地区)科学研究所引起的供给或需求曲线的移动是平行的;考虑外生的供给和需求增长;存在一定范围内的市场扭曲政策;技术从开始采纳到最大推广规模要考虑时滞因素;地区之间的运输成本为0。本文设市场的供给曲线和需求曲线分别为:

$$Q_{i,t} = \alpha_{i,t} + \beta_i PP_{i,t} \tag{1}$$

$$C_{i,t} = \gamma_{i,t} + \delta_i PC_{i,t} \tag{2}$$

式(1)和式(2)中,Q 为生产量;C 为消费量;PP 为生产者价格;PC 为消费者价格;i 表示地区;t 表示时间;每个地区的供给曲线斜率 β 和需求曲线斜率 δ 是一个常数;截距项 α 和 γ 表示除了科研以外的其他因素对商品供给和需求的影响,这些因素包括:人口或者收入增长、生产率的提高、种植面积的增加等。

2.1.3 科学研究所引起的供给曲线移动比例的确定

根据经济剩余原理,新技术的采纳会引起商品市场供求的变化,再次实现均衡状态时生产者和消费者会获得一定的经济剩余。而要计算经济剩余的大小就必须首先确定供给曲线移动的比例。DREAM 模型分别考虑了不同技术采纳形式、不同技术类型以及不同时间累积效应三种因素影响下供给曲线移动比例的计算。

(1)不同技术采纳形式下供给曲线移动比例的确定。新技术的采纳引起当地商品市场供给曲线的移动,若技术成功的概率为 p_i,单位成本的节约率为 c_i,最大采纳率为 A_i^{MAX},那么,供给曲线的最大移动比例 k 就为:

$$k_i^{MAX} = p_i c_i A_i^{MAX} PP_{i,0} \geq 0 \tag{3}$$

由于新技术在各个阶段的采纳率不同,因此,供给曲线的移动比例也不同。一般来讲可能有两种情况:一是采纳率呈匀速增加的梯形曲线;二是初期采纳速度较慢,然后加速,呈现 S 型的采纳曲线。常用的是 S 型采纳曲线,则每年的技术采纳率就由(4)式计算得出:

$$A_t = \frac{A^{MAX}}{1+e^{-(a+bt)}} \tag{4}$$

式(4)中,a 和 b 是 S 型曲线的参数,当估计出 A^{MAX} 后,沿着曲线的两个点就可以确定 a、b 的值。有这两个点和 A^{MAX} 对(4)式求对数,就可以计算出 a 和 b[5]。

(2)不同技术类型条件下供给曲线移动比例的确定。技术类型不同,所引起供给曲线的移动效应也不同。成本变动类型的技术与价格有关,这类技术的采纳会引起供给曲线沿垂直方向移动;单产变动类型的技术与数量有关,这类技术的采纳会导致供给曲线沿水平方向移动。DREAM 模型对这两种移动的结合效应加以了计算:

$$k_i^{MAX} = \left(\frac{y_i}{\varepsilon_{i,0}} - \frac{c_i}{1+y_i}\right) p_i A_i^{MAX} PP_{i,0} \tag{5}$$

式(5)中,y_i 是新技术带来的单产的增加率(单位:%),$\varepsilon_{i,0}$ 是地区 i 的供给弹性,其他同上。

(3)不同时间累积效应下供给曲线的移动。农户采纳新技术的次序不同,技术的效果也不同。所以,在考虑时间累积效应的情况下,供给曲线在任何一年实际的移动比例就为:

$$k_i = \sum_{t=1}^{T} p_i c_{i, T-t+1} \Delta A_t PP_{i,0} \tag{6}$$

式(6)中,$\Delta A_t = A_t - A_{t-1}$,$t = 1, 2, 3, \cdots, T$,$\Delta A_t$ 是从 $(t-1)$ 年到 t 年的采纳率。例如,式(6)中的 $p_i \times c_{i,T-t+1} \times PP_{i,0}$ 为新技术产生的效果,假设第一年为 5%,第二年为 7%。第一年的技术采纳率为 10%,第二年为 25%(总采纳率为 35%)。那么,技术引起的供给曲线的移动第一年为 0.5%(5%×10%),第二年为 1.95%(7%×10%+5%×25%)。

2.1.4 DREAM 模型对市场类型、溢出效益、政策等因素的考虑

除了以上介绍的封闭经济以外,DREAM 模型还考虑了开放型的大国市场、垂直市场及水平市场三种类型。市场类型不同,测算的经济剩余也不同

(这里不再详述)。DREAM 模型对溢出效益的考虑主要是利用两个地区之间的溢出系数（介于 0~1）来处理。DREAM 模型也考虑了名目繁多的税收和补贴政策的影响，处理办法是将每单位税收或者补贴（补贴可视为负的税收）看作一个地区没有税收或者补贴时商品单价的减少量或者增加量。其他政策可以被近似地视为税收或者补贴的等量变换，最终变换为单位产品价格的增加量或者减少量。

2.1.5 在考虑各种因素后新技术采用引起的经济剩余变化的计算

根据市场出清规则，新技术采用 t 年后市场重新达到均衡时，生产者和消费者的经济剩余变化量分别为 $\Delta PS_{j,t}$ 和 $\Delta CS_{j,t}$：

$$\Delta PS_{j,t} = (k_{j,t} + PP_{j,t}^R - PP_{j,t})[Q_{j,t} + 0.5(Q_{j,t}^R - Q_{j,t})] \quad (7)$$

$$\Delta CS_{j,t} = (PC_{j,t} - PC_{j,t}^R)[C_{j,t} + 0.5(C_{j,t}^R - C_{j,t})] \quad (8)$$

式（7）和式（8）中，$PP_{j,t}^R$ 和 $PC_{j,t}^R$ 分别为新技术采纳后的生产者价格和消费者价格；$Q_{j,t}^R$ 和 $C_{j,t}^R$ 分别为新技术采纳后的生产量和消费量；其他变量的含义同上。

2.2 DREAM 模型在转基因棉花经济收益估计中的应用

2.2.1 对中国棉花市场类型的确定

长期以来，中国的棉花收购价格一直是政府计划指导价，例如，1995—1997 年，国家给棉花的指导收购价保持在 700 元/50 千克。1998 年，国家颁布了《关于深化棉花流通体制改革的决定》，逐步放开了对棉花价格的管制，以市场供求决定棉花价格的机制和全国统一的棉花市场逐步形成[6]。鉴于以上情况，本文选择中国棉花市场接近于完全竞争的封闭市场类型（假定不受进出口的影响），不再考虑地区之间的运输成本和溢出效应等问题。

2.2.2 转基因棉花技术引起棉花市场供给曲线移动比例的估计

转基因棉花技术的采用对棉花市场供求产生的影响可能表现在以下几个方面：一是减少了棉田病虫害的发生，尤其是在虫害严重的年份和地区其效果可能更为明显。用药的减少带来用工量的减少，节约了人工费用。农药和人工费用的节约量与生产条件、地域特征有很大的关系。棉花生产成本的节约使棉花供给曲线垂直向下移动。二是增加了棉花产量。转基因棉花可以提高棉花单产水平，尤其是杂交棉花品种，这也会导致棉花供给曲线水平向右移动。三是种子费用增加，因为转基因棉种价格普遍比非转基因棉种高出很多，因此，种子费用的增加又会使供给曲线垂直向上移动，抵消部分产量增加、成本节约的效应。总体上看，由于种子的用量很小，最终供给曲线会向右下方移动。假定研发成功的概率为百分之百，在考虑不同时间累积效应的前提下，棉花供给曲线的移动比例就为：

$$k = \sum_{t=1}^{T} \left(\frac{y_{T-t+1}}{\varepsilon} - \frac{c_{T-t+1}}{1+y_{T-t+1}} \right) \triangle A_t \tag{9}$$

式（9）中，y 是转基因棉花单产水平较非转基因棉花单产水平的增长率，$y = \Delta Y/Y$，ε 是供给价格弹性；c 是单位产品中成本的节约比例，$c = \Delta C/(Y \times PP_0)$，$\triangle C$ 是单位面积上节约的成本（$\triangle C = \triangle$ 农药费用 $+ \triangle$ 人工费用 $/2^①+\triangle$ 种子费用），PP_0 是棉花初期的生产价格。

2.2.3 转基因棉花技术对生产者和消费者经济剩余的影响

根据 DREAM 模型中消费者、生产者经济剩余的计算公式，结合中国棉花市场的类型，估计转基因棉花技术引起的消费者和生产者的剩余：

$$\text{生产者剩余} = (k+P_1-P_0)[Q_0+0.5(Q_1-Q_0)] = (k-z)P_0Q_0(1+0.5z\varepsilon) \tag{10}$$

$$\text{消费者剩余} = (P_0-P_1)[Q_0+0.5(Q_1-Q_0)] = P_0Q_0 z(1+0.5z\eta) \tag{11}$$

式（10）和式（11）中，k 表示新技术采用引起的供给曲线的移动比例；Q_0、P_0 分别表示初期棉花市场的产量和价格；ε、η 分别表示棉花的供给弹性和需求弹性；$z = -(P_1-P_0)/P_0 = k\varepsilon/(\varepsilon+\eta)$，是价格的相对变化率。

2.2.4 转基因棉花科研投资内部收益率和敏感性分析

根据以上测算的经济收益，即生产者剩余和消费者剩余之和，利用（12）式就可以求得国产转基因棉花科研投资的内部收益率。

$$\sum_{t=1}^{n}(CI-CO)_t(1+IRR)^{-t} = 0 \tag{12}$$

式（12）中，CI 是收益流，即生产者剩余和消费者剩余之和。CO 是投资流，即国产转基因棉花科研投资与推广费用之和，IRR 为内部收益率，n 为转基因棉花科研成果的平均使用年限。

对转基因棉花来讲，影响其收益的敏感性因素普遍被认为主要有几个方面：一是棉铃虫抗药性随着时间推移可能增强，从而导致农药使用成本比预期增加；二是不可预料的原因（例如次要害虫加剧、自然灾害等）导致单产水平下降；三是国产转基因棉花的更新换代速度比预期加快，当前的转基因棉花品种提前一年进入衰退期。因此，本文选择单产水平、农药使用量、品种使用寿命期 3 种因素的变动进行敏感性分析。

---

① 因为如果节约的农业劳动力没有就业，这种机会成本就没法实现。这里参考其他学者的做法，人工费用按照一半算。

3 数据的收集、整理与估计

3.1 科研投入数据的收集及整理

本文所用的科研投资数据来源于中国农业科学院农业经济与发展研究所对国产转基因棉花研究机构所做的一项调查。本次调查涉及 1991—2005 年国产转基因棉花研究的主要机构 29 家,转基因棉花研发投资来源包括中央各部委项目资金、省市地方财政资金、科研单位的配套资金以及私人企业(含协会)的研发投资,并以 2005 年为基准年对投资数据进行了处理。

3.2 推广面积及推广费用数据的收集与估计

截至 2005 年,中国共批准 46 个转基因棉花品种。这批品种自 1997 年被批准商业化种植以来,其推广总面积通过公开发表的文献资料[7]可以直接得到。但是,其在未来可能的推广面积则需要先从育种家那里获得新品种的使用周期,再根据中国各棉花主产省份的推广现状进行预测。本文最终确定了当前这批品种的最大推广年限在 2015 年,推广的峰值可能在 2011 年,采纳率(占全国棉花播种面积的比例)最大约在 60%~65%(2006 年以后按照 60%来预测)。

不同品种推广面积的确定具体为:转基因常规棉花在黄河流域棉区和长江流域棉区的比例根据《全国农作物主要品种推广情况统计》①(1998—2005年,历年)棉花品种推广数据进行估计。转基因杂交棉花的采纳率是通过访问中国农业科学院棉花研究所一些专家做了大致的估计:"九五"期间转基因杂交棉花的采纳率(占转基因棉花播种面积的比例)约在 5%,"十五"达到 18%,"十一五"有望达到 30%。但是,由于目前人工去雄的制种方法费时费工,种子成本很高。专家普遍认为,如果制种方法在未来几年内得不到突破,那么,其推广的最大采纳率最多在 50%。这样,为了检验转基因杂交棉花的推广对收益的影响程度,本文设置了两种方案:一种是保守估计(方案 1),认为转基因杂交棉花的采纳率在 50%以下(2006—2010 年,取 35%;2011—2015 年,取 45%);第二种是乐观估计(方案 2),认为转基因杂交棉花的采纳率在 50%以上(2006—2010 年,取 45%;2011—2015 年,取 55%)。

在推广费用的确定方面,一般是按照科研成果推广的难易程度,确定各

---

① 全国农技推广服务中心.《全国农作物主要品种推广情况统计》(1998—2005 年,历年)。

年的单位规模推广费用（包括已推广费用和未来可能的推广费用），然后按当年新推广的规模预测出各年的推广费用[8]。这里，本文拟参考其他研究中关于农作物新品种推广费用的确定方法[8]，用每年的单位推广费用乘以每年的推广面积求得总推广费用。

3.3 转基因棉花的技术数据

技术数据指与非转基因棉花相比较，转基因棉花在农药、人工、种子、单产等方面的变化量，以及转基因棉花品种的使用寿命期等。对这些数据国内现在也没有进行过统计，通过文献查阅只能得到有限年份的部分数据，大部分数据笔者主要依靠对不同棉区科研机构、棉种公司进行函调或者电话采访，以及与品种的研制人员进行座谈等形式调研和收集。

3.4 棉花产销数据

棉花产销数据包括生产量、消费量、棉花价格、供给弹性和需求弹性等。生产量、消费量和棉花价格通过查阅《中国统计年鉴》①、《中国物价年鉴》②等可直接获得。关于供给弹性和需求弹性，本文引用其他学者的计算结果，供给弹性取0.58，需求弹性取-0.2[9,10]。

4 投资收益的计量结果及简要分析

4.1 国产转基因棉花科研投资对生产者、消费者经济剩余的影响

以2005年为基准年，不同方案下最终计算得到的生产者和消费者经济剩余见表1、表2。

4.1.1 分不同棉区来看

1997年是国产转基因棉花商业化生产的第一年，国产转基因棉花在黄河流域产生的经济效益就达0.23亿元。此后，收益每年不断增加，1997—2015年，国产转基因棉花在黄河流域产生的经济效益共计321.18亿元。长江流域国产转基因棉花大面积种植较黄河流域要晚一些，第一年的收益只有几十万元，1997—2015年，长江流域转基因棉花总共实现的经济效益为165.32亿元，占总收益486.5亿元的34%。总体上看，国产转基因棉花在黄河流域棉区实现的经济剩余比长江流域棉区要高。

---

① 国家统计局.《中国统计年鉴》（1997—2005年，历年），中国统计出版社。
② 中国物价年鉴编辑部.《中国物价年鉴》（1997—2005年，历年），中国统计出版社。

表 1 转基因棉花技术带来的生产者和消费者经济剩余（方案1）

（单位：亿元）

年份	长江流域				黄河流域			
	转基因杂交棉		转基因常规棉		转基因杂交棉		转基因常规棉	
	生产者剩余	消费者剩余	生产者剩余	消费者剩余	生产者剩余	消费者剩余	生产者剩余	消费者剩余
1997	—	—	0.00	0.00	—	—	0.07	0.16
1998	—	—	0.01	0.02	—	—	0.22	0.51
1999	—	—	0.03	0.10	0.04	0.09	0.50	1.17
2000	—	—	0.13	0.42	0.09	0.22	1.09	2.57
2001	0.08	0.25	0.25	0.84	0.33	0.79	2.35	5.52
2002	0.10	0.34	0.49	1.62	0.45	1.07	3.27	7.67
2003	0.37	1.21	0.58	1.90	0.40	0.93	4.99	11.70
2004	0.49	1.62	1.21	3.97	1.12	2.62	5.53	12.96
2005	1.00	3.30	1.40	4.60	1.37	3.21	7.05	16.50
2006	2.12	6.97	1.84	6.06	2.36	5.53	6.05	14.17
2007	2.13	7.00	1.75	5.75	2.37	5.55	6.35	14.87
2008	2.14	7.03	1.88	6.19	2.40	5.62	5.70	13.36
2009	2.19	7.19	1.79	5.89	2.40	5.63	5.93	13.88
2010	2.19	7.21	1.74	5.74	2.39	5.60	5.73	13.41
2011	2.96	9.71	1.31	4.32	4.18	9.77	4.88	11.43
2012	2.42	7.93	1.10	3.63	3.36	7.87	4.24	9.94
2013	1.92	6.31	0.82	2.70	2.76	6.46	2.99	7.02
2014	0.97	3.18	0.60	1.98	1.30	3.04	1.47	3.46
2015	0.28	0.91	0.27	0.88	0.27	0.63	0.08	0.19
合计	21.34	70.15	17.19	56.64	27.58	64.62	68.49	160.48
1997—2005	26.33				96.55			
2006—2015	138.99				224.63			
总计	486.5							

注：转基因杂交棉花比常规棉花推广时间要晚一些，黄河流域棉区和长江流域棉区分别从1999年、2001年开始推广转基因杂交棉花。

4.1.2 分不同品种来看

两个棉区的转基因杂交棉花总共产生的经济剩余为183.69亿元，转基因常规棉花总共产生的经济剩余为302.8亿元。这说明，当前的这一批转基因棉花品种的增收仍然以常规品种为主。从不同棉区来，尽管长江流域转基因杂交棉花种植时间上比黄河流域晚两年，但是，长江流域杂交棉花的经济剩余（91.49亿元）却与黄河流域杂交棉花的经济剩余（92.2亿元）相当。

4.1.3 分不同收益群体来看

转基因棉花为消费者带来的经济剩余一直大于为生产者带来的经济剩余，两个区域的生产者剩余总共为134.61亿元，占总收益的27.67%，消费者剩余总共为351.89亿元，占总收益的72.33%，即转基因棉花产生的总收益中有近3/4的收益为消费者所得。

4.1.4 分不同时段来看

从已推广获得的收益来看，1997—2005年，转基因棉花的种植总共产生的收益为122.88亿元，在2006—2015年未来转基因棉花推广中还可能获得的收益为363.62亿元，已推广获得的收益占总收益的25.3%。这说明，国产转基因棉花新品种还有74.7%的收益有待于在未来10年中获得。其中，黄河流域在已推广阶段取得的收益为96.55亿元，占黄河流域总收益的30.09%，长江流域为26.33亿元，占长江流域总收益的16%。这说明，这些品种在黄河流域已经获得了30%的收益，而长江流域在未来10年中，新品种投入生产后还将带来更多的收益。

表2 转基因棉花技术带来的生产者和消费者经济剩余（方案2）

（单位：亿元）

年份	长江流域				黄河流域			
	转基因杂交棉		转基因常规棉		转基因杂交棉		转基因常规棉	
	生产者剩余	消费者剩余	生产者剩余	消费者剩余	生产者剩余	消费者剩余	生产者剩余	消费者剩余
1997	—	—	0.00	0.00	—	—	0.07	0.16
1998	—	—	0.01	0.02	—	—	0.22	0.51
1999	—	—	0.03	0.10	0.04	0.09	0.50	1.17
2000	—	—	0.13	0.42	0.09	0.22	1.09	2.57
2001	0.08	0.25	0.25	0.84	0.33	0.79	2.35	5.52
2002	0.10	0.34	0.49	1.62	0.45	1.07	3.27	7.67
2003	0.37	1.21	0.58	1.90	0.40	0.93	4.99	11.70
2004	0.49	1.62	1.21	3.97	1.12	2.62	5.53	12.96
2005	1.00	3.30	1.40	4.60	1.37	3.21	7.05	16.50
2006	2.49	8.16	1.84	6.06	2.77	6.48	5.51	12.92

(续表)

年份	长江流域				黄河流域			
	转基因杂交棉		转基因常规棉		转基因杂交棉		转基因常规棉	
	生产者剩余	消费者剩余	生产者剩余	消费者剩余	生产者剩余	消费者剩余	生产者剩余	消费者剩余
2007	2.49	8.17	1.75	5.75	2.77	6.48	5.73	13.43
2008	2.49	8.19	1.88	6.19	2.81	6.59	4.89	11.46
2009	2.56	8.40	1.79	5.89	2.80	6.57	5.26	12.32
2010	2.57	8.42	1.74	5.74	2.78	6.52	4.99	11.70
2011	3.72	12.17	1.31	4.32	5.02	11.73	3.67	8.61
2012	3.03	9.93	1.10	3.63	4.04	9.44	3.22	7.56
2013	2.39	7.86	0.82	2.70	3.31	7.75	1.93	4.52
2014	1.21	3.97	0.60	1.98	1.55	3.63	1.05	2.46
2015	0.34	1.12	0.27	0.88	0.31	0.73	−0.08	−0.18
合计	25.31	83.11	17.19	56.64	31.96	74.83	61.25	143.54
总计				493.83				

方案 2 从不同棉区、不同品种、不同受益群体、不同时段等方面对转基因棉花进行的分析，这里不再详述。本文主要想说明不同的转基因杂交棉花采纳率所引起的经济剩余变化情况。方案 2 得到的总经济剩余为 493.83 亿元，比方案 1 的总经济剩余增加了 7.33 亿元，相当于每年增加近 7 330 万元。与方案 1 相比，2006—2015 年，方案 2 的杂交棉花采纳率累计增加了 75 个百分点，可见，在总播种面积不变的情况下，转基因杂交棉的采纳率每增加 1 个百分点，总收益约增加 100 万元。这说明，扩大转基因杂交棉花的推广面积就能使总体经济收益增加。

4.2 国产转基因棉花科研投资收益率

投资的经济收益即生产者与消费者的经济剩余之和。但是，考虑到农业科研成果经济效益的实现不仅包括科研投资、推广投入的贡献，还有生产者（棉农）的贡献。参考朱希刚[8]提出的科研单位经济效益分计系数值（0.4~0.6），转基因棉花的科研投资经济效益分计系数取 0.6。根据表 1，对不同地区的经济收益进行加总，再乘以 0.6 即可得到两种方案下每年的科研投资收益。采用 10% 的贴现率计算净收益流，采用式（12）计算内部收益率（方案

1 的计算结果见表 3, 方案 2 略)。

表3 国产转基因棉花科研投资收益表 （单位：万元）

年份	科研投资	推广费用	总收益	净收益	年份	科研投资	推广费用	总收益	净收益
1991	407.52	—	—	-1 547.54	2005	4 785.58	1 414.36	230 609.23	224 409.29
1992	570.37	—	—	-1 969.06	2006	—	553.40	270 542.96	245 445.05
1993	552.77	—	—	-1 734.83	2007	—	520.93	274 533.33	226 456.53
1994	537.48	—	—	-1 533.50	2008	—	241.51	265 907.32	199 598.65
1995	624.33	—	—	-1 619.35	2009	—	222.20	269 426.39	183 870.08
1996	678.63	—	—	-1 600.17	2010	—	203.63	264 091.24	163 853.45
1997	891.32	54.27	1 370.93	911.74	2011	—	93.30	291 335.33	164 398.54
1998	1 232.72	173.60	4 533.83	6 094.64	2012	—	28.39	242 965.21	124 665.01
1999	1 762.84	232.00	11 654.30	17 112.32	2013	—	20.73	185 836.35	86 684.36
2000	2 825.54	593.11	27 056.30	38 068.66	2014	—	4.73	96 011.08	40 716.06
2001	4 519.72	1 184.15	62 470.60	83 112.16	2015	—	1.08	21 035.14	8 109.54
2002	4 992.40	1 434.01	90 056.37	111 311.48	合计	33 453.98	10 631.06	2 918 970.35	2 255 174.14
2003	4 682.37	1 660.59	132 474.05	152 618.61	IRR			60.57%	
2004	4 390.38	1 995.09	177 060.40	187 742.43					

从表 3 可以看出, 1997 年转基因棉花开始推广后, 当年的科研投资收益转为正值, 然后收益逐年递增, 2005 年, 投资净收益达到 22 亿多元。从 1991 年开始投资到 2015 年新品种退出生产的 25 年中获得的净收益共达 225.5 亿元。计算得出这批品种国产转基因棉花投资的内部收益率为 60.57%。国产转基因棉花的科研投资收益率要比平均的商业利润率 10% 高出 50 个百分点以上, 但比全国农业科研投资平均收益率 76%[11] 低将近 16 个百分点。国产转基因棉花投资收益低于全国平均水平的原因可能是：一方面, 基因构建的投资被全部分摊在当前的品种上, 费用部分增大; 另一方面, 国产转基因棉花技术的发展还处于初期阶段, 早期研制的一些品种由于种种原因没能投入生产（例如, 国抗 1 号、国抗 12 号几乎没有种植), 品种的生产效益有一部分没有得到实现。但是, 随着转基因品种审定的严格化以及推广应用体制的完善, 本文认为, 转基因棉花的投资潜力还会得到挖掘。

4.3 国产转基因棉花科研投资的敏感性分析

选择单产水平、农药使用量分别浮动 20% 和转基因棉花使用寿命期缩短一年三种情况, 本文对转基因棉花未来的收益变动进行敏感性分析（方案 1 的计算结果见表 4, 方案 2 略)。

表4　2006—2015年国产转基因棉花科研投资的收益变动情况　　（单位：亿元）

地区	经济收益	单产变化		使用寿命期缩短一年	农药	
		20%	-20%		20%	-20%
长江流域棉区	165.32	177.53	153.16	162.99	162.72	167.94
转基因杂交棉花	91.49	101.00	82.01	90.31	90.51	92.48
转基因常规棉花	73.84	76.53	71.15	72.69	72.21	75.46
黄河流域棉区	321.17	338.07	304.63	320.17	314.83	327.85
转基因杂交棉花	92.21	99.06	85.36	91.31	91.61	92.80
转基因常规棉花	229.13	239.00	219.27	228.86	223.22	235.05
经济总收益	486.5	515.59	457.79	483.17	477.56	495.80
净收益	225.5	234.19	217.25	224.90	223.09	228.34

转基因棉花单产水平每年减少20%时，总收益减少28.71亿元，其中，长江流域棉区减少12.16亿元，黄河流域棉区减少16.54亿元，说明减产对黄河流域转基因棉花所造成的影响更大。使用寿命期缩短一年时总收益将减少3.33亿元，长江流域棉区减少了2.33亿元，其中，黄河流域棉区减少1亿元，说明转基因棉花使用寿命期的长短对长江流域转基因棉花生产的影响更大。再看农药使用量增加20%时，总收益减少了8.94亿元，其中，长江流域棉区收益减少2.6亿元，黄河流域棉区收益减少6.34亿，说明农药使用量的增加对黄河流域转基因棉花生产影响更大。

从不同品种来看，单产变化对长江流域棉区的转基因杂交棉花影响较大，对转基因常规棉花影响很小，单产几乎没有变化。但是，单产水平对黄河流域棉区转基因杂交棉花和转基因常规棉花的影响都较大。使用寿命期缩短一年，对转基因杂交棉花的影响要小于对转基因常规棉花的影响。农药使用量的变动对长江流域棉区的转基因杂交棉花和转基因常规棉花以及黄河流域棉区的转基因杂交棉花都影响不大，但对黄河流域棉区的转基因常规棉花影响较大。

总体上来看，单产水平的变动要比使用寿命期缩短一年、农药使用量变动这两个因素对收益的影响更大，即转基因棉花的收益对单产变化最敏感。

5　主要结论

第一，从投资取得的效益来看，1991—2005年，国产转基因棉花科研投资分享的经济收益达291.89亿元，在10%的贴现水平上实现净收益252.4亿元，科研投资的内部收益率为60.57%。预计随着转基因棉花品种审定的严格化和推广应用体制的完善，转基因棉花的投资回报还会再提高。

第二，从具体的受益情况来看，当前的转基因棉花品种为黄河流域带来的经济收益要大于长江流域，为消费者带来的收益要大于生产者。其中，常规棉花品种产生的收益要大于杂交棉花品种，从开始推广到 2005 年产生的收益约只有总收益的 1/4，其余收益还有待于在未来实现。

第三，如果能够突破转基因杂交棉花种子的成本问题，未来 10 年在转基因棉花总播种面积不变的情况下，转基因杂交棉花面积的比例每提高 1 个百分点，带来的经济收益约增加 100 万元。

第四，通过敏感性分析，本文发现，单产水平的变动要比农药使用量的提高以及技术使用寿命期缩短一年这两个因素对转基因棉花总收益的影响更大。

参考文献

[1] 张德亮. 转基因作物经济研究综述 [J]. 农业技术经济，2005 (4)：64-70.

[2] 范存会. 我国采用 Bt 抗虫棉的经济和健康影响 [D]. 北京：中国农业科学院，2002.

[3] 郭艳芹. 我国转基因科研投资的经济效益评估——以转基因水稻为例的实证分析 [D]. 乌鲁木齐：新疆农业大学，2004.

[4] STANLEY W, YOU L, WILFRED B. DREAM version 3.0, user manual [EB/OL]. International Food Policy Research Institute, 2001.

[5] ALSTON J M, NORTON G W, PARDEY P G. Science under scarcity: principles and practices for agricultural research [R]. Evaluation and Priority Setting, CAB International (CABI), Wallingford, U.K., 1998.

[6] 谭砚文，李朝晖. 制度变迁与我国棉花流通体制改革 [J]. 生产力研究，2005 (12)：51-52.

[7] HUANG J, HU R, PRAY C, et al. Development, policy and impacts of genetically modified crops in China [R]. Paper presented at the workshop held at Villa Bellagio, Bellagio, Italy, 2005.

[8] 朱希刚. 农业技术经济分析方法及应用 [M]. 北京：中国农业出版社，1997.

[9] 王兆阳. 我国棉花供给价格弹性的实证分析及政策启示 [J]. 中国物价，2003 (3)：35-38.

[10] 王兆阳，辛贤. 大国开放市场条件下棉花价格决定研究 [J]. 中国农村观察，2004 (3)：35-43.

[11] 赵芝俊，张社梅. 我国农业科研投资宏观经济效益分析 [J]. 农业技术经济，2005 (6)：41-47.

转基因抗虫(Bt)玉米商业化的经济效益预评价

赵芝俊,孙炜琳,张社梅

(中国农业科学院农业经济与发展研究所 北京 100081)

摘 要:转基因抗虫玉米能够抵抗玉米螟危害从而避免虫害造成的产量损失。本文应用国际事务政策研究所开发的 DREAM 分析系统,对转基因抗虫玉米在中国商业化的经济收益进行事先评价,期望为相关研究和决策提供参考。研究表明,抗虫玉米能够带来较高的经济收益,2008—2012 年累计产生经济收益可达 22.79 亿元,其中生产者剩余占 1/4,其余为消费者剩余。与节省的成本相比,种子价格对 Bt 玉米商业化经济收益的影响要大。

关键词:抗虫玉米;商业化;经济剩余;效益预评价;DREAM

1 研究背景

进入 21 世纪以来,面对全球粮、棉、油等农产品供给全面趋紧、价格大幅度上涨的新形势,中国保障农产品有效供给和粮食安全的任务也日趋艰巨。在人多地少、人增地减的资源约束条件下,依靠科技进步特别是转基因育种等高新技术上的重大突破,大幅度提高农产品单产和营养价值,对于农业增产增效、农民增收和保障粮、棉、油等农产品安全具有重要的战略意义。

玉米是中国重要的粮食和饲料作物,其种植区域广泛。亚洲玉米螟是发生于中国各个玉米产区最常见的一种虫害,也是造成中国玉米产量不稳定的重要因素之一[1]。而传统的防治玉米螟的主要方法如喷洒农药等,由于其存在对环境的污染和防治成本较高等缺陷,致使中国玉米生产在害虫治理上至今没有大的突破,长期处于粗放状态。

转基因技术在农作物育种上的应用为防治玉米螟带来新的转机。转基因抗虫玉米能够有效抵制玉米螟危害,从而避免由于虫害造成的产量损失,这是其能在全球范围内迅速商业化的主要原因。据有关资料显示,2008 年世界上共有 17 个国家种植抗虫玉米，其中美国的种植面积达到了 2016 万公顷。面对迅猛发展的新形势，中国在转基因抗虫（Bt）玉米问题上应该采取何种态度，关键取决于对两个问题的回答：一是转基因（Bt）玉米商业化后的安全性评价，二是转基因（Bt）玉米商业化种植后的经济影响评价。本文应用计量经济模型，对 Bt 玉米商业化后的经济效益进行了预评估，希望能够为相关决策提供参考。

2 评价方法

在众多评价科研成果经济效益的方法中，以经济剩余法和局部均衡模型为理论基础的 DREAM 分析系统兼有诸多优点，它不仅考虑了市场、价格等因素对经济收益计量的影响，而且数据搜集相对容易，并能区分经济收益在生产者和消费者之间的分配等，使其成为本研究的首选方法。

2.1 DREAM 模型的一般原理

如图 1 所示，S_0 表示 Bt 玉米应用前玉米市场的供给函数，D_0 表示需求函数。最初的价格和数量分别是 P_0 和 Q_0。Bt 玉米的应用使产出增长和投入减少，这一效应导致单位生产成本减少 k（或者单位产出增加的折算），表现为供给曲线平行下移到 S_1。科研引致的供给曲线的移动导致生产量和消费量上升到 Q_1（$Q=Q_1-Q_0$），市场价格下降到 P_1（$P=P_0-P_1$）。消费者剩余相当于四边形 P_0abP_1 的面积，生产者剩余相当于 P_1bcd 的面积。总福利等于生产者剩余和消费者剩余之和，用节省的每单位成本乘以最初的数量近似表示，即 $k×Q_0$。Q_0 是已知的，因此，k 的估计就成为收益计量时的关键因素。

以上分析的是单一市场类型消费者、生产者剩余变化情况，DREAM 模型正是以上述原理为基础，将分析的市场类型从单一市场扩大到开放市场、多个市场。对中国的玉米市场来讲，自从 20 世纪 90 年代初市场经济体制确立后，全国统一的玉米市场逐步形成，因此，本研究假定中国玉米市场符合单一的大国市场类型。

2.2 供给曲线移动距离 k 的估计

DREAM 模型中对供给曲线移动距离 k 的估计主要考虑了三类因素的影响：一是 Bt 玉米品种与常规品种在单产、成本等经济性状上的区别；二是农户对 Bt 玉米的推广采纳情况；三是农户推广采纳时间的先后。由此，k 的估计值可以通过下式获得：$k_t = \sum_{k=1}^{t}\left(\dfrac{y_{t-k+1}}{\varepsilon} - \dfrac{c_{t-k+1}}{1+y_{t-k+1}}\right)\Delta A_k P_0$，式中，$y$（%）是新品

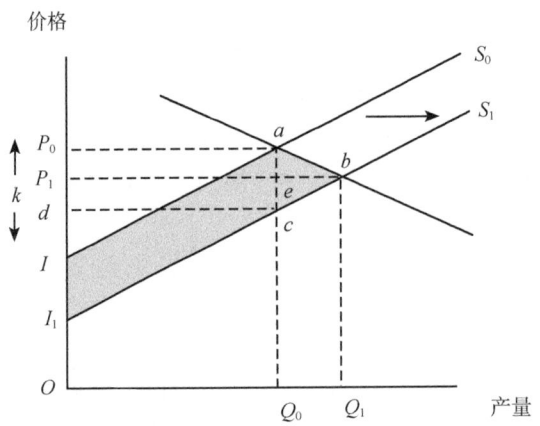

图 1 Bt 玉米推广应用后玉米市场的供求变动图

种单产较对照的增长率，$y=\Delta Y/Y$；ε 是玉米的供给价格弹性；c 是单位产品中成本的节约比例，一般来讲它包括种子费用、物质费用、人工费用等；A 是 Bt 玉米的推广采纳率，用 Bt 玉米每年的推广量占全部玉米种植面积的百分比表示，ΔA_k 是从 $(k-1)$ 年到 k 年的采纳率，$k=1, 2, \cdots, t$。

2.3 Bt 玉米商业化带来的经济收益

结合图 1，可以计算抗虫玉米商业化种植后使得玉米市场上供给和需求发生的变动，由此带来的消费者剩余和生产者剩余分别为：

生产者剩余 $= (k+P_1-P_0)[Q_0+0.5(Q_1-Q_0)] = (k-z)P_0Q_0(1+0.5z\varepsilon)$

其中，$z=k\varepsilon/(\varepsilon+\eta) = -(P_1-P_0)/P_0$。

消费者剩余 $= (P_0-P_1)[Q_0+0.5(Q_1-Q_0)] = P_0Q_0z(1+0.5z\eta)$

式中，k 表示转基因玉米品种采用所引起的供给曲线的移动距离；P_0、P_1 分别表示转基因玉米品种应用前后市场上玉米的价格，Q_0、Q_1 分别表示转基因玉米品种应用前后的总产量；η 表示玉米的需求价格弹性，其余字母含义同前。

3 研究数据

考虑到研究的需要和计算的精度，预测期限拟定为 2008—2012 年，即假设中国从 2008 年开始推广转基因抗虫玉米。根据中国玉米的种植区划，将全国所有玉米生产省份划分为三大产区：北方春播玉米区、黄淮海夏播玉米区和西南玉米区。研究数据主要来源于《中国统计年鉴》（1998—2007）、《全国农产品成本收益资料汇编》(1998—2007) 和农作物病虫害数据库——玉米病虫害数据库。

3.1 推广采纳率

新品种的推广要根据其农艺性状，先选择适宜的生态区域来确定其最大可能的应用范围，然后根据社会经济条件及过去技术推广速度来判断每年的推广范围。首先根据三大产区玉米螟的发生率来推算 Bt 玉米的最大种植面积。表1是中国三大玉米产区1997—2005年玉米螟的发生率。依据这些历史数据，可以预计 Bt 玉米在这三大产区最大种植面积分别达到60%、60%、25%。

表1　三大玉米产区玉米螟发生率　　　　　　（单位:%）

年份	北方春播玉米区	黄淮海夏播玉米区	西南玉米区
1997	0.51	0.72	0.16
1998	0.58	0.83	0.18
1999	0.57	0.76	0.19
2000	0.68	0.83	0.18
2001	0.56	0.71	0.18
2002	0.56	0.96	0.22
2003	0.54	0.64	0.22
2004	0.52	0.65	0.22
2005	0.57	0.65	0.21

资料来源：农作物病虫害数据库；中国统计年鉴（1998—2007）

达到最大采纳面积所需要的时间的确定参考了中国转基因棉花的采纳情况。转基因棉花从1997年开始推广，8年之后的2005年全国的采纳率达到了71%以上。美国第一代转基因玉米品种于1996年投入市场，到2005年基因玉米品种的种植面积已经超过50%，之间相隔不到10年。由此推断，在中国，抗虫玉米10年时间可达到最大采纳率的一半。采纳第一年，推广率假设为0.01%，根据 S 型采纳曲线的计算公式就可以预测出三大产区2008—2012年的推广采纳率。

3.2 单产增长率

单产的变动率 y 是新品种的单产水平与对照相比其增减幅度。单产年增长率的计算公式如下：

$$y = (y_{新品种} - y_{对照}) / y_{对照}$$

Bt 玉米的收益之一体现为能够挽回由于玉米螟造成的产量损失。由于中国仍未批准 Bt 玉米商业化种植，无法通过实地调查取得所需的产量数据。根据国内专家的保守估计，Bt 玉米至少能够挽回 90% 的产量损失。玉米螟造成的产量损失数据来源于相关部门的数据库。

3.3 生产成本

与常规品种相比，Bt 玉米在成本上的变化主要体现在节省农药费用、减少喷药人工成本和增加种子成本 3 个方面。确定这些成本的变化主要依据是常规品种生产的历史数据、农户种植玉米的成本结构和专家判断。

种子费用：以孟山都在欧盟销售的 MON810 每亩的种子费用（Bt 玉米较常规玉米的价格差额/亩）折算成人民币后作为中国 Bt 玉米商业化种植后的种子费用。孟山都公司在欧盟销售的含有 MON810 转化事件的转基因玉米种子较常规玉米种子的每公顷差价为 35~40 欧元，取每公顷 40 欧元，按照 1∶10 的汇率折算成人民币为 27 元/亩。这样转基因玉米的每亩种子费用为常规玉米的每亩种子费用加上 27 元。

农药费用：为了了解农户种植玉米的成本结构，我们对吉林和山东两省的玉米种植农户进行的调查发现，由于多数产区农户对玉米螟的危害程度认识不够，农民并不专门针对玉米螟危害采取防治措施，而是根据玉米虫害（包括玉米螟和其他害虫）的发生情况，选择在玉米生长期内喷洒一次或两次农药，喷洒的农药针对包括玉米螟在内的所有害虫。根据农户调查所得信息，结合专家建议，以常规玉米农药费用中的 70% 作为防治玉米螟农药的支出，由此计算 Bt 玉米的农药费用为常规玉米农药费用的 30%。

人工成本：根据农户调查，防治玉米螟的劳动投入（喷洒农药）在整个人工成本中所占的比重很低，而且喷洒农药的劳动投入本身还包括了防治玉米的其他病虫害，所以真正用到防治玉米螟上的人工成本是很少的。结合农户调查信息和专家建议，预计抗虫玉米比常规品种节省 5% 的人工成本。

3.4 其他数据

计算 Bt 玉米商业化种植经济收益的其他数据包括中国玉米的生产量、消费量、玉米收购价格及玉米的供给和需求弹性。生产、消费和价格数据来源于我们前面提到的官方统计年鉴。供求弹性没有获得直接数据，参考粮食作物的供求弹性近似代替，供给弹性取 0.58，需求弹性取 −0.2。

4 结果与分析

根据前面 DREAM 模型的基本原理，对 2008—2012 年间 Bt 玉米在中国商业化的经济收益估算结果如表2所示。Bt玉米种植所增加的宏观经济效益为Bt玉米带来的生产者剩余和消费者剩余之和。

表2 三大玉米产区的经济收益 （单位：亿元）

年份	北方春播玉米区		黄淮海夏播玉米区		西南玉米区		三大产区合计	
	生产者剩余	消费者剩余	生产者剩余	消费者剩余	生产者剩余	消费者剩余	生产者剩余	消费者剩余
2008	0.04	0.11	0.03	0.10	0.01	0.02	0.08	0.23
2009	0.10	0.30	0.09	0.25	0.01	0.04	0.20	0.59
2010	0.27	0.78	0.23	0.66	0.04	0.10	0.54	1.54
2011	0.70	2.03	0.60	1.73	0.09	0.27	1.39	4.03
2012	1.84	5.32	1.56	4.52	0.25	0.71	3.65	10.55
合计	2.95	8.54	2.50	7.25	0.40	1.15	5.85	16.94

根据表2的计算结果，Bt玉米种植第一年为生产者带来经济收益800万元，为消费者带来经济收益2 300万元。5年为生产者和消费者带来的经济收益分别为5.85亿元、16.94亿元，累计产生经济收益22.79亿元。

Bt玉米商业化给消费者带来的收益远远大于生产者。产生的经济剩余中消费者得到了约3/4，生产者得到约1/4，这说明Bt玉米商业化带给收购玉米企业、玉米加工业和消费者的好处远大于给玉米种植农户带来的好处。

表3是基于种子价格变动的Bt玉米经济效益预测结果。为了考察种子费用变动对种植Bt玉米经济效益的影响，本文在基准方案的基础上设置了4种方案进行比较。分别是Bt玉米种子价格比常规品种高0.5倍、1倍、3倍和5倍。在4种子价格下分别计算Bt玉米商业化的生产者剩余和消费者剩余。

表3 不同种子费用下Bt玉米经济效益预测 （单位：亿元）

方案	北方春播玉米区	黄淮海夏播玉米区	西南玉米区
已计算的基准方案	11.49	9.75	1.55
方案1（Bt玉米种子费用高50%）	11.66	9.85	1.60
方案2（Bt玉米种子费用高1倍）	11.60	9.80	1.57
方案3（Bt玉米种子费用高3倍）	11.36	9.58	1.45
方案4（Bt玉米种子费用高5倍）	11.12	9.37	1.33

注：基准方案转基因玉米的每亩种子费用为常规玉米的每亩种子费用加上27元。

从计算结果来看，种子价格越高则Bt玉米增加的经济收益就越低。与基准方案相比，当Bt玉米价格只高出常规玉米50%时，在三大主产区种植将带来11.66亿元、9.85亿元、1.60亿元的经济收益，比基准方案分别多

1 700万元、1 000万元、500万元,合计为3 200万元。当Bt玉米价格高出常规玉米5倍时,比基准方案所获得的经济收益减少9 700万元,减少了4.26%。由此可见,与节省的成本相比,种子价格对Bt玉米商业化经济收益的影响要大许多。

为了使得基准方案与对比方案的种子价格更加直观且便于比较,这里以郑单958为例。郑单958是目前在中国种植比较广泛的品种,销售价格为8~10元/千克,折中取9元;每亩平均用种量约为2.5千克,种子费用为22.5元/亩。假定Bt玉米转化事件与郑单958杂交得到含有抗虫基因的郑单958,按照基准方案,抗虫郑单958的种子价格为19.6元/千克;方案1的种子价格为13.5元/千克,方案2为18元/千克,方案3为27元/千克,方案4为45元/千克。先玉335是中国市场上很受欢迎的品种,该品种出芽率高,所以采用单粒播种。种子价格平均为45元/千克,用种量1.1~1.2千克/亩,种子成本在50~54元/亩,比方案2的每亩种子成本略高一些,与基准方案基本相同。这说明,方案1、方案2和基准方案的种子价格是我国农民能够接受的。

5 讨论

(1) 本文只计算了单一抗虫性状转基因玉米的经济收益。目前世界上种植面积较大的转基因玉米多为复合性状,即同时具有"耐除草剂"和"抗虫"属性。从长远来看复合性状转基因玉米是未来的发展趋势。具有复合性状的转基因玉米其经济效益肯定要高于本研究所提到的单一性状抗虫玉米。

(2) Bt玉米产量和成本数据的确定方法问题。从已有文献来看,有的学者采用田间对比试验数据,有的学者采用Bt玉米在某一国家(地区)的大田种植数据,用上述两种方法搜集的数据与Bt玉米在所研究地区的实际种植表现存在较大的差异。本文采用的是在有限地区对有限农户的调查和专家建议相结合的估算方法来确定玉米的种植成本结构。如果能够在三大产区分别选择2~3个主产省份,每个主产省份抽取农户进行大规模调查,将有助于更加准确地估算Bt玉米的成本数据。

另外,本研究在成本和收益的确定上坚持了谨慎性原则,即在确定成本时尽量取上限,在确定收益时尽量取下限。如在确定转基因玉米品种对玉米螟的抗击效果时采用了保守估计,即能够挽回90%的由于玉米螟造成的产量损失。另外,对于种子费用的确定也是取其平均费用的上限等。这样处理的目的,一是为了保证不高估某一技术或技术措施的影响;二是文中所计算的结果应该是这一技术推广后至少能获得的收益。

（3）种植 Bt 玉米对种植户的影响问题。本文主要估算了 Bt 玉米商业化种植的宏观经济收益增加，并没有计算对种植农户经济收益的影响。如种子价格在什么范围内是农户能够接受的？影响农户采纳新品种的因素是什么？种子和价格高到什么程度种植 Bt 玉米在经济上就不合算了？根据笔者对吉林、山东两省的调查，个体农户对种子价格会更敏感，种子价格是农户决定是否选择新品种的重要因素，另一个重要因素是示范效应。品质好的品种价格自然就高，如目前中国市场热销的先玉 335。但是农户对种子品质的判定需要时间，即便有一些品种品质很好，如果价格高也会在开始时可能仅有很少农户选择。这些农户将成为示范农户，对其他农户产生示范效应，从而新品种逐渐为更多农户接受。所以，研究 Bt 玉米商业化对微观农户的经济影响也是很有意义的，这对于种子公司和政府决策都非常有价值。

参考文献

[1] 刘宏伟，鲁新，李丽娟. 我国亚洲玉米螟的防治现状及展望 [J]. 玉米科学，2005（13）：142-143.

[2] 孙炜琳. 国外转基因玉米商业化概况及启示 [J]. 农业经济，2009（6）：77-79.

[3] 张社梅. 国产转基因棉花科研投资收益及推广机制研究 [M]. 北京：中国农业科学技术出版社，2008.

[4] STANLEY W, YOU L, WILFRED B, 2001. DREAM version 3.0, user manual [EB/OL]. International Food Policy Research Institute.

[5] GRAHAM B. The Benefits of adopting genetically modified, insect resistant (Bt) maize in the European Union (EU): first results from 1998—2006 planting [EB/OL]. www.pgeconomics.co.uk.

从国产转基因棉花的成功看我国农业高新技术产业化的道路选择

张社梅[1]，赵芝俊[2]，朱希刚[2]

(1. 浙江省农业科学院农村发展与信息研究所　杭州　310021；
2. 中国农业科学院农业经济与发展研究所　北京　100081)

摘　要：国产转基因棉花作为我国农业领域的一项高新技术，其产业化取得了巨大的成功。本研究介绍了国产转基因棉花产业化的历程以及特点，重点分析了国产转基因棉花产业化成功的关键要素，包括投资机制、组织体系、利益联结以及保障措施，最后是几点结论。

关键词：国产转基因棉花；农业高新技术；产业化

1　研究的背景

作为农业高新技术产业化的一个典型案例，国产转基因棉花育种及产业化取得了巨大的成功。国产转基因棉花自1997年被批准商业化生产以来，得到了迅猛的发展。科研领域，新品种不断涌现；投资领域，参与主体和非政府投资越来越多；推广领域，打破了美棉的垄断地位，种植面积达到70%以上。这一农业高新技术产业化的成功，不仅为增加我国植棉的经济效益、保护农业生态环境和维护棉农身体健康做出了突出贡献，而且扭转了美国棉花种业相关公司垄断我国转基因棉种市场的严峻局势，为保障我国棉纺业持续健康的发展起到了举足轻重的作用。本研究试图对国产转基因棉花产业化的机制进行深入分析，由此得出一些促进我国农业高新技术产业化发展的思路和重要结论，供相关决策部门参考。

基金项目：农业部"948"项目（2005-Z46）；2006年中央级公益性科研院所基本科研业务费专项基金项目（中国农业科学院农业经济与发展研究所资助项目）。
作者简介：张社梅（1978—），女，博士，助理研究员，主要研究方向：农业技术经济学。

2 国产转基因棉花的产业化历程

2.1 1991—1996年，国产转基因棉花产业化起步阶段

我国对转基因抗虫棉的研究于1988年开始，1990年中国农业科学院范云六、郭三堆等人从苏云金芽孢杆菌亚种 *aizawai* 7-29 和 *kurstaki* HD-1 中分离克隆出了 Bt 基因，但其抗虫性差，不足以致死害虫。之后，郭三堆等对 Bt 杀虫基因进行改造，采用植物优化密码子通过全人工合成的方法获得了抗虫性强的 Bt 杀虫基因。随后，与江苏省农业科学院经作所、山西省棉花研究所等单位合作，将改造后的 Bt 基因通过花粉管通道法和农杆菌介导法等方法导入我国自育品种'晋棉7号''泗棉3号''中棉所12'等品种中，获得了我国第一批转基因棉花[1]。1995年，为延缓棉铃虫对单价抗虫棉所产生耐性，郭三堆等人又进行了双价转基因抗虫棉的创新研究，利用 GFM CrylA Bt 杀虫基因和豇豆胰蛋白酶抑制剂（CpTI）基因，构建了可同时表达两种杀虫蛋白的双价杀虫基因植物表达载体。1996年，双价抗虫棉研制成功，这使我国在抗虫棉研究领域步入了国际领先地位。

2.2 1997—2000年，国产转基因棉花产业化尝试阶段

当国产转基因抗虫棉刚刚研制成功时，美国抗虫棉已于1996年先期进入中国市场，占据中国抗虫棉总面积的95%以上。美棉所具有的垄断地位对我国植棉业发展十分不利。严峻的形势下，国家通过重大项目的带动方式，支持和加快了第一代抗虫棉品种的田间试验、安全性评审等工作。国产抗虫棉于1996年开始进入田间试验。经农业部基因工程安全委员会的安全性评价，于1997年被正式批准进入商业化阶段。1997年，也通过国家项目的方式分别在9省17个点进行试种示范。截至2000年，单、双价抗虫棉推广总面积达到23万 $hm^{2[2]}$，占全部抗虫棉面积的22%。这一阶段主要依靠国家项目带动的方式来推进抗虫棉的产业化。

2.3 2001—2006年，国产转基因棉花产业化发展阶段

经过几年的尝试，发现通过国家项目带动的推广方式存在一定的局限性，因为项目结束后，难以保证相应工作的连续进行。同时，随着我国市场化改革的推进以及棉区农民的迫切要求，抗虫棉育种取得的巨大成功也吸引了国内从事棉花的种业公司的特别关注。通过各种渠道，一些公司开始生产和经

营国产转基因抗虫棉种。这些棉种公司在积极发展自身技术创新能力的同时,与国内抗虫棉科研育种和生产经营单位纷纷建立了合作关系。2000年以后,除了国家各部委对国产抗虫棉的产业化进行了重点支持外,国产转基因抗虫棉的产业化很快地发展成为政府部门支持、科研单位参与、公司企业介入的多元化产业发展模式。

3 国产转基因棉花产业化的特征

3.1 国产转基因棉花的产业化是我国棉花生产技术进步的突出表现

棉花是我国的重要战略物资,然而20世纪90年代中前期我国北方大面积暴发棉铃虫危害以后,棉花种植面积锐减,从1991年的653.8万hm^2下降到1996年的472.2万hm^2,棉花单产水平一度下降到660kg/hm^2(20世纪90年代的最低水平)。棉农为防治棉铃虫害,在棉花一个生长季需要喷洒农药40~70kg/hm^2,棉花生产成本增大,棉农中毒事件增加。转基因抗虫棉花种植后,农药使用量较原来减少了30~50kg/hm^2,棉农打药次数从20~25次下降到4~6次,用工量减少了一半,单产水平平均提高了7%~8%(转基因杂交品种单产水平可提高15%以上),平均每公顷增收节支2 100~2 700元[2]。植棉效益的提高使棉花种植面积有所回升,总产水平不断跃上新的台阶。国产转基因棉花目前在一些省份如河北、河南、山东、安徽的种植已经达到100%。转基因棉花的产业化提高了我国植棉业的效率和效益,并促进了整个农业生态环境的改善,是农作物育种历史上的一次科技革命,对我国植棉业的技术进步具有深远的影响。

3.2 国产转基因棉花的产业化面临激烈的竞争环境

与杂交水稻、禽流感灭活疫苗等农业高新技术产业化不同的是,国产转基因棉花产业化面临着国外公司的强大竞争。在国产转基因抗虫棉研制成功时,美国抗虫棉已经迅速抢占了中国市场,在多个方面占尽优势:基因构建方面,孟山都公司拥有世界第一个自主知识产权的抗虫基因,其基因以及基因研究技术世界领先;转化规模方面,孟山都拥有高效、规模化的转基因技术体系,其年产转基因棉花植株2万多株,而国产棉的转化只相当于其1%水平;在资源整合与经营优势方面,孟山都公司收购岱字棉公司实现优势拓展与产业整合,通过公司统一调度实现产学研有机结合,通过在中国的冀岱

(黄河流域棉区)和安岱(长江流域棉区)两个合资公司,以优先提取品种使用费等形式,不但获得了80%以上的利润,而且也单方面避免了市场经营风险带来的损失[3]。因此,国产抗虫棉的产业化从一开始便步履维艰。

3.3 国产转基因棉花的产业化伴随着政府的广泛参与

国产转基因棉花的研究、试种示范、推广应用等主要阶段都是在政府的主导和支持下完成的。从1991年抗虫基因的构建(合成)取得突破至今,国家各个部委先后通过"863计划"、"973计划"、转基因植物产业化专项等多个项目,科研支持、国债配套等多种形式针对转基因棉花的产业化进行了大力支持,使转基因棉花从研究到推广的软、硬条件得到极大的发展和完善。另外,为了规范这一产业的发展,政府还出台了一系列的措施加强了对转基因棉花的管理。1997年,农业部成立了农业生物基因工程安全委员会和农业生物基因工程安全管理办公室,使我国转基因作物的产业化进入了法制化管理的轨道。2002年4月出台的《种植业重大技术推广意见》是第一个关于转基因作物推广方面的文件,表明我国将重点推广国产转基因棉花[4]。2002年7月8日,农业部又下发了《关于稳定发展转基因抗虫棉的意见》,提出了发展转基因抗虫棉要遵循"积极、稳妥、科学、合法"的原则。

3.4 国产转基因棉花产业化体现了政府与企业投资上的互补性

国产转基因棉花研究在20世纪90年代中期以前基本上完全依靠国家投入。20世纪90年代后期,当国家的研究课题和产业化前期相关项目结束后,出现了转基因抗虫棉产业化需大量资金而国家无法提供、工作难以持续等问题时,企业开始介入抗虫棉的产业化工作。深圳创世纪公司从1998年起连续几年承担了国家"863计划"项目,包括转基因抗虫棉繁育种项目、转基因抗虫棉新品系联合试验和生产试验、转基因抗虫棉的中试、生态适应性示范项目,同时,在江苏、河北、新疆、湖北等地成立了分公司。另外,覆盖全国各大棉区的国有或者私人棉种公司也在不断形成和壮大,经营内容也从转基因棉种的开发领域逐步向科研领域渗透,形成了政府与企业联合投资开发的局面。

4 国产转基因棉花产业化成功的要素分析

国产转基因棉花产业化的实质是在科技进步的内在推动和市场需求的外在拉力的共同作用下,研究部门通过技术创新活动所形成的高技术成果,被以公司为核心的生产应用部门利用进行大规模的专业化、商品化的过程。推进这一过程的关键要素包括：资金投入、组织体系、利益联结以及配套保障。

4.1 资金投入机制

持续稳定的资金投入链是一项产业发展关键要素，而转基因棉花正是在这方面进行了不断的探索。为了对国产转基因棉花投资的具体结构进行深入分析，我们对参与研究的 29 家主要机构进行了调研，收回 21 家单位的资料，按照不同的分类对收回的资料进行了整理（表1、表2）。

表1 转基因棉花不同投资来源的结构 （单位:%）

年份	中央拨款	省市地方财政资金	科研单位自筹	企业民间组织投入
1991	100.00	0	0	0
1992	100.00	0	0	0
1993	100.00	0	0	0
1994	100.00	0	0	0
1995	81.75	3.93	12.89	1.43
1996	62.69	6.88	14.75	15.68
1997	62.09	8.66	14.86	14.39
1998	50.03	20.47	10.07	19.43
1999	51.93	15.18	12.06	20.83
2000	65.27	11.12	8.94	14.67
2001	62.62	14.28	10.32	12.78
2002	68.31	13.36	10.14	8.19
2003	58.32	15.48	16.81	9.39
2004	56.89	15.65	17.15	10.31
2005	56.32	13.47	18.55	11.67

资料来源：21家研究机构的调研资料整理，中国农业科学院农业经济与发展研究所，2006。

表2 转基因棉花不同研究性质的投资结构

年份	基础研究		应用研究		实验发展	
	研究经费（万元）	比重	研究经费（万元）	比重	研究经费（万元）	比重
1991	74.32	0.46	65.06	0.40	23.37	0.14
1992	60.32	0.23	179.06	0.68	23.37	0.09
1993	77.82	0.24	221.23	0.69	23.37	0.07
1994	97.82	0.28	233.69	0.65	24.61	0.07
1995	97.82	0.23	262.92	0.62	65.07	0.15
1996	98.50	0.20	290.20	0.60	92.67	0.19

(续表)

年份	基础研究		应用研究		实验发展	
	研究经费（万元）	比重	研究经费（万元）	比重	研究经费（万元）	比重
1997	81.00	0.13	340.10	0.53	221.96	0.35
1998	54.00	0.06	466.02	0.52	367.64	0.41
1999	102.00	0.08	584.71	0.46	577.67	0.46
2000	102.00	0.05	951.64	0.46	995.36	0.49
2001	310.90	0.09	1 345.46	0.41	1 634.62	0.50
2002	329.96	0.13	1 500.44	0.41	1 812.02	0.50
2003	443.86	0.13	1 251.20	0.38	1 617.16	0.49
2004	507.86	0.16	1 101.57	0.36	1 489.23	0.48
2005	368.80	0.14	975.24	0.38	1 230.27	0.48

资料来源：21家研究机构的调研资料整理，中国农业科学院农业经济与发展研究所，2006。

国产转基因棉花的投资来源主要有四类：第一类是中央拨款，如科技部"863计划""973计划"项目、农业部跨越计划、发展生产专项资金等。第二类是各级地方政府财政投入，如省财政厅、科技厅的良种产业化开发项目、省攻关项目等。第三类是科研单位自筹资金（主要是其开发收入），目的主要是用于项目的配套资金。第四类是企业以及民间组织自身的研发投入。这四类投资在总投资中所占的比例在转基因棉花产业化的整个过程中是不断变动的。在1991—1994年的产业化起步阶段，投资几乎全部来源于国家拨款。1995年以后，除了科研单位自身增加投入外，少量的地方财政以及企业、民间研究机构也开始涉猎转基因棉花研究。1996年，企业及民间研究机构的资金比例占到15%。到2005年，国家拨款比例从初期的100%下降到56%，科研单位自筹经费和省市地方财政资金比例占到32%，企业投入资金比例为12%。转基因棉花科研投入总体上呈现出国家投入比例不断下降，且下降幅度较大，这给其他主体参与转基因棉花的研究留出了较大空间。另外，国家的适时退出，本身表明了政府投资的公益性。私人投资比例在转基因棉花品种选育成功后的前几年保持了14%甚至20%的比例，说明生物技术对于私人资本具有强大的吸引力。

从资金的投向来看，在转基因棉花的基础研究领域，如基因构建与合成、基因优势组合等方面的投资总量上呈递增的趋势，但占总投资的比重在不断下降，从初期的46%下降到14%。应用研究领域如转基因棉花种质材料的研制、转基因棉花技术育种研究等方面的投资比例变动幅度不大，初期随着转基因棉花基础性研究领域的成功，应用研究投资比例随后有所上升，伴随着技术的成熟这一比例稍有下降，整个过程维持在40%~60%。试验发展领域，如转基因棉花新品种的选育、中试、生产性试验等方面的投资无论从总量上，还是占总投资的比例一直都呈递增的趋势，从最初的14%增加到目前的50%。基础研究的比例不断下降，应用研究的比例先升后降以及试验发展的投入比例不断增加，这样一个变动趋势符合高新技术从研究到应用的发展道路。

4.2 产业体系设计

产业化体系内各组织的发展，要具备明确的形态与功能，才能推进研究、开发、扩散各阶段顺利发展。经过10多年的发展，一条功能较为健全、各环节紧密衔接的转基因棉花产业化体系已经初步形成（图1）。

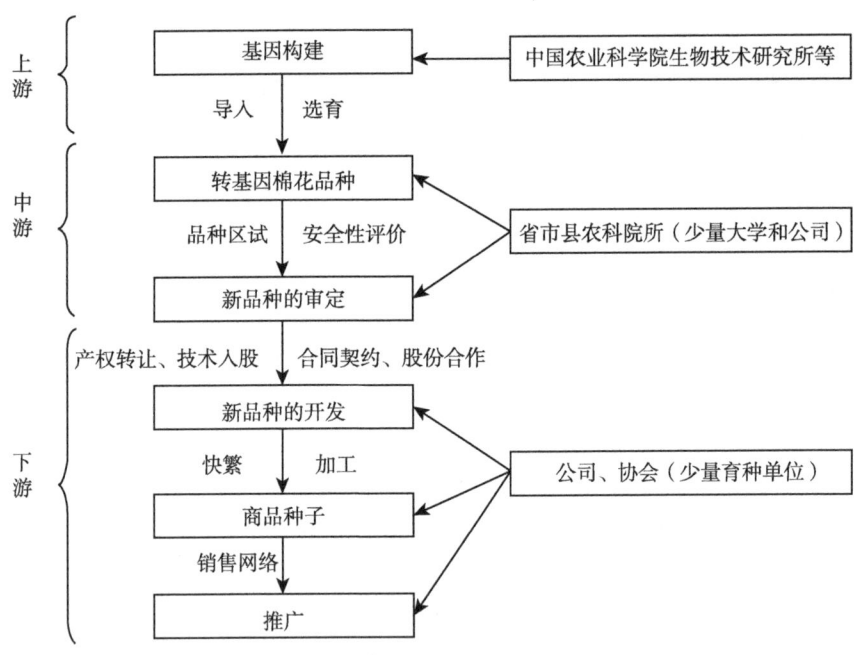

图1 国家转基因棉花的产业化体系图

根据转基因棉花产业链上各参与主体所处的位置和阶段，可将其分为上游、中游、下游三个层次。处于上游的研究机构主要是完成基因的构建与合成、基因优势组合等工作。早期承担这一工作的主要机构是中国农业科学院生物技术研究所，已审定的国产转基因棉花品种的抗虫基因几乎全部来源于它。目前，开展基因研究的单位还有中国科学院遗传所、北京大学、清华大学、复旦大学、上海交通大学、中国农业大学等。

中游层次主要是完成转基因棉花种质材料的研制、目标基因的导入、转基因棉花品种的选育，并进行区试、安全性审定等程序，最后获取适合一定区域种植的转基因棉花新品种。最初进行转基因棉花基因导入和品种选育的单位是山西省农业科学院棉花研究所和江苏省农业科学院经济作物研究所。他们从中国农业科学院生物技术研究所获取培育的基因片段后，分别采用农杆菌介导法、花粉管通道法等育种方法将抗虫基因导入棉花植株，单独或者与基因构建单位一起进行筛选，最终获取能够稳定表达抗虫基因的植株。育种单位将品种选育出来后，一般要经过两年的区域试验、生产性试验以及安全性评价，才能最终通过审定。处于中游层次的单位大部分是棉花主产省份的省市县级农业科研机构，还包括少量的大学、公司和协会。

下游层次主要是通过各种利益联结方式从中游单位获取转基因棉花新品种，然后进行棉花新品种的快繁和商品种子的生产，最后通过自己的营销网络，将转基因棉花新品种推广到田间地头。承担繁种和推广工作的主要是棉种公司和协会组织，如深圳创世纪公司、南京红太阳种业有限公司、江苏科腾种业有限公司、北京奥瑞金种子科技有限公司、河间市国欣棉花研究总会等。

转基因棉花产业化体系的三个层次之间互相联结，其中，上游和中游之间的转基因植株的交换基本还是免费的，中游和下游机构之间已经形成了利益联结。同层之间形成合作或竞争，其中，中游机构之间合作较多，下游机构之间已经形成竞争。

4.3 利益联结机制

新品种研制出来后，品种的所有权属于育种单位，但是育种单位一般没有精力和条件再去从事开发和推广，因此，会以一定的方式转让给下游机构。转让的方式主要有以下四种：一是产权转让，即企业以一定的资金买断新品种的所有权进行转基因抗虫棉的产业化开发，如湖南亚华棉花种业公司于2005年底以300万元的价格独家买断了由慈溪市棉科所研制的'慈抗杂3号'的经营权；四川省农业科学院棉花研究所将自主研制的'川杂棉15'转让给深圳创世纪公司等。产权转让使多个转基因棉花新品种迅速投放到市场，有利于加快科研成果转化和品种选育单位的后续研究。二是技术入股，即通过给予研究人员技术股的形式将转基因棉花（品种）技术引入企业，或者技术人员直接参与公司研发和经营管理，如深圳创世纪公司拥有中国农业科学院生物技术研究所研制的单价杀虫基因专利的独占实施权和双价杀虫基因专利的排他实施权，给予该所一定的技术股份，研究人员也参与公司的经营管理。三是合同契约，即科研院所的研究部门将自己研制出来的转基因棉花新品种先以低价转让给本单位的开发推广部门,等新品种推向市场后再将部分利润返还研究部门。为了对开发推广部门起到一定的约束作用,科研部门与开发推广部门之间签订合同协议。如江苏省农业科学院经济作物研究所以"苏杂3号"销售额的一定百分比回馈研究部门。四是股份合作,即科研单位与有关单位联合组建科技贸易公司,在生产经营获利后,按照入股的比例进行分成,如中国农业科学院棉花研究所下属的中棉科贸公司,江苏省农业技术推广中心联合本省优质棉基地县棉花原种场、良棉厂共同组建的江苏科腾棉业有限责任公司,河南省农业厅经作站联合本省优质棉基地县良种棉加工厂组建的豫棉公司等。

4.4 配套保障措施

国产转基因棉花的产业化也离不开几项关键的保障措施:一是转基因技术规模化转化平台的建立。在国家转基因棉花产业化项目的支持下,中国农业科学院棉花研究所开展了"棉花工厂化转基因技术体系"的研究,通过几年努力,创建了可同时利用农杆菌介导法、花粉管通道法、基因枪轰击法三种方法快速获得转基因棉花新材料的技术平台,年产转基因棉花10 000株以上,有效降低了棉花转基因运行成本,加快了研发的进程[5]。二是抗虫棉种子纯度的快速检测方法的突破。在抗虫基因与抗虫性的检测上,以前的方法不是成本太高,就是鉴定样本数量有限或者鉴定受大田自然环境条件的制约。经过几年的探索研究,国内建立起在室内可操作的转基因抗虫棉种子纯度快速鉴定方法,并于2001年7月10日申请了国家发明专利。该专利技术对于保证抗虫棉种子纯度,防止不法商贩以常规棉冒充抗虫棉,保持抗虫棉产业化的健康发展产生积极作用[6]。三是审批程序上的不断简化。2004年农业部发布了410号公告,采取按照生态区审批方式及简化程序办理转基因抗虫棉安全证书的决定,2006年10月出台的736号公告对于农业转基因生物安全应用证书期满后续申请办法又进行了简化和说明。这些文件的出台大大简化了转基因抗虫棉品种的审批程序。四是其他配套措施,如植物新品种的保护条例、知识产权法等出台和完善也为转基因棉花的产业化提供了保障。

5 结论及启示

5.1 国产转基因棉花产业化的历程证实了我国农业高新技术研发的潜力和实力

国产转基因棉花的成功,将我国生物技术育种研究推向了国际先进行列,先后构建出具有自主知识产权单、双价杀虫基因,育成三系杂交棉,研究出抗虫种子的快速检测法等。在国产转基因棉花的整个产业化过程中,研究中的难题不断得到攻克,创造发明不断涌现,显示出我国农业高新技术研发的潜力和实力。

5.2 转基因棉花的产业化充分体现了我国农业高新技术产业化的特点

农业高新技术产业化往往可以推动传统产业的改造,转基因棉花的推广应用从提高单产、节约成本两个方面不断推进了棉花生产效益的提高,促进了传统棉花产业的技术进步。同时,伴随着政府从投资到监管的广泛参与,在与国外公司激烈的竞争环境中不断取得胜利。

5.3 多元化投资格局的逐步形成是农业高新技术研发成功的基础

农业高新技术的研发需要大量人力、物力和财力的投入,基础研究阶段的公益性以及投资的风险性等特点共同决定了我国的农业高新技术研发初期要以中央政府投入为主,然后逐步吸纳地方政府、科研单位以及私人投资这样一个发展过程。我们还不能像国外那样一步跨越到以私人投资为主进行研发创新的阶段。国产转基因棉花的投资机制正是遵循了国际生物技术发展的道路,初期国家通过大量经费取得一系列基础性研究成果后,私人投资才开始进入农业科研领域并迅速发展的这样一个规律。

5.4 功能完善、分工明确的组织体系是农业高新技术成功的保障

农业高新技术的产业化是从研究到推广应用的整个过程,要求各阶段分工明确,阶段之间连接顺畅,任何一个环节失误都会影响产业化的进程。国产转基因棉花的研究阶段,基因构建、品种的选育各环节的承担主体明确,内部体系运行完善;开发阶段通过产权转让、技术入股、合同契约、股份合作等利益连接形式,实现了转基因棉种商品化走向市场;推广阶段通过大大小小的种子经营机构(拥有生产许可证书),实现了转基因棉花的快繁和向全国范围的推广。各阶段之间利益机制逐步明确,再加上技术、制度等层面不断出台的保障措施,这样就形成了研发和推广应用功能比较齐全的运作体系,不断推进国产转基因棉花的产业化发展。

参考文献

[1] 贾新合,赵国栋.高新技术在棉花遗传育种中的应用及进展 [J].江西棉花,2004,26(2):3-7.

[2] 黄大昉. 2005 年中国转基因棉花农作物产业发展情况分析 [A] //国家发展改革委员会高技术产业司. 中国生物技术产业发展报告 [M]. 北京: 化学工业出版社, 2006.

[3] 苏军, 黄季焜, 乔方彬. 转 Bt 基因抗虫棉生产的经济效益分析 [J]. 农业技术经济, 2000 (5): 26-31.

[4] 范存会. 我国采用 Bt 抗虫棉的经济和健康影响 [D]. 北京: 中国农业科学院, 2012.

[5] 夏敬源, 马志强, 田明军. 国产转基因抗虫棉的发展成就及其作用 [J]. 中国农技推广, 2004 (6): 4-6.

[6] 陈旭升, 狄佳春, 刘剑光, 等. 转基因棉花育种进展及其产业化前景分析 [J]. 中国农学通报, 2002, 18 (2): 72-74.